2022年
国家统一法律职业资格考试

主观题
冲刺案例分析
刑事诉讼法

陈 龙◎编著

为生命辩护
为自由呐喊
陈龙

中国政法大学出版社

2022·北京

图书在版编目（ＣＩＰ）数据

2022 年国家统一法律职业资格考试主观题冲刺案例分析. 刑事诉讼法/陈龙编著. —北京：中国政法大学出版社，2022.8
ISBN 978-7-5764-0610-8

Ⅰ.①2… Ⅱ.①陈… Ⅲ.①刑事诉讼法－中国－资格考试－自学参考资料 Ⅳ.①D92

中国版本图书馆 CIP 数据核字(2022)第 137332 号

出 版 者	中国政法大学出版社
地　　址	北京市海淀区西土城路 25 号
邮寄地址	北京 100088 信箱 8034 分箱　邮编 100088
网　　址	http://www.cuplpress.com（网络实名：中国政法大学出版社）
电　　话	010-58908285(总编室) 58908433（编辑部）58908334(邮购部)
承　　印	固安华明印业有限公司
开　　本	787mm×1092mm　1/16
印　　张	9.75
字　　数	230 千字
版　　次	2022 年 8 月第 1 版
印　　次	2022 年 8 月第 1 次印刷
定　　价	59.00 元

序　言

依据司法部赵大程副部长就《国家统一法律职业资格考试》答记者问说："强化了法律职业的政治素养标准、业务能力标准和职业伦理标准，突出了法律职业资格考试的专业性、扩展性、实践性特征，着眼实践确定考试内容"。由之前司法考试卷四七道案例考查，变成了现在的以案例分析、法律思维方法检验考生在法律适用和事实认定等方面的法治实践水平的"主观题"考查。

从 2018～2021 年刑诉主观题考查看，2018 年以前以知识考查为主，现在以实际办案能力考查为主，重点考查考生分析问题、解决问题的能力。具体体现在主观题将法治实践中典型实务案例，活生生的社会热点案例在命题中直接考查，更加突出检验法律适用和事实认定等方面的法律实践水平。加大法律职业立场、伦理和技能的考查力度。引导法学教育由侧重知识教学向知识教育和实践教学并重转变。促进选拔德才兼备、德法兼修的人才，为全面依法治国提供有力保障。

对于主观题二战考生，已经没有退路，只能背水一战，殊死拼搏，但切忌盲目付出，应当找到一战失利的根源，并在二战备考中恶补短板。2022 年刑诉主观题命题方向是什么？该如何考查？应怎样解答？

1. 2018～2021 年法考的主观题分值：

（1）2018 主观题：30 分；

（2）2019 主观题：27 分；

（3）2020 主观题：29 分；

（4）2021 主观题：30 分；

2. 主观题考查知识总结：

2021 年延考	（1）强制措施的比例原则；（2）认罪认罚；（3）排除非法证据；（4）对公诉人提出的回避；（5）公开审判、司法鉴定
2021 年	（1）侦查阶段撤销案件；（2）值班律师；（3）合议庭职责；（4）二审程序；（5）单位诉讼代表人选、二审中增加新的罪名处理
2020 年	（1）网络管辖；（2）供述、录音录像；（3）价格认定书、电子证据审查；（4）专家辅助人
2019 年	（1）认罪认罚；（2）证据；（3）管辖；（4）一审程序
2018 年	（1）证据；（2）特别程序；（3）一审程序
2017 年	（1）审判程序；（2）证据；（3）强制措施；（4）侦查；（5）管辖
2016 年	（1）证据；（2）审判程序；（3）强制措施；（4）管辖；（5）侦查程序
2015 年	（1）证据；（2）一审程序；（3）侦查程序；（4）二审与再审程序
2014 年	（1）特别程序；（2）证据；（3）侦查程序（4）强制措施
2013 年	（1）侦查程序；（2）证据；（3）强制措施；（4）一审程序
2012 年	（1）证据；（2）刑事诉讼法概述；（3）特别程序；（4）侦查程序

3. 刑诉主观题命题特点分析：

（1）综合性＋实务性＋理论性＋重者恒重原则

历届卷四案例主观题命题方向上通常以现实生活中发生的实际案例为素材，知识点考查上呈现综合性、集中性和理论性，但考点基本上都是部门法的重要章节的知识。案例出题并不求新、不求深、不求偏，只是个别年份注重对热点问题，新增考点的进行了考查。（案例：杭州保姆纵火案、大连12岁小孩奸杀、郑州空姐遇难案、长春周其军案。）

（2）题型上一般为"改错题、问答题、文书写作和开放式论述"。

4. 主观题应试策略：引事实（大前提）＋找依据（小前提）＋得结论

（1）表达尽量专业。

除了援引法条之外，语言应当多使用法言法语，少使用生活语言。譬如，"侦查机关、检察机关和审判机关分别在侦查、起诉和审判阶段都负有排除非法证据的职责"。这一表达正确。"警察他们都要把违法的证据去掉"，这一表达错误。

（2）回答力求简洁。

问题问"是不是""对不对"，就答"是"或"否"、"对"或"错"。没有问为什么或者要求阐明根据的，无需回答理由。如果需要回答理由，只要不是理论题，不要掺杂个人观点，应当根据法律规定作答。基本答题模式为："根据《刑诉法》或《刑诉解释》的相关规定，……。本案中，……。因此，……。"案例分析题是踩点给分，不会给所谓的"辛苦分"，即不要指望你字写得多老师就多给你几分。关键是要回答精准，譬如问："排除非法证据的主体包括？"只要判卷老师在你的答案中找到"公、检、法"三个字，就会给分，否则写再多也不会得分。

（3）援引尽量准确。

由于司法部提供法律汇编，援引法条时最好能够精确表达，譬如说："根据《刑事诉讼法》第9条第2款之规定……"但如果脑海里有法条的印象，却实在检索不到法条时，也可以表达为"根据《刑诉法》相关规定"，后面的内容应当尽量契合法条原文。

此外，在援引法条时需要注意，《刑诉法》和《六机关规定》可以适用于全部诉讼阶段，公检法都需要遵守。但是，《公安部规定》主要适用于公安机关的立案、侦查、执行等工作，《高检规则》只适用于检察院的审查起诉、监督等工作，《刑诉解释》只适用于法院的立案、审判、执行等工作，如果题目考查侦查问题，结果你引用《刑诉解释》的规定，就没分了。

（4）保持卷面整洁（机考不适用）。 切忌答题思路不清，层次混乱。在答题布局谋篇上要求条理性和逻辑性，不能想到哪，写到哪，把与问题有关的知识点都没有章法式罗列出来，完全是堆砌法条或者考点，不按要求下结论。

（5）熟练掌握客观题基础知识的前提下，以历年主观题真题和高质量的模拟题为素材进行"脚踏实地"演练。达到用法律思维方式"提高运用法言法语分析事实能力，培养法条检索、释法说理能力"。

（6）刑诉主观题目本身具有开放性，能自圆其说、能阐述观点的主要法条或者理论依据亦得分。

5. 法考刑诉法主观题：常见错误

（1）观点或者结论错误

这种"病症"的原因在于考生对考点不熟练，或者一无所知。定性错误，直接凉凉，憾失得分，这是一种致命性错误，只能通过考点的强基固本、提档升级予以避免。

（2）观点或者结论正确，但缺乏论证，或者论证不充分

这种"病症"具体表现为答题时只给出结论，缺乏必要的论述，或者论述不充分。这是一种最常见的错误，主要是考场上答题时间不够，或者考前缺乏规范的答题模板的训练，或者碰运气给了正确的定性，但对于依据的考点或者法条不清楚，而无从论证。

例如，判断没有全程录音录像的证据是否为非法证据，考生只回答是非法证据，但没有进行必要的分析，这种答题形式，通常只能得到1/3的分数。正确的阐述是：根据《非法证据排除规则》第11条的规定（或者根据刑事诉讼法的相关规定），对讯问过程录音录像，应当不间断进行，保持完整性，不得选择性地录制，不得剪接、删改。结合本案，犯罪嫌疑人供述为非法证据，依法应当予以排除。

（3）观点或结论正确，论述有误或者不准确

这种"病症"产生的原因是考生对考点不熟练，尽管定性或者结论的正确，但是论述时援引的法条或者阐述的知识点无法支撑、证明结论或者论点，即犯了"张冠李戴"的错误。例如，论述检察院和监察委管辖竞合问题，援引的法条或者知识点是检察院和公安机关的管辖竞合规定。这种答题形式，通常只能得到1/3的分数。

刑诉办案流程

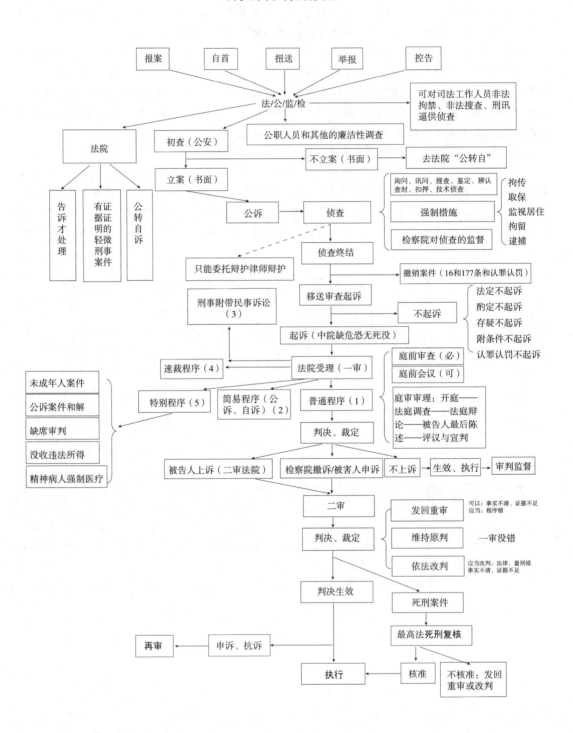

目 录

专题一 刑事诉讼法概述 ………………………………………………………………… 1

专题二 刑事诉讼主体 …………………………………………………………………… 4

专题三 刑事诉讼的基本原则 …………………………………………………………… 7

专题四 管 辖 …………………………………………………………………………… 10

专题五 回避制度 ………………………………………………………………………… 17

专题六 辩护与代理 ……………………………………………………………………… 21

专题七 刑事证据与证明 ………………………………………………………………… 28

专题八 强制措施 ………………………………………………………………………… 45

专题九 附带民事诉讼 …………………………………………………………………… 57

专题十 期间与送达 ……………………………………………………………………… 62

专题十一 立案程序 ……………………………………………………………………… 63

专题十二 侦查程序 ……………………………………………………………………… 67

专题十三 起诉 …………………………………………………………………………… 82

专题十四 刑事审判概述 ………………………………………………………………… 90

专题十五 第一审程序 …………………………………………………………………… 93

专题十六 第二审程序 …………………………………………………………………… 106

专题十七 死刑复核程序 ………………………………………………………………… 114

专题十八 审判监督程序 ………………………………………………………………… 118

专题十九 执行 …………………………………………………………………………… 123

专题二十 未成年人刑事案件诉讼程序 ………………………………………………… 127

专题二十一 当事人和解的公诉案件诉讼程序 ………………………………………… 132

专题二十二 缺席审判程序 ……………………………………………………………… 135

专题二十三 犯罪嫌疑人、被告人逃匿、死亡案件违法所得的没收程序 …………… 138

专题二十四 依法不负刑事责任的精神病人的强制医疗程序 ………………………… 142

专题一 刑事诉讼法概述

【主观考前分析】

年份	曾考过	题型
2012 年	刑法与刑诉法的关系	论述

2018 年以后的刑诉主观题考试越来越重视理论知识点的考查。本专题主要涉及的是论述题，比喻"刑诉法和刑法的关系，惩罚犯罪和保障人权的关系，法治国家和刑诉法的关系，实体公正和程序公正的关系"，以及司法改革最新动态等等。答题时结合本章的基本理念、基本范畴进行分析和解答即可。

第一部分 主观题考点内容提醒和详解

【主观题考点内容提醒和详解】刑事诉讼法与刑法的关系

1. 刑法是**实体法**，刑事诉讼法是**程序法**。		
2. 刑事诉讼法具有保障刑法正确适用的**工具价值**，也有自己**独立价值**。		
工具价值	（1）通过明确行使侦查权、起诉权、审判权的机关，为查明事实、适用刑事实体法<u>提供组织上的保障</u>。	
	（2）通过明确专门机关的权力与职责及诉讼参与人的权利与义务，为适用刑事实体法<u>提供了基本构架保障</u>。	
	（3）规定了收集证据的方法与运用证据的规则，为收集证据、运用证据<u>提供了程序规范的保障</u>。	
	（4）关于程序系统的设计，避免、减少案件实体上的误差，为实体法的适用<u>提供准确性的保障</u>。	
	（5）针对不同案件或不同情况设计不同的程序，使得案件处理简繁有别，为处理案件<u>提供效率上的保障</u>。	
独立价值	（1）刑事诉讼法所规定的诉讼原则、结构、制度、程序，<u>体现着程序本身的民主、法治、人权精神</u>，也反映出一国刑事司法制度的进步、文明程度，是衡量社会公正的一个极为重要的指标。	
	（2）刑事诉讼法具有<u>弥补刑事实体法不足并"创制"刑事实体法</u>的功能。	
	（3）刑事诉讼法具有<u>阻却或影响刑事实体法实现</u>的功能。	

【主观题考点内容提醒和详解】刑事诉讼的基本理念

惩罚犯罪 保障人权	惩罚犯罪，是指通过刑事诉讼程序，在准确及时查明案件事实真相的基础上，对构成犯罪的被告人公正适用刑法，以打击犯罪，是对国家刑罚权的赋予。
	保障人权，是指在刑事诉讼过程中，保障诉讼参与人特别是犯罪嫌疑人、被告人的权利免受非法侵害，是对国家刑罚权的规制。

【主观题考点内容提醒和详解】刑事诉讼的基本理念

程序公正 实体公正	实体公正是结果的公正。
	【考点】实体公正体现：事实要清楚、证据要充分、定罪要准确、量刑要适当、法律要正确。
	程序公正是过程的公正。
	【考点】程序公正体现：程序参与、程序遵守、程序救济、程序公开、程序中立、程序安定、程序平等、程序保障。
	【考点】既要实体公正又要程序公正，二者应当并重，万一冲突程序优先。

【主观题考点内容提醒和详解】刑事诉讼的价值

公正	公正在刑事诉讼价值中居于核心的地位。刑事诉讼终极目的就是要实现公正。刑事诉讼公正价值包括实体公正和程序公正两个方面。
秩序	（1）通过惩治犯罪维护社会秩序，恢复被犯罪破坏的社会秩序以及预防社会秩序被犯罪所破坏；（2）追究犯罪的活动是有序的，要防止政府及其官员滥用权力而使社会成员没有安全保障。所以，国家刑事司法权的行使，必须受到刑事程序的规范。
效益	刑事诉讼的效益价值既包括效率，也包括在保证社会生产方面所产生的效益，即刑事诉讼对推动社会经济发展方面的效益。

第二部分　主观题案例模拟演练

【案情简介】王成忠案

2018年2月9日，吉林省辽源市西安区法院以被告人王成忠（前吉林省辽源市中级人民法院法官）犯民事枉法裁判罪，判处有期徒刑三年。随后王成忠提出上诉。2018年11月8日，吉林省辽源市中级人民法院公开开庭审理王成忠涉嫌民事枉法裁判抗诉、上诉案，王成忠及辩护人当庭以王成忠系辽源市中级人民法院法官为由，提出辽源中院合议庭法官应回避，法庭遂宣布休庭。该案因"回避"问题引爆自媒体及网络。2018年11月12日辽源市中级人民法院书面报请吉林省高级人民法院，请求将王成忠涉嫌民事枉法裁判案指定其他法院审理。2018年11月22日，吉林省高级人民法院作出决定，将王成忠涉嫌民事枉法裁判案指定通化市中级人民法院依照刑事第二审程序审判。

【问题】本案中，王成忠原系辽源市中级人民法院法官，由其昔日的同事审理该案，不论最终结果如何，都有违程序公正的现代司法理念。请从刑事诉讼管辖制度角度谈谈你对刑事司法程序的公正性的理解。

【解题思路】本章是论述题的"开发区"，答好论述题，首先，应储备理论素材，平时学习多关照实务案例中专家、学者的评论，并尝试着默写和背诵。

其次，理论和实物结合，把案例事实分析和法律应用密切结合，即分析理论和解决实际问题、提出理论建议以及分析建议的可行性。

第三点，密切关注刑事司法改革的最新成果。譬如，从2010年开始，最高人民法院陆续颁行的"量刑规范化指导意见"、《关于依法保障律师执业权利的规定》《关于推进以审判为中心的刑事诉讼制度改革的意见》《关于办理刑事案件严格排除非法证据若干问题的规定》（以下简称《严格排除非法证据规定》），尤其注意2018年《刑事诉讼法》修改内容、2019年《高检规则》、2021年《刑诉解释》《关于适用认罪认罚从宽制度的指导意见》新增修改内容，还有"疑罪从无""值班律师""缺席审判""速裁程序"制度内容等。这些都是学习和掌握《刑事诉讼法》必须知悉的新动态。

最后，答题技巧最好是三段论模式："提出问题、分析问题、解决问题"。

【参考解析】公正应当以看得见的方式实现。司法公正是人民法院审判工作的核心价值追求，它包括程序公正和实体公正两个方面。刑事司法中的程序公正是维护当事人合法权益的"底线正义"，也是实现实体公正的前提和保障，应该被严格遵守。为保证案件的刑事司法程序的公正性，"任何人不得作自己案件的法官"。

管辖是我国刑事诉讼的重要制度，及时确定管辖权对于刑事案件的及时、正确处理，避免刑事诉讼专门机关之间相互推诿，保证刑事诉讼程序公正，避免专门机关和诉讼参与人借管辖问题对案件的公正处理产生不正当的影响具有重要的价值。为此，我国《刑事诉讼法》和相关规范性法律文件对刑事诉讼的管辖问题作出了明确的规定，同时赋予了当事人及其辩护人、诉讼代理人管辖异议权。刑事案件的管辖问题分为职能管辖、侦查管辖、公诉管辖和审判管辖。职能管辖主要解决公安机关、人民检察院、人民法院等受理刑事案件的职权分工。侦查管辖主要解决不同侦查主体受理刑事案件的职权及同级公安机关、上下级公安机关在受理刑事案件上的分工。我国《刑事诉讼法》规定的侦查机关有：公安机关、检察院、国家安全机关、监狱、海警局和军队内部的保卫部门等。公诉管辖主要解决同级及上下级公诉机关审查起诉和提起公诉上的职权分工问题。审判管辖主要解决同级人民法院及上下级人民法院在受理第一审刑事案件上的职权分工问题。

《刑事诉讼法》是以审判管辖决定侦查管辖，故《刑事诉讼法》对侦查管辖并没有作出规定。但例外情形是，对于辩护人涉嫌犯罪的侦查问题，《刑事诉讼法》第44条第2款规定，辩护人涉嫌犯罪的，应当由办理辩护人所承办案件的侦查机关以外的侦查机关办理。《六部委规定》第9条对此进一步作出了规定。该条规定，公安机关、人民检察院发现辩护人涉嫌犯罪，或者接受报案、控告、举报、有关机关的移送，依照侦查管辖分工进行审查后认为符合立案条件的，应当按照规定报请办理辩护人所承办案件的侦查机关的上一级侦查机关指定其他侦查机关立案侦查，或者由上一级侦查机关立案侦查。不得指定为办理辩护人所承办案件的侦查机关的下级侦查机关立案侦查。2012年《刑事诉讼法修正案》之所以增加对辩护人涉嫌犯罪的侦查管辖的规定，是为了确保刑事诉讼程序的公正和犯罪嫌疑人辩护权的保障问题，侦查管辖问题直接涉及刑事诉讼程序公正。根据程序法定原则，侦查机关应该严格按照法律及相关规定确定侦查管辖权问题，不得随意扩大指定管辖。

专题二　刑事诉讼主体

【主观考前分析】

专门机关和诉讼参与人在刑事诉讼法的主观题中会结合复杂、疑难的刑事案件要求考生分析专门机关，犯罪嫌疑人、被告人在不同诉讼阶段的诉讼权利和义务，以及被害人的确定、被害人诉讼权利的保障来设计问题。也会结合刑诉中的管辖、回避、强制措施，附带民事诉讼，审查起诉以及诉讼代理人、辩护律师的聘请和辩护权、一审上诉权等知识出综合案例题目。

第一部分　主观题考点内容提醒和详解

具体知识点见如下图表：

刑诉主体

- 专门机关
  - 公安机关与其他侦查机关（国安、监狱、军队保卫部门、**中国海警局**）
  - 人民检察院
  - 人民法院
- 诉讼参与人
  - 当事人
    - 公诉案件
      - 犯罪嫌疑人、被告人
      - 被害人
    - 自诉案件
      - 自诉人
      - 被告人
    - 附带民事诉讼
      - 原告
      - 被告
  - **其他诉讼参与人**
    - 法定代理人：父母、养父母、监护人和负有保护责任的机关、团体的代表。
    - 诉讼代理人：基于被代理人的委托而代表被代理人参与刑事诉讼的人
    - 辩护人：
    - 证人：
      - 了解案情，且诉讼之外了解案情
      - 当事人以外的其他人
      - 必须是自然人，不能是法人
      - 证人不适用回避
    - 鉴定人：受公安司法机关的指派或聘请，具有专门知识或技能的人
    - 翻译人员：受公安司法机关的指派或聘请，为参与诉讼的外国人或无国籍人、少数民族人员、盲人、聋人、哑人等进行语言、文字或者手势翻译的人员 （翻译人员适用回避的相关规定）

第二部分 主观题案例模拟演练

【案情简介】张扣扣故意杀人案

1996年8月27日，张扣扣之母汪秀萍被邻居17岁的儿子王正军故意伤害致死。同年12月5日，王正军被原南郑县人民法院以故意伤害罪判处。

2018年2月15日12时许，张扣扣持刀杀死王正军、王校军（王正军之兄）和王自新（王正军之父）三人，并烧毁王校军的小轿车，毁损价值32142元。张扣扣随即逃离现场。2018年2月17日7时许，张扣扣到原南郑县公安机关投案。

2019年1月8日，陕西省汉中市中级人民法院以故意杀人罪、故意毁坏财物罪判处张扣扣死刑；2019年4月11日，陕西省高级人民法院裁定驳回张扣扣的上诉，维持一审死刑判决，并依法报请最高人民法院核准。2019年7月17日，张扣扣被执行死刑。

【问题】

1. 本案中可能涉及哪些专门机关？

2. 本案中犯罪嫌疑人张扣扣在侦查阶段享有哪些诉讼权利？

3. 本案中的被害人有哪些？他们分别享有哪些诉讼权利？

【解题思路】正确理解和把握刑诉主体和各主体权利、职能。

刑事诉讼中最基本的职能是控诉职能、辩护职能和审判职能，各诉讼主体在刑事诉讼中承担的职能不同，履行的职责不同，不能相互代替。控诉职能是相关国家机关追诉犯罪、证明犯罪的职责和义务。公诉案件实行国家追诉主义原则，履行控诉职能的侦查机关、检察机关代表国家追诉犯罪，基于国家理性主义原则的要求，追诉机关负有客观公正的义务，应严格依照法律的规定，全面收集证据，准确执行法律，维护社会公平正义。辩护职能是相关主体依据事实和法律，针对指控，提出犯罪嫌疑人、被告人无罪、罪轻或者减轻、免除其刑事责任的材料和意见，维护犯罪嫌疑人、被告人的诉讼权利和其他合法权益。辩护职能是从有利于犯罪嫌疑人、被告人的利益出发，针对案件事实和法律提出的意见。辩护职能由犯罪嫌疑人、被告人及其辩护人行使。基于控辩平等原则，辩护权应得到充分的保障。审判职能是裁判职能，是一种判断权和裁决权，是依据控辩双方在法庭上举证、质证的证据，认定案件事实和正确适用法律，对案件作出裁决的权力。审判职能应居中裁判，坚持证据裁判原则，坚持无罪推定和疑罪从无原则，客观公正独立作出裁判。正确理解控诉职能、辩护职能和审判职能在刑事诉讼中的地位和作用，才能避免出现专门机关之间"配合有余、制约不足""公、检、法联合办案"，以及对于辩护权不重视甚至抵触的现象。

【参考解析】

1. 本案中的侦查机关为原南郑县公安机关，侦查终结移送审查起诉的机关为原南郑县人民检察院，由原南郑县人民检察院移送陕西省汉中市人民检察院审查起诉和提起公诉，由陕西省汉中市中级人民法院审判管辖。因本案判处张扣扣死刑执行，陕西省高级人民法院和最高人民法院为核准法院。在最高人民法院死刑复核期间，最高人民检察院可以对死刑复核提出意见。

2. 在侦查阶段，犯罪嫌疑人张扣扣的诉讼权利包括：（1）自侦查机关第一次讯问或者采取强制措施之日起，有权委托律师作为辩护人。没有委托辩护人的，应当被告知有权约见值班律师。张扣扣属于可能判处无期徒刑、死刑，没有委托辩护人的，公安机关应当通知法律援助机构指派律师为其提供辩护。（2）对侦查机关侵犯其诉讼权利和人身权利的行为，有权向上级检察机关提出控告。（3）申请取保候审，要求变更或者解除强制措施的权利。（4）进行自我辩解的权利。（5）在审查批准逮捕期间，有权向检察机关提出意见或要求当面向检察机关陈述意见的权利。（6）被告知鉴定意见结论的权利。（7）被告知侦查终结、移送审查起诉情况的权利。（8）有拒绝辩护律师为其辩护，重新委托辩护人的权利。

3. 本案有两类被害人：一类是故意杀人罪的被害人王正军、王校军（王正军之兄）和王自新（王正军之父）；另一类是故意毁坏财物罪的被害人王校军。被害人在刑事诉讼中享有以下诉讼权利：

（1）委托诉讼代理人的权利。根据《刑事诉讼法》第46条第1款的规定，公诉案件的被害人及近亲属、附带民事诉讼的当事人自案件移送审查起诉之日起，有权委托诉讼代理人。

（2）有提起附带民事诉讼的权利。（3）陈述意见、申诉的权利。（4）出席法庭审理、质证、辩论等权利。

专题三　刑事诉讼的基本原则

【主观考前分析】

2021 年延考	认罪认罚
2019 年	认罪认罚

刑事诉讼法的基本原则，是指反映刑事诉讼理念和目的的要求，贯穿于刑事诉讼的全过程或者主要诉讼阶段，对刑事诉讼过程具有普遍或者重大指导意义和规范作用，为国家专门机关和诉讼参与人参与刑事诉讼必须遵循的基本行为准则。本章的内容往往结合后面具体诉讼制度、程序加以考查案例分析。常涉及的原则有"严格遵守法定程序""人民法院、人民检察院依法独立行使职权""犯罪嫌疑人、被告人有权获得辩护""未经人民法院依法判决对任何人都不得确定有罪""具有法定情形不予追究刑事责任"，尤其是 2018 年《刑事诉讼法》修改增加的"自愿认罪认罚从宽处理"原则，今年仍然要重视。复习时应该将具体的原则制度和程序结合。

第一部分　主观题重点法条内容提醒和详解

《刑事诉讼法》第 2 条：中华人民共和国刑事诉讼法的任务，是保证准确、及时地查明犯罪事实，正确应用法律，惩罚犯罪分子，保障无罪的人不受刑事追究，教育公民自觉遵守法律，积极同犯罪行为作斗争，维护社会主义法制，尊重和保障人权，保护公民的人身权利、财产权利、民主权利和其他权利，保障社会主义建设事业的顺利进行。

《刑事诉讼法》第 3 条第 1 款：对刑事案件的侦查、拘留、执行逮捕、预审，由公安机关负责。检察、批准逮捕、检察机关直接受理案件的侦查、提起公诉，由人民检察院负责。审判由人民法院负责。除法律特别规定的以外，其他任何机关、团体和个人都无权行使这些权力。

《刑事诉讼法》第 6 条：人民法院、人民检察院和公安机关进行刑事诉讼，必须依靠群众，必须以事实为根据，以法律为准绳。对于一切公民，在适用法律上一律平等，在法律面前，不允许有任何特权。

《刑事诉讼法》第 9 条：各民族公民都有用本民族语言文字进行诉讼的权利。人民法院、人民检察院、公安机关对于不通晓当地通用的语言文字的诉讼参与人，应当为他们翻译。在少数民族聚居或者多民族杂居的地区，应当用当地通用的语言进行审讯，用当地通用的文字发布判决、布告和其他文件。

《刑事诉讼法》第 15 条：犯罪嫌疑人、被告人自愿如实供述自己的罪行，承认指控的犯罪事实，愿意接受处罚的，可以依法从宽处理。

《高检规则》第 11 条：犯罪嫌疑人、被告人自愿如实供述自己的罪行，承认指控的犯罪事实，愿意接受处罚的，可以依法从宽处理。认罪认罚从宽制度适用于所有刑事案件。人民检察院办理刑事案件的各个诉讼环节，都应当做好认罪认罚的相关工作。

《关于适用认罪认罚从宽制度的指导意见》：认罪认罚从宽制度中的"认罪"，是指犯罪嫌疑人、被告人自愿如实供述自己的罪行，对指控的犯罪事实没有异议。

《关于适用认罪认罚从宽制度的指导意见》：办理认罪认罚案件，应当以事实为根据，以法律为准绳，严格按照证据裁判要求，全面收集、固定、审查和认定证据。坚持法定证明标准，侦查终结、提起公诉、作出有罪裁判应当做到犯罪事实清楚，证据确实、充分，防止因犯罪嫌疑人、被告人认罪而降低证据要求和证明标准。

第二部分　主观题案例模拟演练

【案情简介】"张文中案"

2008年10月9日，河北衡水中院以诈骗罪判处物美控股集团有限公司董事长张文中有期徒刑十五年，并处罚金50万元，以单位行贿罪判处有期徒刑三年，以挪用资金罪判处有期徒刑一年，决定执行有期徒刑十八年，并处罚金50万元；违法所得予以追缴，上缴国库。宣判后，张文中提出上诉。2009年3月30日，河北省高级人民法院作出终审判决，维持一审判决对张文中单位行贿罪、挪用资金罪定罪量刑和诈骗罪定罪部分及违法所得追缴部分；认定张文中犯诈骗罪，判处有期徒刑十年，并处罚金50万元，与其所犯单位行贿罪、挪用资金罪并罚，决定执行有期徒刑十二年，并处罚金50万元。2016年10月，张文中向最高人民法院提出申诉。最高人民法院于2017年12月27日作出再审决定，提审本案，2018年5月31日，最高人民法院对原审被告人张文中诈骗、单位行贿、挪用资金再审一案进行公开宣判。最终，最高法经再审认为属于认定事实和适用法律错误，撤销原审判决，改判张文中无罪，原判已执行的罚金及追缴的财产，依法予以返还。

【问题】该案的处理结果，彰显了我国全面推进依法治国的法治精神和价值。该案是当前我国影响重大且具有典型意义的民营企业、民营企业家涉罪案件，是最高人民法院依法纠正涉产权和企业家冤错案件的第一案，被媒体称为"人民法院落实党中央产权保护和企业家合法权益保护政策的一个'标杆'案件"，被学者称为"我国加强民营企业产权刑法保护的司法典范"。就该案最终最高法经再审认为属于认定事实和适用法律错误，撤销原审判决，改判张文中无罪，谈谈你对疑罪从无的理解。

【参考解析】刑事疑案的处理原则

早在古罗马时期，法律即规定当案件的审理出现疑难困惑或证据不充分的情况时，判决要体现有利于被告人的精神。这是疑案处理原则的萌芽。时至今日，疑罪从无成为现代法治国家处理刑事疑案的普遍原则，具体而言指在刑事司法中出现既不能充分证明有罪、又不能完全排除犯罪嫌疑的两难情况下，从法律上推定为无罪的一种案件处理方式。疑罪从无是遵循认识规律的必然结果，是应对司法资源有限性的客观需要，是规范司法权行使的现实要求，是防范冤假错案的唯一选择，是现代刑事司法文明与进步的重要标志之一。

我国《刑事诉讼法》以及相关司法解释中都明确规定了疑罪从无原则。《刑事诉讼法》第175条规定，对于二次补充侦查的案件，人民检察院仍然认为证据不足，不符合起诉条件的，应当作出不起诉的决定。第200条规定，证据不足，不能认定被告人有罪的，应当作出证据不足、指控的犯罪不能成立的无罪判决。2013年8月中央政法委出台的《关于切实防止冤假错案的规定》明确指出，对于定罪证据不足的案件，应当坚持疑罪从无原则，依法宣告被告人无罪，不能降格作出"留有余地"的判决。但长期以来由于受制于各种因素，疑罪从无原则在我国司法实践中的落实情况尚不够理想。就本案最终结果而言，应该说彰显了疑罪从无理念，但是该案在某种程度上也可以说是疑罪从无理念在实践中难以落实的写照，因为该案在事实不清、证据不足的情况下，张某4次被判处死刑，最后才获得无罪的判决，诉讼过程长达8年。这实质上经历了一个从疑罪从有、疑罪从拖到疑罪从无的艰难、漫长的过程，充分展示了疑罪从无司法理念在执行中的困难。

进一步落实和贯彻疑罪从无原则，可从几个方面入手。第一，坚持以审判为中心的诉讼制度，切实发挥审判程序的职能作用：（1）推进庭审实质化建设，贯彻直接言词原则；（2）坚持人民法院的独立审判权；（3）通过对审判职能的司法最终处理功能的强调，促进审前程序的良好运行。第二，坚持证据裁判原则：（1）对所有事实的认定都应当建立在证据的基础上；（2）作为认定案件事实的证据必须具有证据能力，严格落实非法证据排除规则；（3）所有证据都必须经过质证，查证属实。第三，完善犯罪嫌疑人、被告人辩护权和辩护人履职权利，保障被追诉人获得有效辩护。

结合本案谈谈你对"认罪认罚从宽"制度的理解。

答案：认罪认罚从宽，是指犯罪嫌疑人被告人自愿如实供述自己的犯罪行为，对于被指控的犯罪事实没有异议，同意检察机关的量刑建议并签署具结书的，可以依法从宽处理。"认罪"，是指犯罪嫌疑人、被告人自愿如实供述自己的罪行，对指控的犯罪事实没有异议。"认罚"，是指犯罪嫌疑人、被告人对量刑建议的主刑、附加刑、是否适用缓刑等全部认同。根据《刑诉解释》第355条的规定，"从宽处罚"，是指应当对被告人从轻处罚；符合非监禁刑适用条件的，应当适用非监禁刑；判处法定最低刑仍然过重的，可以减轻处罚；综合全案认为犯罪情节轻微不需判处刑罚的，可以免除刑事处罚。为确保认罪的自愿性和合法性，《刑事诉讼法》增设了值班律师制度，规定了侦查阶段侦查机关对犯罪嫌疑人关于认罪认罚法律规定的告知义务；审查起诉阶段，人民检察院对犯罪嫌疑人关于认罪认罚法律规定的权利告知和听取犯罪嫌疑人、辩护人或者值班律师、被害人及其诉讼代理人的意见，在辩护人或者值班律师在场的情况下签订具结书，在提起公诉时，提交量刑建议；审判阶段，审判长告知被告人认罪认罚的法律规定，审查认罪认罚的自愿性和具结书内容的真实性和合法性。对于认罪认罚的案件，法院作出判决时，一般应当采纳检察院指控的罪名和量刑建议。法院认为量刑建议不当，或辩护方提出异议，法院应依法作出判决。有下列情形之一的，人民法院可以不采纳人民检察院的量刑建议：（1）被告人的行为不构成犯罪或者依法不需要承担刑事责任；（2）被告人违背意愿认罪认罚的；（3）被告人否认指控的犯罪事实；（4）起诉指控的罪名和审理认定的罪名不一致的；（5）其他可能影响公正审判的情形。认罪认罚制度的价值在于，通过量刑或者罪名、罪数的优待，鼓励犯罪嫌疑人、被告人自愿认罪，以节约司法成本，提高诉讼效率，促使犯罪嫌疑人、被告人认罪悔罪。值得注意的是，认罪认罚从宽，也不是一味地从宽。对于罪行极其严重、必须予以严惩的犯罪，从宽处理会明显违背社会公平正义的案件，有能力履行而隐匿、转移财产，拒不退赃退赔的犯罪嫌疑人、被告人，均不得适用该制度。必须强调，认罪认罚案件不能降低证明标准，避免对口供的过分依赖，重回"以口供为中心"的老路。还应统一"从宽"的标准，防止认罪认罚案件中的司法腐败、"暗箱操作"。

专题四 管 辖

【主观题考前分析】

年份	曾考过	题型
2002 年	立案管辖	找错题
2019 年	监委、公安、检察院交叉管辖	问答题
2020 年	网络管辖	问答题

刑事诉讼管辖是指国家专门机关在依法受理刑事案件职权范围上的分工，即侦查机关与审判机关之间在直接受理刑事案件方面以及法院内部审理第一审刑事案件方面的分工。随着《监察法》出台，检察院直接立案的案件取消，现阶段刑诉管辖包括两个方面：（1）人民法院、公安机关等各自直接受理刑事案件的职权划分以及交叉管辖的具体分工；（2）人民法院审理第一审刑事案件的职权划分即中级人民法院的审判管辖。

第一部分 主观题重点法条内容提醒和详解

《刑事诉讼法》

<u>第二十四条</u>：上级人民法院在必要的时候，可以审判下级人民法院管辖的第一审刑事案件；下级人民法院认为案情重大、复杂需要由上级人民法院审判的第一审刑事案件，可以请求移送上一级人民法院审判。

<u>第二十五条</u>：刑事案件由犯罪地的人民法院管辖。如果由被告人居住地的人民法院审判更为适宜的，可以由被告人居住地的人民法院管辖。

<u>第二十六条</u>：几个同级人民法院都有权管辖的案件，由最初受理的人民法院审判。在必要的时候，可以移送主要犯罪地的人民法院审判。

<u>第二十七条</u>：上级人民法院可以指定下级人民法院审判管辖不明的案件，也可以指定下级人民法院将案件移送其他人民法院审判。

《高检规则》

交叉管辖体系速览：

检察院与**公安机关**交叉管辖案件	(1) ＊《高检规则》第13条：对于**公安机关管辖**的国家机关工作人员利用职权实施的重大犯罪案件，需要由人民检察院直接受理的，**经省级以上人民检察院决定**，**可以由人民检察院立案侦查**。 (2) ＊《高检规则》第18条：人民检察院办理直接受理侦查的案件涉及公安机关管辖的刑事案件，应当将属于公安机关管辖的刑事案件移送公安机关。如果涉嫌的主罪属于公安机关管辖，由公安机关为主侦查，人民检察院予以配合；如果涉嫌的主罪属于人民检察院管辖，由人民检察院为主侦查，公安机关予以配合。 对于一人犯数罪、共同犯罪、共同犯罪的犯罪嫌疑人还实施其他犯罪、多个犯罪嫌疑人实施的犯罪**存在关联**，并案处理有利于查明案件事实和诉讼进行的，人民检察院 可以 在职责范围内对相关犯罪案件 并案处理 。 (3) ＊《高检规则》第256条：经公安机关商请或者人民检察院认为确 有必要时 ，可以派员适时介入重大、疑难、复杂案件的侦查活动，参加公安机关对于重大案件的讨论，对案件性质、收集证据、适用法律等提出意见，**监督侦查活动**是否合法。
检察院与**监察委**交叉管辖案件	(1) ＊《高检规则》第17条：人民检察院办理直接受理侦查的案件，发现犯罪嫌疑人同时涉嫌监察机关管辖的职务犯罪线索的，应当及时与同级监察机关沟通。（应当沟通） 经沟通，认为全案由监察机关管辖更为适宜的，人民检察院应当将案件和相应职务犯罪线索一并移送监察机关；认为由监察机关和人民检察院分别管辖更为适宜的，人民检察院应当将监察机关管辖的相应职务犯罪线索移送监察机关，对依法由人民检察院管辖的犯罪案件继续侦查。（可分管，沟通期间，侦查继续） 人民检察院应当及时将沟通情况报告上一级人民检察院。沟通期间不得停止对案件的侦查。 (2) ＊《高检规则》第256条：经监察机关商请，人民检察院可以派员介入监察机关办理的职务犯罪案件。 【陷阱点拨】检察院不可以认为有必要介入参加监察委的调查活动。只有经监察委商请。 (3) ＊《高检规则》第329条：监察机关移送起诉的案件，需要依照刑事诉讼法的规定指定审判管辖的，人民检察院应当在监察机关移送起诉二十日前协商同级人民法院办理指定管辖有关事宜。

第八条：对同一刑事案件的审查逮捕、审查起诉、出庭支持公诉和立案监督、侦查监督、审判监督等工作，由同一检察官或者检察官办案组负责，但是审查逮捕、审查起诉由不同人民检察院管辖，或者依照法律、有关规定应当另行指派检察官或者检察官办案组办理的除外。

人民检察院履行审查逮捕和审查起诉职责的办案部门，本规则中统称为负责捕诉的部门。

第九条：最高人民检察院领导地方各级人民检察院和专门人民检察院的工作，上级人民检察院领导下级人民检察院的工作。检察长统一领导人民检察院的工作。

上级人民检察院可以依法统一调用辖区的检察人员办理案件，调用的决定应当以书面形式作出。被调用的检察官可以代表办理案件的人民检察院履行出庭支持公诉等各项检察职责。

第十条：上级人民检察院对下级人民检察院作出的决定，有权予以撤销或者变更；发现下级人民检察院办理的案件有错误的，有权指令下级人民检察院予以纠正。

下级人民检察院对上级人民检察院的决定应当执行。如果认为有错误的，应当在执行的同时向上级人民检察院报告。

第十三条：人民检察院在对诉讼活动实行法律监督中发现的司法工作人员利用职权实施的非法拘禁、刑讯逼供、非法搜查等侵犯公民权利、损害司法公正的犯罪，可以由人民检察院立案侦查。

对于公安机关管辖的国家机关工作人员利用职权实施的重大犯罪案件，需要由人民检察院直接受理的，经省级以上人民检察院决定，可以由人民检察院立案侦查。

第十四条：人民检察院办理直接受理侦查的案件，由设区的市级人民检察院立案侦查。基层人民检察院发现犯罪线索的，应当报设区的市级人民检察院决定立案侦查。

设区的市级人民检察院根据案件情况也可以将案件交由基层人民检察院立案侦查，或者要求基层人民检察院协助侦查。对于刑事执行派出检察院辖区内与刑事执行活动有关的犯罪线索，可以交由刑事执行派出检察院立案侦查。最高人民检察院、省级人民检察院发现犯罪线索的，可以自行立案侦查，也可以将犯罪线索交由指定的省级人民检察院或者设区的市级人民检察院立案侦查。

《刑诉解释》

1. **审判中级别管辖体系速览：**

级别管辖
- 基层人民法院：绝大多数刑事案件实际上都是由基层人民法院进行第一审
- 中级人民法院
  - 危害国家安全方面的犯罪
  - 恐怖活动案件
  - 可能判处无期徒刑、死刑的案件
  - 违法所得没收案件、第一类缺席审判
- 高级人民法院：全省（自治区、直辖市）性的重大刑事案件
- 最高人民法院：全国范围内具有重大影响的，性质、情节都特别严重的刑事案件

2. **审判中地域管辖体系速览：**地域管辖，是指同级人民法院之间，在审判第一审刑事案件时的权限划分，是对第一审刑事案件审判权的横向划分，解决的是同级人民法院之间的权限分工问题。

【知识体系】

一般地域管辖
- 犯罪地管辖为主：包括犯罪行为**发生地和犯罪结果发生地**
- 被告人居住地为辅
  - 被告人：户籍地［户籍地与经常居住地不一致，**经常居住地**为其居住地（就医除外）］
  - 被告单位：登记住所地（为主）、主要营业地、主要办事机构所在地
- 地域管辖争议解决
  - 优先管辖：几个同级人民法院均有管辖权，**由最初受理**的人民法院审判
  - 移送管辖：必要时可将案件移送主要犯罪地的法院指定管辖：
  - 协商，协商不成**报共同上级法院**指定管

3. 审判中并案管辖体系速览：

并案管辖	一审漏罪的并案	*《解释》第 24 条：人民法院发现被告人还有其他犯罪被起诉的，可以并案审理；涉及同种犯罪的，一般应当并案审理。 人民法院发现被告人还有其他犯罪被审查起诉、立案侦查、立案调查的，可以参照前款规定协商人民检察院、公安机关、监察机关并案处理，但可能造成审判过分迟延的除外。 根据前两款规定并案处理的案件，由最初受理地的人民法院审判。必要时，可以由主要犯罪地的人民法院审判。
	二审漏罪的并案	*《解释》第 25 条：第二审人民法院在审理过程中，发现被告人还有其他犯罪没有判决的，参照前条规定处理。第二审人民法院决定并案审理的，应当发回第一审人民法院，由第一审人民法院作出处理。
	共同犯罪或者关联犯罪案件的并案	*《解释》第 220 条：对一案起诉的共同犯罪或者关联犯罪案件，被告人人数众多、案情复杂，人民法院经审查认为，分案审理更有利于保障庭审质量和效率的，可以分案审理。分案审理不得影响当事人质证权等诉讼权利的行使。 对分案起诉的共同犯罪或者关联犯罪案件，人民法院经审查认为，合并审理更有利于查明案件事实、保障诉讼权利、准确定罪量刑的，可以并案审理。
	发回原审人民法院重新审判后又上诉或者抗诉的并案	*《解释》第 404 条：第二审人民法院认为第一审判决事实不清、证据不足的，可以在查清事实后改判，也可以裁定撤销原判，发回原审人民法院重新审判。 有多名被告人的案件，部分被告人的犯罪事实不清、证据不足或者有新的犯罪事实需要追诉，且有关犯罪与其他同案被告人没有关联的，第二审人民法院根据案件情况，可以对该部分被告人分案处理，将该部分被告人发回原审人民法院重新审判。原审人民法院重新作出判决后，被告人上诉或者人民检察院抗诉，其他被告人的案件尚未作出第二审判决、裁定的，第二审人民法院可以并案审理。
	审判监督程序中的并案	*《解释》第 467 条：对依照审判监督程序重新审判的案件，人民法院在依照第一审程序进行审判的过程中，发现原审被告人还有其他犯罪的，一般应当并案审理，但分案审理更为适宜的，可以分案审理。

第二条：犯罪地包括犯罪行为地和犯罪结果地。

针对或者主要利用计算机网络实施的犯罪，犯罪地包括用于实施犯罪行为的网络服务使用的服务器所在地，网络服务提供者所在地，被侵害的信息网络系统及其管理者所在地，犯罪过程中被告人、被害人使用的信息网络系统所在地，以及被害人被侵害时所在地和被害人财产遭受损失地等。

第三条：被告人的户籍地为其居住地。经常居住地与户籍地不一致的，经常居住地为其居住地。经常居住地为被告人被追诉前已连续居住一年以上的地方，但住院就医的除外。

被告单位登记的住所地为其居住地。主要营业地或者主要办事机构所在地与登记的住所地不一致的，主要营业地或者主要办事机构所在地为其居住地。

第四条：在中华人民共和国内水、领海发生的刑事案件，由犯罪地或者被告人登陆地的人民法院管辖。由被告人居住地的人民法院审判更为适宜的，可以由被告人居住地的人民法院管辖。

第五条：在列车上的犯罪，被告人在列车运行途中被抓获的，由前方停靠站所在地负责审判铁路运输刑事案件的人民法院管辖。必要时，也可以由始发站或者终点站所在地负责审判铁路运输刑事案件的人民法院管辖。

被告人不是在列车运行途中被抓获的，由负责该列车乘务的铁路公安机关对应的审判铁路运输刑事案件的人民法院管辖；被告人在列车运行途经车站被抓获的，也可以由该车站所在地负责审判铁路运输刑事案件的人民法院管辖。

第六条：在国际列车上的犯罪，根据我国与相关国家签订的协定确定管辖；没有协定的，由该列车始发或者前方停靠的中国车站所在地负责审判铁路运输刑事案件的人民法院管辖。

第七条：在中华人民共和国领域外的中国船舶内的犯罪，由该船舶最初停泊的中国口岸所在地或者被告人登陆地、入境地的人民法院管辖。

第八条：在中华人民共和国领域外的中国航空器内的犯罪，由该航空器在中国最初降落地的人民法院管辖。

第九条：中国公民在中国驻外使领馆内的犯罪，由其主管单位所在地或者原户籍地的人民法院管辖。

第十条：中国公民在中华人民共和国领域外的犯罪，由其登陆地、入境地、离境前居住地或者现居住地的人民法院管辖；被害人是中国公民的，也可以由被害人离境前居住地或者现居住地的人民法院管辖。

第十一条：外国人在中华人民共和国领域外对中华人民共和国国家或者公民犯罪，根据《中华人民共和国刑法》应当受处罚的，由该外国人登陆地、入境地或者入境后居住地的人民法院管辖，也可以由被害人离境前居住地或者现居住地的人民法院管辖。

第十二条：对中华人民共和国缔结或者参加的国际条约所规定的罪行，中华人民共和国在所承担条约义务的范围内行使刑事管辖权的，由被告人被抓获地、登陆地或者入境地的人民法院管辖。

第十三条：正在服刑的罪犯在判决宣告前还有其他罪没有判决的，由原审地人民法院管辖；由罪犯服刑地或者犯罪地的人民法院审判更为适宜的，可以由罪犯服刑地或者犯罪地的人民法院管辖。

罪犯在服刑期间又犯罪的，由服刑地的人民法院管辖。

罪犯在脱逃期间又犯罪的，由服刑地的人民法院管辖。但是，在犯罪地抓获罪犯并发现其在脱逃期间犯罪的，由犯罪地的人民法院管辖。

第二部分　主观题案例模拟演练

【案情简介】孙小果案

1998年2月，孙小果因强奸罪等多项罪名被判处死刑，又在扫黑除恶专项斗争中，再次被当地列为涉黑涉恶犯罪团伙典型。2010年起，孙小果以"李林宸"之名在狱外活动。

2019年4月，中央扫黑除恶第20督导组进驻云南省期间，昆明市打掉了孙小果等一批涉黑涉恶犯罪团伙。5月24日，全国扫黑办将云南昆明孙小果涉黑案列为重点案件，实行挂牌督办。6月4日，全国扫黑办派大要案督办组赴云南督办孙小果案，进驻昆明。

2019年7月26日，云南省高级人民法院依法对孙小果案启动再审，被查涉案公职人员和重要关系人增至20人。2019年10月11日至12日，全国扫黑除恶专项斗争第二次推进会在西安召开，会上发布将开庭再审孙小果案。

2019年10月14日，云南省高级人民法院依照审判监督程序对孙小果强奸、强制侮辱妇女、故意伤害、寻衅滋事一案依法再审开庭审理。同时，云南省检察机关已对孙小果出狱后涉嫌黑社会性质组织犯罪提起公诉，云南省监察机关、检察机关依法对孙小果案 19 名涉嫌职务犯罪的公职人员及重要关系人移送审查起诉。11 月 8 日，孙小果一审获刑二十五年。

2019 年 12 月 15 日，云南省玉溪市中级人民法院、玉溪市红塔区人民法院、玉溪市通海县人民法院以及曲靖市沾益区人民法院、红河州个旧市人民法院、文山州文山市人民法院、大理州洱源县人民法院、德宏州芒市人民法院分别对 19 名涉孙小果案公职人员和重要关系人职务犯罪案公开宣判。

2019 年 12 月 17 日，云南高院二审驳回孙小果上诉，维持原判。

【问题】

1. 本案侦查终结，侦查机关以孙小果强奸、强制侮辱妇女、故意伤害、寻衅滋事移送审查起诉。人民检察院经审查认为，孙小果还涉嫌诈骗罪，应如何处理？

2. 公诉机关以孙小果强奸、强制侮辱妇女、故意伤害、寻衅滋事提起公诉在审判过程中，法院认为被告人还涉嫌诈骗罪，应如何处理？

3. 本案中孙小果的行为既涉及监察机关管辖的犯罪又涉及公安机关、检察机关管辖的犯罪关于管辖处理的原则是什么？

4. 如云南省玉溪市中级人民法院在判决宣告前认为孙小果不需要判处无期、死刑的情况，如何处理？

5. 结合此案谈谈你对"证据裁判原则"的理解。

【参考解析】

1. 对于此种情况，检察机关可以退回补充侦查，也可以自行补充侦查，必要时可以要求公安机关提供协助。退回公安机关补充侦查的，应当在 1 个月内补充侦查完毕。补充侦查以 2 次为限，补充侦查完毕移送审查起诉后，人民检察院重新计算审查起诉期限。人民检察院自行补充侦查的，应当在审查起诉期限内补充侦查完毕。

2. 在审理过程中，人民法院发现新的事实，可能影响定罪的，可以建议人民检察院补充或者变更起诉；人民检察院发现有新的事实，需要补充、变更、追加起诉，可以建议人民法院延期审理。补充侦查应当在 1 个月内完毕。审判期间补充侦查以 2 次为限。补充侦查完毕重新开庭审理的案件，人民法院重新计算审理期限。在法庭延期审理期间，需要补充提供证据或者补充侦查的，人民检察院应当自行收集证据和进行侦查，不得退回侦查机关补充侦查，必要时可以要求侦查机关协助；也可以书面要求侦查机关补充提供证据。

3. 依据《监察法》第 34 条：人民法院、人民检察院、公安机关、审计机关等国家机关在工作中发现公职人员涉嫌贪污贿赂、失职渎职等职务违法或者职务犯罪的问题线索，应当移送监察机关，由监察机关依法调查处置。被调查人既涉嫌严重职务违法或者职务犯罪，又涉嫌其他违法犯罪的，一般应当由监察机关为主调查，其他机关予以协助。有基于此，如本案中孙某的行为既涉及监察机关管辖的犯罪又涉及公安机关、检察机关管辖的犯罪，一般应当由监察机关为主调查，其他机关予以协助。

根据新修订的《高检规则》第 17 条：人民检察院办理直接受理侦查的案件，发现犯罪嫌疑人同时涉嫌监察机关管辖的职务犯罪线索的，应当及时与同级监察机关沟通。经沟通，认为全案由监察机关管辖更为适宜的，人民检察院应当将案件和相应职务犯罪线索一并移送监察机关；认为由监察机关和人民检察院分别管辖更为适宜的，人民检察院应当将监察机关管辖的相应职务犯罪线索移送监察机关，对依法由人民检察院管辖的犯罪案件继续侦查。《高检规则》第 256 条：经监察机关商请，人民检察院可以派员介入监察机关办理的职务犯罪案件。

4. 法院移送管辖可以区分为**应当移送**和**可以请求移送**；对可能判处**无期徒刑、死刑**的第一审刑事案件，**应当移送**中级人民法院审判。重大、复杂案；新类型的疑难案；法律适用上具有普遍指导意义的案，**可以请求移送**。法院**受理前**的处理：需要将案件移送中级人民法院审判的，应当在报请院长决定后，至迟于案件**审理期限届满 15 日前**书面请求移送。中级人民法院**应当在接到申请后 10 日内作出决定**。**不同意移送**的，应当下达不同意移送决定书，由请求移送的人民法院依法审判；**同意移送**的，应当下达同意移送决定书，并书面通知同级人民检察院。法院**受理后**的处理：人民检察院认为可能判处无期徒刑、死刑而向中级人民法院提起公诉的案件，中级人民法院**受理后**，**认为不需要判处无期徒刑以上刑罚的，应当依法审判，不再交基层法院审判**。

5. 根据《刑诉解释》第 69 条的规定：认定案件事实，必须以证据为根据。这就是证据裁判原则的法律依据。犯罪嫌疑人、被告人是否构成犯罪，构成何种犯罪以及罪行的轻重等都必须以证据作为认定的根据，不得依靠主观猜测、判断和推定。刑事诉讼中专门机关应该依照法定程序，全面收集、调查、审查、核实、认定犯罪嫌疑人、被告人有罪、无罪、罪行轻重的证据，不得故意隐瞒和伪造证据。证据未经当庭出示、辨认、质证等法庭调查程序查证属实，不得作为定案的根据。认定被告人有罪和对被告人从重处罚，应当达到证据确实、充分的证明标准。

《刑事诉讼法》第 52 条规定：审判人员、检察人员、侦查人员必须依照法定程序，收集能够证实犯罪嫌疑人、被告人有罪或者无罪、犯罪情节轻重的各种证据。严禁刑讯逼供和威胁、引诱、欺骗以及其他非法方法收集证据，不得强迫任何人证实自己有罪。第 55 条规定：对一切案件的判处都要重证据，重调查研究，不轻信口供。只有被告人供述，没有其他证据的，不能认定被告人有罪和处以刑罚；没有被告人供述，证据确实、充分的，可以认定被告人有罪和处以刑罚。

本案中，由于案情重大复杂，涉及孙小果强奸、强制侮辱妇女、故意伤害、寻衅滋事、黑社会性质组织等犯罪，认定犯罪事实必须依照法定程序收集、审查、认定证据，不能仅凭主观猜测和推断，或者依靠生活经验的判断加以认定。坚持证据裁判原则，是分析和认定本案的关键问题之一。

专题五　回避制度

【主观题考前分析】

2021 年延考	对公诉人提出的回避

　　回避制度在刑事诉讼主观题考察中，主要考察刑事回避制度及其程序。重点在于回避的理由、适用人员与程序。回避的种类中会重点考察申请回避及其复议。很可能会在主观题中的案例出现一问的知识点。难度不会太大，属于送分题。

第一部分　主观题重点法条内容提醒和详解

《刑事诉讼法》

　　第二十九条　审判人员、检察人员、侦查人员有下列情形之一的，应当自行回避，当事人及其法定代理人也有权要求他们回避：

　　（一）是本案的当事人或者是当事人的近亲属的；

　　（二）本人或者他的近亲属和本案有利害关系的；

　　（三）担任过本案的证人、鉴定人、辩护人、诉讼代理人的；

　　（四）与本案当事人有其他关系，可能影响公正处理案件的。

　　第三十条　审判人员、检察人员、侦查人员不得接受当事人及其委托的人的请客送礼，不得违反规定会见当事人及其委托的人。

　　审判人员、检察人员、侦查人员违反前款规定的，应当依法追究法律责任。当事人及其法定代理人有权要求他们回避。

　　第三十一条　审判人员、检察人员、侦查人员的回避，应当分别由院长、检察长、公安机关负责人决定；院长的回避，由本院审判委员会决定；检察长和公安机关负责人的回避，由同级人民检察院检察委员会决定。

　　对侦查人员的回避作出决定前，侦查人员不能停止对案件的侦查。

　　对驳回申请回避的决定，当事人及其法定代理人可以申请复议一次。

《高检规则》

　　第二十九条　检察长的回避，由检察委员会讨论决定。检察委员会讨论检察长回避问题时，由副检察长主持，检察长不得参加。

　　其他检察人员的回避，由检察长决定。

　　第三十条　当事人及其法定代理人要求公安机关负责人回避，向同级人民检察院提出，或者向公安机关提出后，公安机关移送同级人民检察院的，由检察长提交检察委员会讨论决定。

　　第三十五条　参加过同一案件侦查的人员，不得承办该案的审查逮捕、审查起诉、出庭支持公诉和诉讼监督工作，但在审查起诉阶段参加自行补充侦查的人员除外。

　　第三十六条　被决定回避的检察长在回避决定作出以前所取得的证据和进行的诉讼行为是

否有效，由检察委员会根据案件具体情况决定。

被决定回避的其他检察人员在回避决定作出以前所取得的证据和进行的诉讼行为是否有效，由检察长根据案件具体情况决定。

被决定回避的公安机关负责人在回避决定作出以前所进行的诉讼行为是否有效，由作出决定的人民检察院检察委员会根据案件具体情况决定。

《刑诉解释》

第二十八条 审判人员具有下列情形之一的，当事人及其法定代理人有权申请其回避：

（一）违反规定会见本案当事人、辩护人、诉讼代理人的；

（二）为本案当事人推荐、介绍辩护人、诉讼代理人，或者为律师、其他人员介绍办理本案的；

（三）索取、接受本案当事人及其委托的人的财物或者其他利益的；

（四）接受本案当事人及其委托的人的宴请，或者参加由其支付费用的活动的；

（五）向本案当事人及其委托的人借用款物的；

（六）有其他不正当行为，可能影响公正审判的。

第二十九条 参与过本案调查、侦查、审查起诉工作的监察、侦查、检察人员，调至人民法院工作的，不得担任本案的审判人员。

在一个审判程序中参与过本案审判工作的合议庭组成人员或者独任审判员，不得再参与本案其他程序的审判。但是，发回重新审判的案件，在第一审人民法院作出裁判后又进入第二审程序、在法定刑以下判处刑罚的复核程序或者死刑复核程序的，原第二审程序、在法定刑以下判处刑罚的复核程序或者死刑复核程序中的合议庭组成人员不受本款规定的限制。

第三十六条 当事人及其法定代理人申请出庭的检察人员回避的，人民法院应当区分情况作出处理：

（一）属于刑事诉讼法第二十九条、第三十条规定情形的回避申请，应当决定休庭，并通知人民检察院尽快作出决定；

（二）不属于刑事诉讼法第二十九条、第三十条规定情形的回避申请，应当当庭驳回，并不得申请复议。

《法官法》

第二十四条 法官的配偶、父母、子女有下列情形之一的，法官应当实行任职回避：

（一）担任该法官所任职人民法院辖区内律师事务所的合伙人或者设立人的；

（二）在该法官所任职人民法院辖区内以律师身份担任诉讼代理人、辩护人，或者为诉讼案件当事人提供其他有偿法律服务的。

第三十六条 法官从人民法院离任后两年内，不得以律师身份担任诉讼代理人或者辩护人。

法官从人民法院离任后，不得担任原任职法院办理案件的诉讼代理人或者辩护人，但是作为当事人的监护人或者近亲属代理诉讼或者进行辩护的除外。

法官被开除后，不得担任诉讼代理人或者辩护人，但是作为当事人的监护人或者近亲属代理诉讼或者进行辩护的除外。

《检察官法》

第二十五条 检察官的配偶、父母、子女有下列情形之一的，检察官应当实行任职回避：

（一）担任该检察官所任职人民检察院辖区内律师事务所的合伙人或者设立人的；

（二）在该检察官所任职人民检察院辖区内以律师身份担任诉讼代理人、辩护人，或者为诉讼案件当事人提供其他有偿法律服务的。

第三十七条　检察官从人民检察院离任后两年内，不得以律师身份担任诉讼代理人或者辩护人。

检察官从人民检察院离任后，不得担任原任职检察院办理案件的诉讼代理人或者辩护人，但是作为当事人的监护人或者近亲属代理诉讼或者进行辩护的除外。

检察官被开除后，不得担任诉讼代理人或者辩护人，但是作为当事人的监护人或者近亲属代理诉讼或者进行辩护的除外。

第二部分　主观题案例模拟演练

【案情简介】律师责令退出法庭案

2020年6月16日，海口市中级人民法院王绍章涉黑犯罪案件庭审现场，审判长疑似爆粗口并驱赶两位辩护律师事件引发关注。而6月20日，该院再次开庭审理该涉黑案时，有一律师当庭指出海口中院6月19日官方微博发布的致歉通报虚构事实。

海南省海口市中级人民法院公开审理的王绍章等20人涉黑案6月16日进入举证质证环节，辩护律师李长青、张维玉质疑法庭质证方式，要求按法律规定"一证一质"，未获同意，他们申请审判长蒋小马回避，后被责令退出法庭。

时隔3日后，海口市中级人民法院于6月19日晚微博发布情况通报致歉。该院称，事件发生后连夜召开专门会议核查情况，经调查研究，认为律师主张一事一证一质符合法律规定，根据案情对部分事实确有一证一质的必要，决定采纳律师的建议。

值得一提的是，该院在通报中还称，在6月17日庭审前院领导与律师进行了沟通，表达了对法官工作情绪急躁、尊重律师不够的歉意，同时，也表达了在律师的支持下，依法审理好王绍章涉黑案件，在扫黑除恶斗争中形成合力的意愿。

20日庭审中，一位辩护律师当庭对上述通报提出质疑，他表示，在回去后和其他辩护律师进行交流，发现在通报中所称的，6月17日庭审前与律师沟通的内容，并不存在对法官主持庭审的工作急躁的评价，也没有表达对律师尊重不够的歉意，这是对社会公众公然地撒谎，这个事实是不存在的。

随后，该辩护律师当庭提出三个申请，第一，申请本案审判长回避；第二，申请本案公诉人回避；第三，申请海口中院所有法官都回避本案的审理，法官听取后宣布休庭研究再给答复。21日，记者查阅海口法院庭审直播上传录像发现，上述律师的三个申请及后续复议均被驳回。

【问题】

1. 该辩护律师可有权利当庭提出申请本案审判长回避？审判长回避由谁决定？
2. 该辩护律师可有权利当庭提出申请本案公诉人回避？具体程序怎么规定？
3. 该辩护律师申请海口中院所有法官都回避本案的审理，可否正确？为什么？
4. 辩护律师的三个申请回避被驳回，可有什么救济途径？

【解题思路】

（1）回避种类

①**自行回避**——→主动自觉退出

②**申请回避**——→指案件**当事人及其法定代理人、诉讼代理人、辩护人**申请，要求回避。

③指令回避——公、检、法领导责令决定其回避。

（2）回避决定机关

①**法院**：审判委员会——法院院长——审判人员

②**检察委员会** ⎰ 检察长——检察人员
　　　　　　　 ⎱ 公安机关负责人——侦查人员

【参考解析】

1. 根据《刑事诉讼法》第29条的规定："审判人员、检察人员、侦查人员有下列情形之一的，应当自行回避，当事人及其法定代理人也有权要求他们回避……"同时根据《刑诉解释》第33条的规定："辩护人、诉讼代理人可以依照本章的有关规定要求回避、申请复议。"所以当事人及其法定代理人、辩护人、诉讼代理人均有权申请回避。根据《刑事诉讼法》第31条第1款的规定："审判人员、检察人员、侦查人员的回避，应当分别由院长、检察长、公安机关负责人决定；院长的回避，由本院审判委员会决定；检察长和公安机关负责人的回避，由同级人民检察院检察委员会决定。"

2. 根据《刑事诉讼法》第29条的规定："审判人员、检察人员、侦查人员有下列情形之一的，应当自行回避，当事人及其法定代理人也有权要求他们回避……"同时根据《刑诉解释》第39条的规定："辩护人、诉讼代理人可以依照本章的有关规定要求回避、申请复议。"所以当事人及其法定代理人、辩护人、诉讼代理人均有权申请回避。依据《刑诉解释》第36条：当事人及其法定代理人在法庭上对出庭的检察人员提出回避申请的，法院应当休庭，并通知检察院，由该院检察长或者检察委员会决定。依据《高检规则》第28条：在开庭审理过程中，当事人及其法定代理人向法庭申请出庭的检察人员回避的，在收到人民法院通知后，人民检察院应当作出回避或者驳回申请的决定。不属于刑事诉讼法第二十九条、第三十条规定情形的回避申请，出席法庭的检察人员应当建议法庭当庭驳回。

3. 不正确，根据《刑诉解释》第27条规定：审判人员具有下列情形之一的，应当自行回避，当事人及其法定代理人有权申请其回避：（一）是本案的当事人或者是当事人的近亲属的；（二）本人或者其近亲属与本案有利害关系的；（三）担任过本案的证人、鉴定人、辩护人、诉讼代理人、翻译人员的；（四）与本案的辩护人、诉讼代理人有近亲属关系的；（五）与本案当事人有其他利害关系，可能影响公正审判的。此案律师如认为海口市及其下辖的法院确实不宜审理此案，应当申请适用指定管辖，但申请海口中院所有法官都回避本案的审理于法无据。

4. 依据《刑诉解释》第35条的规定："对当事人及其法定代理人提出的回避申请，人民法院可以口头或者书面作出决定，并将决定告知申请人。当事人及其法定代理人。申请回避被驳回的，可以在接到决定时申请复议一次。不属于刑事诉讼法第二十九条、第三十条规定情形的回避申请，由法庭当庭驳回，并不得申请复议。"本案中，申请回避的理由是辩护律师李长青、张维玉质疑法庭质证方式，要求按法律规定"一证一质"，未获同意，他们申请审判长蒋小马回避，后被责令退出法庭。不属于上述详细列明的回避理由，所以其申请是被驳回，并不得申请复议。

专题六　辩护与代理

【主观题考前分析】

年份	曾考过	题型
2021 年	值班律师	问答题
2008 年延考	委托辩护、辩护律师的会见权	找错题
2005 年	辩护词	司法文书
2004 年	法律援助、拒绝辩护	问答题

从刑诉法的主观题出题角度讲，辩护，代理主要是围绕这样几个方面来复习：

一、辩护人的范围；

二、辩护的种类（自行辩护、委托辩护、指定辩护）内容。

三、辩护人的责任和任务。案例题中重点把握被告人拒绝可以指定辩护的和拒绝应当指定辩护具体区别？以及律师辩护人和非律师辩护人的权利义务区别。尤其要重视新增值班律师的权利和义务知识点。

此章从未单独出过案例或主观题，都是和具体诉讼程序制度结合来命题。

第一部分　主观题重点法条内容提醒和详解

《刑事诉讼法》

第三十四条　犯罪嫌疑人自被侦查机关第一次讯问或者采取强制措施之日起，有权委托辩护人；在侦查期间，只能委托律师作为辩护人。被告人有权随时委托辩护人。

侦查机关在第一次讯问犯罪嫌疑人或者对犯罪嫌疑人采取强制措施的时候，应当告知犯罪嫌疑人有权委托辩护人。人民检察院自收到移送审查起诉的案件材料之日起三日以内，应当告知犯罪嫌疑人有权委托辩护人。人民法院自受理案件之日起三日以内，应当告知被告人有权委托辩护人。犯罪嫌疑人、被告人在押期间要求委托辩护人的，人民法院、人民检察院和公安机关应当及时转达其要求。

犯罪嫌疑人、被告人在押的，也可以由其监护人、近亲属代为委托辩护人。

辩护人接受犯罪嫌疑人、被告人委托后，应当及时告知办理案件的机关。

第三十五条　犯罪嫌疑人、被告人因经济困难或者其他原因没有委托辩护人的，本人及其近亲属可以向法律援助机构提出申请。对符合法律援助条件的，法律援助机构应当指派律师为其提供辩护。

犯罪嫌疑人、被告人是盲、聋、哑人，或者是尚未完全丧失辨认或者控制自己行为能力的精神病人，没有委托辩护人的，人民法院、人民检察院和公安机关应当通知法律援助机构指派律师为其提供辩护。

犯罪嫌疑人、被告人可能被判处无期徒刑、死刑，没有委托辩护人的，人民法院、人民检察院和公安机关应当通知法律援助机构指派律师为其提供辩护。

第三十六条 法律援助机构可以在人民法院、看守所等场所派驻值班律师。犯罪嫌疑人、被告人没有委托辩护人，法律援助机构没有指派律师为其提供辩护的，由值班律师为犯罪嫌疑人、被告人提供法律咨询、程序选择建议、申请变更强制措施、对案件处理提出意见等法律帮助。

人民法院、人民检察院、看守所应当告知犯罪嫌疑人、被告人有权约见值班律师，并为犯罪嫌疑人、被告人约见值班律师提供便利。

第三十九条 辩护律师可以同在押的犯罪嫌疑人、被告人会见和通信。其他辩护人经人民法院、人民检察院许可，也可以同在押的犯罪嫌疑人、被告人会见和通信。

辩护律师持律师执业证书、律师事务所证明和委托书或者法律援助公函要求会见在押的犯罪嫌疑人、被告人的，看守所应当及时安排会见，至迟不得超过四十八小时。

危害国家安全犯罪、恐怖活动犯罪案件，在侦查期间辩护律师会见在押的犯罪嫌疑人，应当经侦查机关许可。上述案件，侦查机关应当事先通知看守所。

辩护律师会见在押的犯罪嫌疑人、被告人，可以了解案件有关情况，提供法律咨询等；自案件移送审查起诉之日起，可以向犯罪嫌疑人、被告人核实有关证据。辩护律师会见犯罪嫌疑人、被告人时不被监听。

辩护律师同被监视居住的犯罪嫌疑人、被告人会见、通信，适用第一款、第三款、第四款的规定。

第四十六条 公诉案件的被害人及其法定代理人或者近亲属，附带民事诉讼的当事人及其法定代理人，自案件移送审查起诉之日起，有权委托诉讼代理人。自诉案件的自诉人及其法定代理人，附带民事诉讼的当事人及其法定代理人，有权随时委托诉讼代理人。

人民检察院自收到移送审查起诉的案件材料之日起三日以内，应当告知被害人及其法定代理人或者其近亲属、附带民事诉讼的当事人及其法定代理人有权委托诉讼代理人。人民法院自受理自诉案件之日起三日以内，应当告知自诉人及其法定代理人、附带民事诉讼的当事人及其法定代理人有权委托诉讼代理人。

《高检规则》

第五十条 案件提请批准逮捕或者移送起诉后，辩护人认为公安机关在侦查期间收集的证明犯罪嫌疑人无罪或者罪轻的证据材料未提交，申请人民检察院向公安机关调取的，人民检察院负责捕诉的部门应当及时审查。经审查，认为辩护人申请调取的证据已收集并且与案件事实有联系的，应当予以调取；认为辩护人申请调取的证据未收集或者与案件事实没有联系的，应当决定不予调取并向辩护人说明理由。公安机关移送相关证据材料的，人民检察院应当在三日以内告知辩护人。

人民检察院办理直接受理侦查的案件，适用前款规定。

第六十条 人民检察院发现辩护人有帮助犯罪嫌疑人、被告人隐匿、毁灭、伪造证据、串供，或者威胁、引诱证人作伪证以及其他干扰司法机关诉讼活动的行为，可能涉嫌犯罪的，应当将涉嫌犯罪的线索或者证据材料移送有管辖权的机关依法处理。

人民检察院发现辩护律师在刑事诉讼中违反法律、法规或者执业纪律的，应当及时向其所在的律师事务所、所属的律师协会以及司法行政机关通报。

《刑诉解释》

1. 被告人拒绝辩护

<table>
<tr><td rowspan="13">被告人拒绝辩护</td><td>

＊《解释》第50条：被告人拒绝法律援助机构指派的律师为其辩护，坚持自己行使辩护权的，人民法院应当准许。

属于应当提供法律援助的情形，被告人拒绝指派的律师为其辩护的，人民法院应当查明原因。理由正当的，应当准许，但被告人应当在五日以内另行委托辩护人；被告人未另行委托辩护人的，人民法院应当在三日以内通知法律援助机构另行指派律师为其提供辩护。

第51条：对法律援助机构指派律师为被告人提供辩护，被告人的监护人、近亲属又代为委托辩护人的，应当听取被告人的意见，由其确定辩护人人选。

</td></tr>
<tr><td>

（1）＊《解释》第311条：被告人在一个审判程序中更换辩护人一般不得超过两次。

被告人当庭拒绝辩护人辩护，要求另行委托辩护人或者指派律师的，合议庭应当准许。被告人拒绝辩护人辩护后，没有辩护人的，应当宣布休庭；仍有辩护人的，庭审可以继续进行。

有多名被告人的案件，部分被告人拒绝辩护人辩护后，没有辩护人的，根据案件情况，可以对该部分被告人另案处理，对其他被告人的庭审继续进行。

重新开庭后，被告人再次当庭拒绝辩护人辩护的，可以准许，但被告人不得再次另行委托辩护人或者要求另行指派律师，由其自行辩护。

被告人属于应当提供法律援助的情形，重新开庭后再次当庭拒绝辩护人辩护的，不予准许。

（2）＊《解释》第572条：未成年被告人或者其法定代理人当庭拒绝辩护人辩护的，适用本解释第三百一十一条第二款、第三款的规定。

重新开庭后，未成年被告人或者其法定代理人再次当庭拒绝辩护人辩护的，不予准许。重新开庭时被告人已满十八周岁的，可以准许，但不得再另行委托辩护人或者要求另行指派律师，由其自行辩护。

对法律援助中的"应当指定辩护"情形被告人的拒绝辩护情形处理

拒绝自己委托的律师（第一次开庭，不需要理由，准许）　　拒绝指派的律师（第一次开庭，需要正当理由，方可）

休庭　　　　　　　　　　休庭

①须5日另行委托或未另行委托辩护人的，法院应当在3日内书面通知法律援助

②重新开庭后再次当庭拒绝辩护人辩护的，不予准许

【如果是指派的】要理由＋1次机会＋必须有人辩护

【如果是委托的】不用理由＋1次机会＋必须有人辩护

</td></tr>
<tr><td>

对法律援助中的"可以指定辩护"情形被告人的拒绝辩护情形处理：

【不管是否指派】不用理由＋2次机会＋最终只能自辩。

①第一次都无需理由，应当准许；

②再次开庭又拒绝辩护，可以准许；但不能委托和要求指定辩护，只能自行辩护；

</td></tr>
<tr><td>

＊《解释》第313条：依照前两条规定另行委托辩护人或者通知法律援助机构指派律师的，自案件宣布休庭之日起至第十五日止，由辩护人准备辩护，但被告人及其辩护人自愿缩短时间的除外。

庭审结束后、判决宣告前另行委托辩护人的，可以不重新开庭；辩护人提交书面辩护意见的，应当接受。

</td></tr>
</table>

2. 辩护人拒绝辩护

*《解释》第312条：**法庭审理过程中，辩护人拒绝为被告人辩护，有正当理由**的，应当准许；是否继续庭审，参照适用前条规定。

我国《律师法》第32条规定：律师接受委托后，无正当理由的，不得拒绝辩护或者代理。但是，①委托事项违法、②委托人利用律师提供的服务从事违法活动或者③委托人故意隐瞒与案件有关的重要事实的，律师有权拒绝辩护或者代理。可见，与犯罪嫌疑人、被告人拒绝辩护不同，律师拒绝继续为犯罪嫌疑人、被告人辩护具有严格的法定条件。

第五十三条 辩护律师可以查阅、摘抄、复制案卷材料。其他辩护人经人民法院许可，也可以查阅、摘抄、复制案卷材料。合议庭、审判委员会的讨论记录以及其他依法不公开的材料不得查阅、摘抄、复制。

辩护人查阅、摘抄、复制案卷材料的，人民法院应当提供便利，并保证必要的时间。

值班律师查阅案卷材料的，适用前两款规定。

复制案卷材料可以采用复印、拍照、扫描、电子数据拷贝等方式。

第五十四条 对作为证据材料向人民法院移送的讯问录音录像，辩护律师申请查阅的，人民法院应当准许。

第五十五条 查阅、摘抄、复制案卷材料，涉及国家秘密、商业秘密、个人隐私的，应当保密；对不公开审理案件的信息、材料，或者在办案过程中获悉的案件重要信息、证据材料，不得违反规定泄露、披露，不得用于办案以外的用途。人民法院可以要求相关人员出具承诺书。

违反前款规定的，人民法院可以通报司法行政机关或者有关部门，建议给予相应处罚；构成犯罪的，依法追究刑事责任。

第五十六条 辩护律师可以同在押的或者被监视居住的被告人会见和通信。其他辩护人经人民法院许可，也可以同在押的或者被监视居住的被告人会见和通信。

第五十七条 辩护人认为在调查、侦查、审查起诉期间监察机关、公安机关、人民检察院收集的证明被告人无罪或者罪轻的证据材料未随案移送，申请人民法院调取的，应当以书面形式提出，并提供相关线索或者材料。人民法院接受申请后，应当向人民检察院调取。人民检察院移送相关证据材料后，人民法院应当及时通知辩护人。

第五十八条 辩护律师申请向被害人及其近亲属、被害人提供的证人收集与本案有关的材料，人民法院认为确有必要的，应当签发准许调查书。

第五十九条 辩护律师向证人或者有关单位、个人收集、调取与本案有关的证据材料，因证人或者有关单位、个人不同意，申请人民法院收集、调取，或者申请通知证人出庭作证，人民法院认为确有必要的，应当同意。

第六十条 辩护律师直接申请人民法院向证人或者有关单位、个人收集、调取证据材料，人民法院认为确有必要，且不宜或者不能由辩护律师收集、调取的，应当同意。

人民法院向有关单位收集、调取的书面证据材料，必须由提供人签名，并加盖单位印章；向个人收集、调取的书面证据材料，必须由提供人签名。

人民法院对有关单位、个人提供的证据材料，应当出具收据，写明证据材料的名称、收到的时间、件数、页数以及是否为原件等，由书记员、法官助理或者审判人员签名。

收集、调取证据材料后，应当及时通知辩护律师查阅、摘抄、复制，并告知人民检察院。

第六十八条 律师担任辩护人、诉讼代理人，经人民法院准许，可以带一名助理参加庭审。律师助理参加庭审的，可以从事辅助工作，但不得发表辩护、代理意见。

第二部分　主观题案例模拟演练

【案情简介】杭州莫焕晶案

2016 年 9 月，莫焕晶到浙江省杭州市上城区蓝色钱江公寓 2 幢 1 单元 1802 室被害人朱小贞、林生斌夫妇家从事住家保姆工作。2017 年 3 月至同年 6 月 21 日，莫焕晶为筹集赌资，多次窃取朱小贞家财物，并找借口向朱借款，上述钱款均被莫赌博输光。同年 6 月 21 日晚，莫焕晶为继续筹集赌资，决定采取在朱小贞家中放火再帮助灭火的方式骗取朱的感激，以便再向朱借钱。22 日 4 时 55 分许，莫焕晶在朱小贞家客厅用打火机点燃书本，引燃客厅沙发、窗帘等易燃物品，导致火势迅速蔓延，造成屋内的朱小贞及其三名未成年子女共四人被困火场，吸入一氧化碳中毒死亡，并造成该 1802 室和邻近房屋部分设施损毁。2018 年 2 月 9 日，杭州市中级人民法院依法判处被告人莫焕晶死刑，剥夺政治权利终身并处罚金人民币一万元。

杭州中院开庭，不到半小时之后，莫焕晶的律师党琳山就管辖权和取证过程提出异议，并在四次提出抗议后宣布退庭，该案延迟审理。后莫焕晶不服一审判决上诉至浙江省高级人民法院，浙江省高级人民法院作出终审判决：驳回上诉维持原判。

9 月 21 日，经最高人民法院核准，莫焕晶被执行死刑。该案引起民众较多关注，一方面是案件本身恶性程度较大，体现了人性之"恶"；另一方面案件本身也存在诸多难点、疑点。在莫焕晶案中，司法机关关注舆论，又不为舆论左右，严格依据法律裁判，表征了刑事司法的理性，体现了刑事法律人的冷静！

【问题】

1. 党律师可否在审判阶段会见被告人莫焕晶？需要履行什么程序？

2. 人民法院、人民检察院和公安机关如何保障莫焕晶聘请辩护人的权利？

3. 在法庭审理中，党律师突然离席，法庭征求被告人意见后，被告人表达了拒绝党律师辩护请求，请问此时法院如何应对？

4. 结合此案谈谈犯罪嫌疑人、被告人的"辩护权"。

【参考解析】

1. 依据《刑事诉讼法》第 39 条：辩护律师可以同在押的犯罪嫌疑人、被告人会见和通信。其他辩护人经人民法院、人民检察院许可，也可以同在押的犯罪嫌疑人、被告人会见和通信。受委托的律师凭律师执业证书、律师事务所证明和委托书或者法律援助公函即可以要求会见。看守所应当及时安排会见，至迟不得超过 48 小时。

2. 依据《刑事诉讼法》第 34 条第 1、2 款规定：犯罪嫌疑人自被侦查机关第一次讯问或者采取强制措施之日起，有权委托辩护人；在侦查期间，只能委托律师作为辩护人。被告人有权随时委托辩护人。侦查机关在第一次讯问犯罪嫌疑人或者对犯罪嫌疑人采取强制措施的时候，应当告知犯罪嫌疑人有权委托辩护人。人民检察院自收到移送审查起诉的案件材料之日起三日以内，应当告知犯罪嫌疑人有权委托辩护人。人民法院自受理案件之日起三日以内，应当告知被告人有权委托辩护人。犯罪嫌疑人、被告人在押期间要求委托辩护人的，人民法院、人民检察院和公安机关应当及时转达其要求。

3. 根据《刑事诉讼法》第 45 条规定：在审判过程中，被告人可以拒绝辩护人继续为他辩护，也可以另行委托辩护人辩护。根据《解释》第 50 条：被告人拒绝法律援助机构指派的律师为其辩护，坚持自己行使辩护权的，人民法院应当准许。

属于应当提供法律援助的情形，被告人拒绝指派的律师为其辩护的，人民法院应当查明原因。理由正当的，应当准许，但被告人应当在五日以内另行委托辩护人；被告人未另行委托辩护人的，人民法院应当在三日以内通知法律援助机构另行指派律师为其提供辩护。本案属于应当提供法律援助的情形，因此，人民法院应当查明原因，再做决定。

根据《解释》第313条：依照前两条规定另行委托辩护人或者通知法律援助机构指派律师的，自案件宣布休庭之日起至第十五日止，由辩护人准备辩护，但被告人及其辩护人自愿缩短时间的除外。

庭审结束后、判决宣告前另行委托辩护人的，可以不重新开庭；辩护人提交书面辩护意见的，应当接受。根据《刑诉解释》第311条：被告人在一个审判程序中更换辩护人一般不得超过两次。

被告人当庭拒绝辩护人辩护，要求另行委托辩护人或者指派律师的，合议庭应当准许。被告人拒绝辩护人辩护后，没有辩护人的，应当宣布休庭；仍有辩护人的，庭审可以继续进行。

有多名被告人的案件，部分被告人拒绝辩护人辩护后，没有辩护人的，根据案件情况，可以对该部分被告人另案处理，对其他被告人的庭审继续进行。

重新开庭后，被告人再次当庭拒绝辩护人辩护的，可以准许，但被告人不得再次另行委托辩护人或者要求另行指派律师，由其自行辩护。

被告人属于应当提供法律援助的情形，重新开庭后再次当庭拒绝辩护人辩护的，不予准许。

* 《刑诉解释》第572条：未成年被告人或者其法定代理人当庭拒绝辩护人辩护的，适用本解释第三百一十一条第二款、第三款的规定。

重新开庭后，未成年被告人或者其法定代理人再次当庭拒绝辩护人辩护的，不予准许。重新开庭时被告人已满十八周岁的，可以准许，但不得再另行委托辩护人或者要求另行指派律师，由其自行辩护。

4. 辩护人参加诉讼的目的就是帮助犯罪嫌疑人、被告人依法行使辩护权，维护犯罪嫌疑人、被告人的合法权益。为此，我国《刑事诉讼法》第37条规定："辩护人的责任是根据事实和法律，提出犯罪嫌疑人、被告人无罪、罪轻或者减轻、免其刑事责任的材料和意见，维护犯罪嫌疑人、被告人的诉讼权利和其他合法权益。"根据这一规定，辩护人的责任主要有三项：

第一，从实体上为犯罪嫌疑人、被告人进行辩护。即根据事实和法律，提出犯罪嫌疑人、被告人无罪、罪轻或者减轻、免除其刑事责任的材料和意见，反驳对犯罪嫌疑人、被告人不正确的指控，帮助司法机关全面了解案情，正确适用法律，依法公正处理案件。这是辩护人的首要任务。

第二，从程序上为犯罪嫌疑人、被告人进行辩护。即帮助犯罪嫌疑人、被告人依法确行使自己的诉讼权利，并在发现犯罪嫌疑人、被告人的诉讼权利受到侵犯或剥夺时，向司法机关提出意见，要求依法制止，或者向有关单位提出控告。

第三，为犯罪嫌疑人、被告人提供其他法律帮助。辩护人应当解答犯罪嫌疑人、被告人提出的有关法律问题，为犯罪嫌疑人、被告人代写有关文书，案件宣判后，应当了解被告人的态度，征求其对判决的意见以及是否进行上诉等。

有效辩护原则是辩护权的体现，也是对辩护权的保障。在刑事诉讼中，辩护应当对保护犯罪嫌疑人、被告人的权利具有实质意义，而不仅仅是形式上的，这就是有效辩护原则的基本要求。具体来说，有效辩护原则应当包括以下几个方面的内容：

（1）犯罪嫌疑人、被告人作为刑事诉讼的当事人在整个诉讼过程中应当享有充分的辩护权；

（2）允许犯罪嫌疑人、被告人聘请合格的能够有效履行辩护职责的辩护人为其辩护，这种辩护同样应当覆盖从侦查到审判甚至执行阶段的整个刑事诉讼过程；

（3）国家应当保障犯罪嫌疑人、被告人自行辩护权的充分行使，并通过设立法律援助制度确保犯罪嫌疑人、被告人能够获得符合最低标准并具有实质意义的律师帮助。

专题七 刑事证据与证明

【主观题考前分析】

年份	曾考过	题型
2021 年延考	司法鉴定，排除非法证据	案例问答题
2020 年	供述、录音录像；价格认定书、电子证据审查；专家辅助人	案例问答题
2019 年	证据分析	问答
2018 年	非法证据排除、证明标准、证据规则	案例问答题
2016 年	非法证据排除、境外取证	案例问答题
2015 年	非法证据排除、证明标准、证据规则	案例问答题
2013 年	非法证据排除	案例问答题
2012 年	非法证据排除、证明标准、证据规则	案例问答题
2011 年	非法证据排除、证明标准、证据规则、证据的关联性	案例问答题
2010 年	证明标准、证据规则	案例问答题
2006 年	非法证据排除、口供的运用规则	案例问答题

　　证据是主观题中"王牌中王牌考点"，没有之一。在历年的司法考试和法考中，证据多次出现在卷四和主观题案例分析和论述题中，证据的三性，证据的理论分类、证明对象、证明标准、证据的收集和运用规则，证人、鉴定人出庭作证制度等，尤其非法证据排除规则都十分被命题者青睐。考生一定要训练学会证据认定案件事实，理解和运用"证据确实、充分"的要求判断案例中给出的证据能力。

第一部分　主观题重点法条内容提醒和详解

《刑诉诉讼法》

　　第五十一条　公诉案件中被告人有罪的举证责任由人民检察院承担，自诉案件中被告人有罪的举证责任由自诉人承担。

　　第五十二条　审判人员、检察人员、侦查人员必须依照法定程序，收集能够证实犯罪嫌疑人、被告人有罪或者无罪、犯罪情节轻重的各种证据。严禁刑讯逼供和以威胁、引诱、欺骗以及其他非法方法收集证据，不得强迫任何人证实自己有罪。必须保证一切与案件有关或者了解案情的公民，有客观地充分地提供证据的条件，除特殊情况外，可以吸收他们协助调查。

　　第五十五条　对一切案件的判处都要重证据，重调查研究，不轻信口供。只有被告人供述，没有其他证据的，不能认定被告人有罪和处以刑罚；没有被告人供述，证据确实、充分的，可以认定被告人有罪和处以刑罚。

证据确实、充分，应当符合以下条件：

（一）定罪量刑的事实都有证据证明；

（二）据以定案的证据均经法定程序查证属实；

（三）综合全案证据，对所认定事实已排除合理怀疑。

第五十六条 采用刑讯逼供等非法方法收集的犯罪嫌疑人、被告人供述和采用暴力、威胁等非法方法收集的证人证言、被害人陈述，应当予以排除。收集物证、书证不符合法定程序，可能严重影响司法公正的，应当予以补正或者作出合理解释；不能补正或者作出合理解释的，对该证据应当予以排除。

在侦查、审查起诉、审判时发现有应当排除的证据的，应当依法予以排除，不得作为起诉意见、起诉决定和判决的依据。

第五十八条 法庭审理过程中，审判人员认为可能存在本法第五十六条规定的以非法方法收集证据情形的，应当对证据收集的合法性进行法庭调查。

当事人及其辩护人、诉讼代理人有权申请人民法院对以非法方法收集的证据依法予以排除。申请排除以非法方法收集的证据的，应当提供相关线索或者材料。

第五十九条 在对证据收集的合法性进行法庭调查的过程中，人民检察院应当对证据收集的合法性加以证明。

现有证据材料不能证明证据收集的合法性的，人民检察院可以提请人民法院通知有关侦查人员或者其他人员出庭说明情况；人民法院可以通知有关侦查人员或者其他人员出庭说明情况。有关侦查人员或者其他人员也可以要求出庭说明情况。经人民法院通知，有关人员应当出庭。

第六十四条 对于危害国家安全犯罪、恐怖活动犯罪、黑社会性质的组织犯罪、毒品犯罪等案件，证人、鉴定人、被害人因在诉讼中作证，本人或者其近亲属的人身安全面临危险的，人民法院、人民检察院和公安机关应当采取以下一项或者多项保护措施：

（一）不公开真实姓名、住址和工作单位等个人信息；

（二）采取不暴露外貌、真实声音等出庭作证措施；

（三）禁止特定的人员接触证人、鉴定人、被害人及其近亲属；

（四）对人身和住宅采取专门性保护措施；

（五）其他必要的保护措施。

证人、鉴定人、被害人认为因在诉讼中作证，本人或者其近亲属的人身安全面临危险的，可以向人民法院、人民检察院、公安机关请求予以保护。

人民法院、人民检察院、公安机关依法采取保护措施，有关单位和个人应当配合。

第六十五条 证人因履行作证义务而支出的交通、住宿、就餐等费用，应当给予补助。证人作证的补助列入司法机关业务经费，由同级政府财政予以保障。

有工作单位的证人作证，所在单位不得克扣或者变相克扣其工资、奖金及其他福利待遇。

《高检规则》

第六十一条 人民检察院认定案件事实，应当以证据为根据。

公诉案件中被告人有罪的举证责任由人民检察院承担。人民检察院在提起公诉指控犯罪时，应当提出确实、充分的证据，并运用证据加以证明。

人民检察院提起公诉，应当秉持客观公正立场，对被告人有罪、罪重、罪轻的证据都应当向人民法院提出。

第六十三条 人民检察院侦查终结或者提起公诉的案件，证据应当确实、充分。证据确实、充分，应当符合以下条件：

（一）定罪量刑的事实都有证据证明；

（二）据以定案的证据均经法定程序查证属实；

（三）综合全案证据，对所认定事实已排除合理怀疑。

第六十四条 行政机关在行政执法和查办案件过程中收集的物证、书证、视听资料、电子数据等证据材料，经人民检察院审查符合法定要求的，可以作为证据使用。

行政机关在行政执法和查办案件过程中收集的鉴定意见、勘验、检查笔录，经人民检察院审查符合法定要求的，可以作为证据使用。

第六十五条 监察机关依照法律规定收集的物证、书证、证人证言、被调查人供述和辩解、视听资料、电子数据等证据材料，在刑事诉讼中可以作为证据使用。

第六十七条 对采用下列方法收集的犯罪嫌疑人供述，应当予以排除：

（一）采用殴打、违法使用戒具等暴力方法或者变相肉刑的恶劣手段，使犯罪嫌疑人遭受难以忍受的痛苦而违背意愿作出的供述；

（二）采用以暴力或者严重损害本人及其近亲属合法权益等进行威胁的方法，使犯罪嫌疑人遭受难以忍受的痛苦而违背意愿作出的供述；

（三）采用非法拘禁等非法限制人身自由的方法收集的供述。

第六十八条 对采用刑讯逼供方法使犯罪嫌疑人作出供述，之后犯罪嫌疑人受该刑讯逼供行为影响而作出的与该供述相同的重复性供述，应当一并排除，但下列情形除外：

（一）侦查期间，根据控告、举报或者自己发现等，公安机关确认或者不能排除以非法方法收集证据而更换侦查人员，其他侦查人员再次讯问时告知诉讼权利和认罪认罚的法律规定，犯罪嫌疑人自愿供述的；

（二）审查逮捕、审查起诉期间，检察人员讯问时告知诉讼权利和认罪认罚的法律规定，犯罪嫌疑人自愿供述的。

第六十九条 采用暴力、威胁以及非法限制人身自由等非法方法收集的证人证言、被害人陈述，应当予以排除。

第七十条 收集物证、书证不符合法定程序，可能严重影响司法公正的，人民检察院应当及时要求公安机关补正或者作出书面解释；不能补正或者无法作出合理解释的，对该证据应当予以排除。

对公安机关的补正或者解释，人民检察院应当予以审查。经补正或者作出合理解释的，可以作为批准或者决定逮捕、提起公诉的依据。

第七十一条 对重大案件，人民检察院驻看守所检察人员在侦查终结前应当对讯问合法性进行核查并全程同步录音、录像，核查情况应当及时通知本院负责捕诉的部门。

负责捕诉的部门认为确有刑讯逼供等非法取证情形的，应当要求公安机关依法排除非法证据，不得作为提请批准逮捕、移送起诉的依据。

《刑诉解释》

第一节　一般规定

第七十七条 对来自境外的证据材料，人民检察院应当随案移送有关材料来源、提供人、提取人、提取时间等情况的说明。经人民法院审查，相关证据材料能够证明案件事实且符合刑事诉讼法规定的，可以作为证据使用，但提供人或者我国与有关国家签订的双边条约对材料的使用范围有明确限制的除外；材料来源不明或者真实性无法确认的，不得作为定案的根据。

当事人及其辩护人、诉讼代理人提供来自境外的证据材料的，该证据材料应当经所在国公证机关证明，所在国中央外交主管机关或者其授权机关认证，并经中华人民共和国驻该国使领馆认证，或者履行中华人民共和国与该所在国订立的有关条约中规定的证明手续，但我国与该国之间有互免认证协定的除外。

第八十二条　对物证、书证应当着重审查以下内容：

（一）物证、书证是否为原物、原件，是否经过辨认、鉴定；物证的照片、录像、复制品或者书证的副本、复制件是否与原物、原件相符，是否由二人以上制作，有无制作人关于制作过程以及原物、原件存放于何处的文字说明和签名；

（二）物证、书证的收集程序、方式是否符合法律、有关规定；经勘验、检查、搜查提取、扣押的物证、书证，是否附有相关笔录、清单，笔录、清单是否经调查人员或者侦查人员、物品持有人、见证人签名，没有签名的，是否注明原因；物品的名称、特征、数量、质量等是否注明清楚；

（三）物证、书证在收集、保管、鉴定过程中是否受损或者改变；

（四）物证、书证与案件事实有无关联；对现场遗留与犯罪有关的具备鉴定条件的血迹、体液、毛发、指纹等生物样本、痕迹、物品，是否已作 DNA 鉴定、指纹鉴定等，并与被告人或者被害人的相应生物特征、物品等比对；

（五）与案件事实有关联的物证、书证是否全面收集。

第八十三条　据以定案的物证应当是原物。原物不便搬运、不易保存、依法应当返还或者依法应当由有关部门保管、处理的，可以拍摄、制作足以反映原物外形和特征的照片、录像、复制品。必要时，审判人员可以前往保管场所查看原物。

物证的照片、录像、复制品，不能反映原物的外形和特征的，不得作为定案的根据。

物证的照片、录像、复制品，经与原物核对无误、经鉴定或者以其他方式确认真实的，可以作为定案的根据。

第八十四条　据以定案的书证应当是原件。取得原件确有困难的，可以使用副本、复制件。

对书证的更改或者更改迹象不能作出合理解释，或者书证的副本、复制件不能反映原件及其内容的，不得作为定案的根据。

书证的副本、复制件，经与原件核对无误、经鉴定或者以其他方式确认真实的，可以作为定案的根据。

第八十五条　对与案件事实可能有关联的血迹、体液、毛发、人体组织、指纹、足迹、字迹等生物样本、痕迹和物品，应当提取而没有提取，应当鉴定而没有鉴定，应当移送鉴定意见而没有移送，导致案件事实存疑的，人民法院应当通知人民检察院依法补充收集、调取、移送证据。

第八十六条　在勘验、检查、搜查过程中提取、扣押的物证、书证，未附笔录或者清单，不能证明物证、书证来源的，不得作为定案的根据。

物证、书证的收集程序、方式有下列瑕疵，经补正或者作出合理解释的，可以采用：

（一）勘验、检查、搜查、提取笔录或者扣押清单上没有调查人员或者侦查人员、物品持有人、见证人签名，或者对物品的名称、特征、数量、质量等注明不详的；

（二）物证的照片、录像、复制品，书证的副本、复制件未注明与原件核对无异，无复制时间，或者无被收集、调取人签名的；

（三）物证的照片、录像、复制品，书证的副本、复制件没有制作人关于制作过程和原物、原件存放地点的说明，或者说明中无签名的；

（四）有其他瑕疵的。

物证、书证的来源、收集程序有疑问，不能作出合理解释的，不得作为定案的根据。

第三节 证人证言、被害人陈述的审查与认定

第八十七条 对证人证言应当着重审查以下内容：

（一）证言的内容是否为证人直接感知；

（二）证人作证时的年龄，认知、记忆和表达能力，生理和精神状态是否影响作证；

（三）证人与案件当事人、案件处理结果有无利害关系；

（四）询问证人是否个别进行；

（五）询问笔录的制作、修改是否符合法律、有关规定，是否注明询问的起止时间和地点，首次询问时是否告知证人有关权利义务和法律责任，证人对询问笔录是否核对确认；

（六）询问未成年证人时，是否通知其法定代理人或者刑事诉讼法第二百八十一条第一款规定的合适成年人到场，有关人员是否到场；

（七）有无以暴力、威胁等非法方法收集证人证言的情形；

（八）证言之间以及与其他证据之间能否相互印证，有无矛盾；存在矛盾的，能否得到合理解释。

第八十八条 处于明显醉酒、中毒或者麻醉等状态，不能正常感知或者正确表达的证人所提供的证言，不得作为证据使用。

证人的猜测性、评论性、推断性的证言，不得作为证据使用，但根据一般生活经验判断符合事实的除外。

第八十九条 证人证言具有下列情形之一的，不得作为定案的根据：

（一）询问证人没有个别进行的；

（二）书面证言没有经证人核对确认的；

（三）询问聋、哑人，应当提供通晓聋、哑手势的人员而未提供的；

（四）询问不通晓当地通用语言、文字的证人，应当提供翻译人员而未提供的。

第九十条 证人证言的收集程序、方式有下列瑕疵，经补正或者作出合理解释的，可以采用；不能补正或者作出合理解释的，不得作为定案的根据：

（一）询问笔录没有填写询问人、记录人、法定代理人姓名以及询问的起止时间、地点的；

（二）询问地点不符合规定的；

（三）询问笔录没有记录告知证人有关权利义务和法律责任的；

（四）询问笔录反映出在同一时段，同一询问人员询问不同证人的；

（五）询问未成年人，其法定代理人或者合适成年人不在场的。

第九十一条 证人当庭作出的证言，经控辩双方质证、法庭查证属实的，应当作为定案的根据。

证人当庭作出的证言与其庭前证言矛盾，证人能够作出合理解释，并有其他证据印证的，应当采信其庭审证言；不能作出合理解释，而其庭前证言有其他证据印证的，可以采信其庭前证言。

经人民法院通知，证人没有正当理由拒绝出庭或者出庭后拒绝作证，法庭对其证言的真实性无法确认的，该证人证言不得作为定案的根据。

第九十二条 对被害人陈述的审查与认定，参照适用本节的有关规定。

第四节 被告人供述和辩解的审查与认定

第九十三条 对被告人供述和辩解应当着重审查以下内容:

(一)讯问的时间、地点,讯问人的身份、人数以及讯问方式等是否符合法律、有关规定;

(二)讯问笔录的制作、修改是否符合法律、有关规定,是否注明讯问的具体起止时间和地点,首次讯问时是否告知被告人有关权利和法律规定,被告人是否核对确认;

(三)讯问未成年被告人时,是否通知其法定代理人或者合适成年人到场,有关人员是否到场;

(四)讯问女性未成年被告人时,是否有女性工作人员在场;

(五)有无以刑讯逼供等非法方法收集被告人供述的情形;

(六)被告人的供述是否前后一致,有无反复以及出现反复的原因;

(七)被告人的供述和辩解是否全部随案移送;

(八)被告人的辩解内容是否符合案情和常理,有无矛盾;

(九)被告人的供述和辩解与同案被告人的供述和辩解以及其他证据能否相互印证,有无矛盾;存在矛盾的,能否得到合理解释。

必要时,可以结合现场执法音视频记录、讯问录音录像、被告人进出看守所的健康检查记录、笔录等,对被告人的供述和辩解进行审查。

第九十四条 被告人供述具有下列情形之一的,不得作为定案的根据:

(一)讯问笔录没有经被告人核对确认的;

(二)讯问聋、哑人,应当提供通晓聋、哑手势的人员而未提供的;

(三)讯问不通晓当地通用语言、文字的被告人,应当提供翻译人员而未提供的;

(四)讯问未成年人,其法定代理人或者合适成年人不在场的。

第九十五条 讯问笔录有下列瑕疵,经补正或者作出合理解释的,可以采用;不能补正或者作出合理解释的,不得作为定案的根据:

(一)讯问笔录填写的讯问时间、讯问地点、讯问人、记录人、法定代理人等有误或者存在矛盾的;

(二)讯问人没有签名的;

(三)首次讯问笔录没有记录告知被讯问人有关权利和法律规定的。

第九十六条 审查被告人供述和辩解,应当结合控辩双方提供的所有证据以及被告人的全部供述和辩解进行。

被告人庭审中翻供,但不能合理说明翻供原因或者其辩解与全案证据矛盾,而其庭前供述与其他证据相互印证的,可以采信其庭前供述。

被告人庭前供述和辩解存在反复,但庭审中供认,且与其他证据相互印证的,可以采信其庭审供述;被告人庭前供述和辩解存在反复,庭审中不供认,且无其他证据与庭前供述印证的,不得采信其庭前供述。

第五节 鉴定意见的审查与认定

第九十七条 对鉴定意见应当着重审查以下内容:

(一)鉴定机构和鉴定人是否具有法定资质;

(二)鉴定人是否存在应当回避的情形;

(三)检材的来源、取得、保管、送检是否符合法律、有关规定,与相关提取笔录、扣押清单等记载的内容是否相符,检材是否可靠;

(四)鉴定意见的形式要件是否完备,是否注明提起鉴定的事由、鉴定委托人、鉴定机构、鉴定要求、鉴定过程、鉴定方法、鉴定日期等相关内容，是否由鉴定机构盖章并由鉴定人签名；

（五）鉴定程序是否符合法律、有关规定；

（六）鉴定的过程和方法是否符合相关专业的规范要求；

（七）鉴定意见是否明确；

（八）鉴定意见与案件事实有无关联；

（九）鉴定意见与勘验、检查笔录及相关照片等其他证据是否矛盾；存在矛盾的，能否得到合理解释；

（十）鉴定意见是否依法及时告知相关人员，当事人对鉴定意见有无异议。

第九十八条 鉴定意见具有下列情形之一的，不得作为定案的根据：

（一）鉴定机构不具备法定资质，或者鉴定事项超出该鉴定机构业务范围、技术条件的；

（二）鉴定人不具备法定资质，不具有相关专业技术或者职称，或者违反回避规定的；

（三）送检材料、样本来源不明，或者因污染不具备鉴定条件的；

（四）鉴定对象与送检材料、样本不一致的；

（五）鉴定程序违反规定的；

（六）鉴定过程和方法不符合相关专业的规范要求的；

（七）鉴定文书缺少签名、盖章的；

（八）鉴定意见与案件事实没有关联的；

（九）违反有关规定的其他情形。

第九十九条 经人民法院通知，鉴定人拒不出庭作证的，鉴定意见不得作为定案的根据。

鉴定人由于不能抗拒的原因或者有其他正当理由无法出庭的，人民法院可以根据情况决定延期审理或者重新鉴定。

鉴定人无正当理由拒不出庭作证的，人民法院应当通报司法行政机关或者有关部门。

第一百条 因无鉴定机构，或者根据法律、司法解释的规定，指派、聘请有专门知识的人就案件的专门性问题出具的报告，可以作为证据使用。

对前款规定的报告的审查与认定，参照适用本节的有关规定。

经人民法院通知，出具报告的人拒不出庭作证的，有关报告不得作为定案的根据。

第一百零一条 有关部门对事故进行调查形成的报告，在刑事诉讼中可以作为证据使用；报告中涉及专门性问题的意见，经法庭查证属实，且调查程序符合法律、有关规定的，可以作为定案的根据。

第六节 勘验、检查、辨认、侦查实验等笔录的审查与认定

第一百零二条 对勘验、检查笔录应当着重审查以下内容：

（一）勘验、检查是否依法进行，笔录制作是否符合法律、有关规定，勘验、检查人员和见证人是否签名或者盖章；

（二）勘验、检查笔录是否记录了提起勘验、检查的事由，勘验、检查的时间、地点，在场人员、现场方位、周围环境等，现场的物品、人身、尸体等的位置、特征等情况，以及勘验、检查的过程；文字记录与实物或者绘图、照片、录像是否相符；现场、物品、痕迹等是否伪造、有无破坏；人身特征、伤害情况、生理状态有无伪装或者变化等；

（三）补充进行勘验、检查的，是否说明了再次勘验、检查的原由，前后勘验、检查的情况是否矛盾。

第一百零三条 勘验、检查笔录存在明显不符合法律、有关规定的情形，不能作出合理解释的，不得作为定案的根据。

第一百零四条　对辨认笔录应当着重审查辨认的过程、方法，以及辨认笔录的制作是否符合有关规定。

第一百零五条　辨认笔录具有下列情形之一的，不得作为定案的根据：

（一）辨认不是在调查人员、侦查人员主持下进行的；

（二）辨认前使辨认人见到辨认对象的；

（三）辨认活动没有个别进行的；

（四）辨认对象没有混杂在具有类似特征的其他对象中，或者供辨认的对象数量不符合规定的；

（五）辨认中给辨认人明显暗示或者明显有指认嫌疑的；

（六）违反有关规定，不能确定辨认笔录真实性的其他情形。

第一百零六条　对侦查实验笔录应当着重审查实验的过程、方法，以及笔录的制作是否符合有关规定。

第一百零七条　侦查实验的条件与事件发生时的条件有明显差异，或者存在影响实验结论科学性的其他情形的，侦查实验笔录不得作为定案的根据。

第七节　视听资料、电子数据的审查与认定

第一百零八条　对视听资料应当着重审查以下内容：

（一）是否附有提取过程的说明，来源是否合法；

（二）是否为原件，有无复制及复制份数；是复制件的，是否附有无法调取原件的原因、复制件制作过程和原件存放地点的说明，制作人、原视听资料持有人是否签名；

（三）制作过程中是否存在威胁、引诱当事人等违反法律、有关规定的情形；

（四）是否写明制作人、持有人的身份，制作的时间、地点、条件和方法；

（五）内容和制作过程是否真实，有无剪辑、增加、删改等情形；

（六）内容与案件事实有无关联。

对视听资料有疑问的，应当进行鉴定。

第一百零九条　视听资料具有下列情形之一的，不得作为定案的根据：

（一）系篡改、伪造或者无法确定真伪的；

（二）制作、取得的时间、地点、方式等有疑问，不能作出合理解释的。

第一百一十条　对电子数据是否真实，应当着重审查以下内容：

（一）是否移送原始存储介质；在原始存储介质无法封存、不便移动时，有无说明原因，并注明收集、提取过程及原始存储介质的存放地点或者电子数据的来源等情况；

（二）是否具有数字签名、数字证书等特殊标识；

（三）收集、提取的过程是否可以重现；

（四）如有增加、删除、修改等情形的，是否附有说明；

（五）完整性是否可以保证。

第一百一十一条　对电子数据是否完整，应当根据保护电子数据完整性的相应方法进行审查、验证：

（一）审查原始存储介质的扣押、封存状态；

（二）审查电子数据的收集、提取过程，查看录像；

（三）比对电子数据完整性校验值；

（四）与备份的电子数据进行比较；

（五）审查冻结后的访问操作日志；

（六）其他方法。

第一百一十二条 对收集、提取电子数据是否合法，应当着重审查以下内容：

（一）收集、提取电子数据是否由二名以上调查人员、侦查人员进行，取证方法是否符合相关技术标准；

（二）收集、提取电子数据，是否附有笔录、清单，并经调查人员、侦查人员、电子数据持有人、提供人、见证人签名或者盖章；没有签名或者盖章的，是否注明原因；对电子数据的类别、文件格式等是否注明清楚；

（三）是否依照有关规定由符合条件的人员担任见证人，是否对相关活动进行录像；

（四）采用技术调查、侦查措施收集、提取电子数据的，是否依法经过严格的批准手续；

（五）进行电子数据检查的，检查程序是否符合有关规定。

第一百一十三条 电子数据的收集、提取程序有下列瑕疵，经补正或者作出合理解释的，可以采用；不能补正或者作出合理解释的，不得作为定案的根据：

（一）未以封存状态移送的；

（二）笔录或者清单上没有调查人员或者侦查人员、电子数据持有人、提供人、见证人签名或者盖章的；

（三）对电子数据的名称、类别、格式等注明不清的；

（四）有其他瑕疵的。

第一百一十四条 电子数据具有下列情形之一的，不得作为定案的根据：

（一）系篡改、伪造或者无法确定真伪的；

（二）有增加、删除、修改等情形，影响电子数据真实性的；

（三）其他无法保证电子数据真实性的情形。

第一百一十五条 对视听资料、电子数据，还应当审查是否移送文字抄清材料以及对绰号、暗语、俗语、方言等不易理解内容的说明。未移送的，必要时，可以要求人民检察院移送。

第一百二十三条 采用下列非法方法收集的被告人供述，应当予以排除：

（一）采用殴打、违法使用戒具等暴力方法或者变相肉刑的恶劣手段，使被告人遭受难以忍受的痛苦而违背意愿作出的供述；

（二）采用以暴力或者严重损害本人及其近亲属合法权益等相威胁的方法，使被告人遭受难以忍受的痛苦而违背意愿作出的供述；

（三）采用非法拘禁等非法限制人身自由的方法收集的被告人供述。

第一百二十四条 采用刑讯逼供方法使被告人作出供述，之后被告人受该刑讯逼供行为影响而作出的与该供述相同的重复性供述，应当一并排除，但下列情形除外：

（一）调查、侦查期间，监察机关、侦查机关根据控告、举报或者自己发现等，确认或者不能排除以非法方法收集证据而更换调查、侦查人员，其他调查、侦查人员再次讯问时告知有关权利和认罪的法律后果，被告人自愿供述的；

（二）审查逮捕、审查起诉和审判期间，检察人员、审判人员讯问时告知诉讼权利和认罪的法律后果，被告人自愿供述的。

第一百二十五条 采用暴力、威胁以及非法限制人身自由等非法方法收集的证人证言、被害人陈述，应当予以排除。

第一百二十六条 收集物证、书证不符合法定程序，可能严重影响司法公正的，应当予以补正或者作出合理解释；不能补正或者作出合理解释的，对该证据应当予以排除。

认定"可能严重影响司法公正"，应当综合考虑收集证据违反法定程序以及所造成后果的严重程度等情况。

第一百二十七条 当事人及其辩护人、诉讼代理人申请人民法院排除以非法方法收集的证据的，应当提供涉嫌非法取证的人员、时间、地点、方式、内容等相关线索或者材料。

第一百二十八条 人民法院向被告人及其辩护人送达起诉书副本时，应当告知其申请排除非法证据的，应当在开庭审理前提出，但庭审期间才发现相关线索或者材料的除外。

第一百二十九条 开庭审理前，当事人及其辩护人、诉讼代理人申请人民法院排除非法证据的，人民法院应当在开庭前及时将申请书或者申请笔录及相关线索、材料的复制件送交人民检察院。

第一百三十条 开庭审理前，人民法院可以召开庭前会议，就非法证据排除等问题了解情况，听取意见。

在庭前会议中，人民检察院可以通过出示有关证据材料等方式，对证据收集的合法性加以说明。必要时，可以通知调查人员、侦查人员或者其他人员参加庭前会议，说明情况。

第一百三十一条 在庭前会议中，人民检察院可以撤回有关证据。撤回的证据，没有新的理由，不得在庭审中出示。

当事人及其辩护人、诉讼代理人可以撤回排除非法证据的申请。撤回申请后，没有新的线索或者材料，不得再次对有关证据提出排除申请。

第一百三十二条 当事人及其辩护人、诉讼代理人在开庭审理前未申请排除非法证据，在庭审过程中提出申请的，应当说明理由。人民法院经审查，对证据收集的合法性有疑问的，应当进行调查；没有疑问的，驳回申请。

驳回排除非法证据的申请后，当事人及其辩护人、诉讼代理人没有新的线索或者材料，以相同理由再次提出申请的，人民法院不再审查。

第一百三十三条 控辩双方在庭前会议中对证据收集是否合法未达成一致意见，人民法院对证据收集的合法性有疑问的，应当在庭审中进行调查；对证据收集的合法性没有疑问，且无新的线索或者材料表明可能存在非法取证的，可以决定不再进行调查并说明理由。

第一百三十四条 庭审期间，法庭决定对证据收集的合法性进行调查的，应当先行当庭调查。但为防止庭审过分迟延，也可以在法庭调查结束前调查。

第一百三十五条 法庭决定对证据收集的合法性进行调查的，由公诉人通过宣读调查、侦查讯问笔录、出示提讯登记、体检记录、对讯问合法性的核查材料等证据材料，有针对性地播放讯问录音录像，提请法庭通知有关调查人员、侦查人员或者其他人员出庭说明情况等方式，证明证据收集的合法性。

讯问录音录像涉及国家秘密、商业秘密、个人隐私或者其他不宜公开内容的，法庭可以决定对讯问录音录像不公开播放、质证。

公诉人提交的取证过程合法的说明材料，应当经有关调查人员、侦查人员签名，并加盖单位印章。未经签名或者盖章的，不得作为证据使用。上述说明材料不能单独作为证明取证过程合法的根据。

第一百三十六条 控辩双方申请法庭通知调查人员、侦查人员或者其他人员出庭说明情况，法庭认为有必要的，应当通知有关人员出庭。

根据案件情况，法庭可以依职权通知调查人员、侦查人员或者其他人员出庭说明情况。

调查人员、侦查人员或者其他人员出庭的，应当向法庭说明证据收集过程，并就相关情况接受控辩双方和法庭的询问。

第一百三十七条　法庭对证据收集的合法性进行调查后，确认或者不能排除存在刑事诉讼法第五十六条规定的以非法方法收集证据情形的，对有关证据应当排除。

第一百三十八条　具有下列情形之一的，第二审人民法院应当对证据收集的合法性进行审查，并根据刑事诉讼法和本解释的有关规定作出处理：

（一）第一审人民法院对当事人及其辩护人、诉讼代理人排除非法证据的申请没有审查，且以该证据作为定案根据的；

（二）人民检察院或者被告人、自诉人及其法定代理人不服第一审人民法院作出的有关证据收集合法性的调查结论，提出抗诉、上诉的；

（三）当事人及其辩护人、诉讼代理人在第一审结束后才发现相关线索或者材料，申请人民法院排除非法证据的。

第十节　证据的综合审查与运用

第一百三十九条　对证据的真实性，应当综合全案证据进行审查。

对证据的证明力，应当根据具体情况，从证据与案件事实的关联程度、证据之间的联系等方面进行审查判断。

第一百四十条　没有直接证据，但间接证据同时符合下列条件的，可以认定被告人有罪：

（一）证据已经查证属实；

（二）证据之间相互印证，不存在无法排除的矛盾和无法解释的疑问；

（三）全案证据形成完整的证据链；

（四）根据证据认定案件事实足以排除合理怀疑，结论具有唯一性；

（五）运用证据进行的推理符合逻辑和经验。

第一百四十一条　根据被告人的供述、指认提取到了隐蔽性很强的物证、书证，且被告人的供述与其他证明犯罪事实发生的证据相互印证，并排除串供、逼供、诱供等可能性的，可以认定被告人有罪。

第二部分　主观题案例模拟演练

【案情简介】"陈灼昊故意杀人案"

2009年1月15日，在广州市天河区新塘西约新村某出租屋，发现一具年轻女子的尸体，死者是20岁出头的张某某，发现尸体的是她的前男友陈灼昊和同学杨帆。

今年29岁的陈灼昊与死者张某某都来自湛江雷州，2005年的一次聚会后，两人成为情侣并同居。年轻的陈灼昊终日无所事事，通宵玩电游，却不曾想过谋一份正当的职业，2008年11月张某某单方面提出分手，尽管陈灼昊不同意，张某某仍坚持搬到隔壁栋的出租屋独住。随后，张某某有了新男朋友，但仍与陈灼昊保持来往。2009年初，同是两人同学和老乡的杨帆来到广州，暂住在陈灼昊的家中。2009年1月13日傍晚，张某某在陈灼昊与杨帆的住处吃过晚饭，逗留至22时许，便提出要离开，陈灼昊遂将张某某送回其住处。1月15日，远在雷州的张父数日联系不上女儿，便请求陈灼昊帮忙寻找，当杨帆陪同陈灼昊进入张某某住处并发现其尸体时，杨帆随即报警。

2009年2月24日，警方在陈灼昊家中搜查出死者张某某的手机、挂包等私人物品，并将其传唤归案。

同年 12 月 14 日，广州市检察院向广州中院提起公诉，指控被告人陈灼昊犯故意杀人罪，并移送了相关证据支持控诉的事实。公诉机关指控称，2009 年 1 月 13 日 23 时许，陈灼昊在张某某的出租屋内与其发生争执，过程中，陈灼昊用手捂住张某某的口鼻并将其按倒在床上，致张某某死亡后逃离现场。

广州中院于 2012 年 1 月 10 日开庭审理，庭审中陈灼昊提出侦查人员对其进行了威胁、恐吓，合议庭认为被告人没有提供证据予以佐证，答复被告人及其辩护律师"不要纠结此事啦"；并作出一审判决，以故意杀人罪判处被告人陈灼昊死刑，缓期二年执行，并赔偿附带民事诉讼原告人 505 299.5 元。

陈灼昊不服，提出上诉。经广东高院 2013 年 9 月 14 日作出发回重审的裁定后，广州中院于 2014 年 8 月 12 日作出重审判决，认定被告人陈灼昊故意非法剥夺他人生命，致人死亡，其行为已构成故意杀人罪，依法判处其死刑，缓期二年执行，并附带民事诉讼赔偿 34 172.5 元。

陈灼昊仍然不服，称侦查机关存在违法取证的行为，在侦查阶段遭到刑讯逼供才作的有罪供述，多份审讯笔录是侦查人员写好了以后让他签名的，侦查人员在搜查其住所时没有搜查证，搜查所获得的多项物证并非来自自己住处的物品，身体状况跟踪记录上的个人签名不是自己所签，坚称自己没有杀人，向广东高院提出上诉。

广东高院在二审的过程中，对全案的事实及证据进行了审查，证据问题是重点审查的对象。

审理该案的广东高院刑一庭法官吴海涛介绍，合议庭在审理时发现，作为本案有直接证明作用的陈灼昊四次有罪供述中，原审法院在重审中认定第一次有罪供述因审讯行为不合法，对该次供述不予采信，而采信了余下的三次供述。但这三次供述中，其中一次是记录对陈宣告逮捕决定的内容，并无直接证明作用。有证明作用的两次讯问笔录的词语却高度雷同，且笔录中大段的有罪供述显示出讯问方式违反相关的程序规定，存在明显的指事问供迹象。对此，负责记录的侦查人员在二审庭审作证时未能作出合理解释。我们决定支持辩方提出的相关排除非法证据申请，认定该二次审讯形成的审讯笔录无证据能力，属非法证据，应予排除。

审理中还发现，原判采信的两次有罪供述并未能提供相关的审讯录像，仅有的一次审讯录像却没有依照规定制作相应的审讯笔录，且录像未能保持完整性，侦查人员提押陈灼昊出仓至开始对其进行审讯录像前，有四十分钟左右的时间是空白的，既无审讯笔录记录，也无录像记录。而陈灼昊在重审庭审时提出就在录像前，侦查人员对其进行了威胁、恐吓；在"新收押人员一周身体状况跟踪检查记录"上，经笔迹鉴定，七处有关"陈灼昊"的签名并非陈灼昊本人签署。根据以上伪造书证的情况，加之该次审讯录像并未反映完整的审讯过程，再结合陈灼昊本人的控告，不排除侦查人员对陈进行恐吓、威胁的可能，据此认定该审讯录像无证据能力，属非法证据，予以排除。

本案一审定罪的另一关键客观证据是陈灼昊住处搜查到的死者张某某私人物品，然而，搜查证获得批准的日期与被搜查人陈灼昊署名的日期竟然相差了近八个月，侦查人员却不能对此作出合理解释。合议庭认定该次搜查属于无证搜查，且不排除侦查人员事后补办搜查证以隐瞒真实取证过程的可能性。该行为导致合议庭无法判明搜查行为获得的物证的真实来源，严重影响合议庭对案件事实的认定，造成了严重的后果，合议庭依法认定非法搜查所获得的多项物证属非法证据，予以排除。

广东省检察院对本案的出庭意见认为，原判采信的证据相对薄弱，未被排除的证据已达不到认定陈灼昊构成犯罪的确实、充分的证明标准，无法排除陈灼昊以外的第三人进入现场作案的可能性。

案经广东高院审判委员会讨论，认为该案存在非法搜查、指事问供、伪造书证等违反法定程序的行为，以上取证行为收集的证据属非法证据，应依法认定为非法证据，予以排除。排除非法证据后，原审法院所采信的证据已经无法形成一个完整的证明体系，无法用未被排除的证据去证实陈灼昊实施杀人行为，无法得出陈灼昊杀害被害人张某某的唯一的、排他性的结论。上诉人陈灼昊犯故意杀人罪的事实不清、证据不足，原公诉机关指控上诉人陈灼昊的犯罪不能成立，二审终审改判陈灼昊无罪，不承担民事赔偿责任。

【问题】

1. 本案中哪些属于非法证据？对于这些非法证据该如何处理？

2. 本案中一审法院对辩护律师的非法证据排除的处理是否正确？为什么？

3. 根据我国关于证明标准的规定，本案是否已经达到事实清楚，证据确实充分的标准？为什么？

4. 如被告人陈灼昊上诉，二审法院就一审中的非法证据排除问题应该如何处理？为什么？

【解题思路】

刑事证据规则，是指在刑事证据制度中，控辩双方收集和出示证据，法庭采纳、运用证据认定案件事实必须遵循的重要准则。为了防止主观臆断，保证判断的准确性，对于证据的取舍和运用，不能不受到某些规则或原则的制约。无论是取证、举证、质证还是认证，都要在既定规则框架下进行。

《刑事诉讼法》第55条 对一切案件的判处都要重证据，重调查研究，不轻信口供。只有被告人供述，没有其他证据的，不能认定被告人有罪和处以刑罚；没有被告人供述，证据确实、充分的，可以认定被告人有罪和处以刑罚。

证据确实、充分，应当符合以下条件：

（一）定罪量刑的事实都有证据证明；

（二）据以定案的证据均经法定程序查证属实；

（三）综合全案证据，对所认定事实已排除合理怀疑。

实践中，非法采取强制措施、非法搜查、非法扣押等非法侦查手段的滥用，严重侵犯了公民的宪法权利，已成为我国刑事司法领域制约法治化、民主化进程的主要症结。要制止这些行为，最经济、最有效的方法之一是建立全面的非法证据排除规则。因为非法取证的目的并非在于实施这种非法行为本身，而是利用这些证据将被告人定罪。因此，制止这种行为最有效的方法是使这一目的不能实现。也就是说，无论言词证据还是实物证据，只要是通过非法方法取得的，均应加以排除，不得作为证据使用。当然，为了实现犯罪控制与人权保护之间的平衡，应赋予法官对于非法获得的实物证据是否采用一定的裁量权。对非法证据的态度，无疑体现出立法者的价值判断与选择，以及处理程序公正与实体公正二者关系的不同态度。这取决于国家对于追诉犯罪与保护公民权利两种价值之间的权衡与选择，也取决于对程序正义的认识与重视程度。

【参考解析】

此问题考查的是非法证据的范围。非法证据包括非法言词证据和非法实物证据。对于非法言词证据而言，《刑事诉讼法》第52条规定："审判人员、检察人员、侦查人员必须依照法定程序，收集能够证实犯罪嫌疑人、被告人有罪或无罪、犯罪情节轻重的各种证据。严禁刑讯逼供和以威胁、引诱、欺骗以及其他非法方法收集证据，不得强迫任何人证实自己有罪"。《刑事诉讼法》第56条第1款规定："采用刑讯逼供等非法方法收集的犯罪嫌疑人、被告人供述和采用暴力、威胁等非法方法收集的证人证言、被害人陈述，应当予以排除"。《刑诉解释》第

123 条将非法方法进一步界定为"使用肉刑或者变相肉刑，或者采用其他使被告人在肉体上或者精神上遭受剧烈疼痛或者痛苦的方法，迫使被告人违背意愿供述"。"刑讯逼供是指使用肉刑或者变相使用肉刑，使犯罪嫌疑人在肉体上或者精神上遭受剧烈疼痛或者痛苦以逼取供述的行为。其他非法方法是指违法程度和对犯罪嫌疑人的强迫程度与刑讯逼供或者暴力、威胁相当而迫使其违背意愿供述的方法。"最高人民法院《关于建立健全防范刑事冤假错案工作机制的意见》第 8 条第 1 款明确规定："采用刑讯逼供或者冻、饿、晒、烤、疲劳审讯等非法方法收集的被告人供述，应当排除。"综上所述，对非法言词证据认定的关键在于是否对犯罪嫌疑人、被告人造成肉体和精神上的剧烈疼痛和痛苦。

依据最高人民法院、最高人民检察院、公安部、国家安全部、司法部《关于办理刑事案件严格排除非法证据若干问题的规定》第 31 条：公诉人对证据收集的合法性加以证明，可以出示讯问笔录、提讯登记、体检记录、采取强制措施或者侦查措施的法律文书、侦查终结前对讯问合法性的核查材料等证据材料，有针对性地播放讯问录音录像，提请法庭通知侦查人员或者其他人员出庭说明情况。而本案陈灼昊提出就在庭审前，侦查人员对其进行了威胁、恐吓，本案公诉机关并没有证据证明侦查人员讯问的合法性，其供述和辩解属于非法言词证据，应当绝对排除。陈灼昊的相关控告成立。

对于非法实物证据而言，《刑事诉讼法》第 56 条第 1 款规定："收集物证、书证不符合法定程序，可能严重影响司法公正的，应当予以补正或者作出合理解释；不能补正或者作出合理解释的，对该证据应当予以排除。"非法实物证据包括违反法定程序收集的物证和书证。依据《最高人民法院、最高人民检察院、公安部、国家安全部、司法部《关于办理刑事案件严格排除非法证据若干问题的规定》第 7 条：收集物证、书证不符合法定程序，可能严重影响司法公正的，应当予以补正或者作出合理解释；不能补正或者作出合理解释的，对有关证据应当予以排除。不同于刑讯逼供取得的非法言词证据的绝对排除，我国立法对非法实物证据确立了有条件排除的模式，即并非一概排除非法实物证据，而是允许侦查人员进行补正或者作出合理解释，再决定是否排除该证据。本案一审定罪的关键客观证据是陈灼昊住处搜查到的死者张某某私人物品（警方在陈灼昊家中搜查出死者张某某的手机、挂包等私人物品），然而，搜查证获得批准的日期与被搜查人陈灼昊署名的日期竟然相差了近八个月，侦查人员却不能对此作出合理解释。该次搜查属于无证搜查，属于程序违法，且不排除侦查人员事后补办搜查证以隐瞒真实取证过程的可能性，在庭审中侦查人员作证时未能作出合理解释。该行为导致获得的物证的真实来源，严重影响合议庭对案件事实的认定，应认定非法搜查所获得的物证属非法证据，予以排除。

依据最高人民法院、最高人民检察院、公安部、国家安全部、司法部《关于办理刑事案件严格排除非法证据若干问题的规定》第 10 条：侦查人员在讯问犯罪嫌疑人的时候，可以对讯问过程进行录音录像；对于可能判处无期徒刑、死刑的案件或者其他重大犯罪案件，应当对讯问过程进行录音录像。

侦查人员应当告知犯罪嫌疑人对讯问过程录音录像，并在讯问笔录中写明。

第 11 条：对讯问过程录音录像，应当不间断进行，保持完整性，不得选择性地录制，不得剪接、删改。

本案属于可能判处无期徒刑、死刑的案件，而原判采信的两次有罪供述并未能提供相关的审讯录像，仅有的一次审讯录像却没有依照规定制作相应的审讯笔录，且录像未能保持完整性，侦查人员提押陈灼昊出仓至开始对其进行审讯录像前，有四十分钟左右的时间是空白的，既无审讯笔录记录，也无录像记录。据此认定该审讯录像无证据能力，属非法证据，予以排除。

依据最高人民法院、最高人民检察院、公安部、国家安全部、司法部《关于办理刑事案件严格排除非法证据若干问题的规定》第13条：看守所应当对提讯进行登记，写明提讯单位、人员、事由、起止时间以及犯罪嫌疑人姓名等情况。

看守所收押犯罪嫌疑人，应当进行身体检查。检查时，人民检察院驻看守所检察人员可以在场。检查发现犯罪嫌疑人有伤或者身体异常的，看守所应当拍照或者录像，分别由送押人员、犯罪嫌疑人说明原因，并在体检记录中写明，由送押人员、收押人员和犯罪嫌疑人签字确认。

本案中在"新收押人员一周身体状况跟踪检查记录"上，经笔迹鉴定，七处有关"陈灼昊"的签名并非陈灼昊本人签署，据此认定该审讯录像无证据能力，属非法证据，予以排除。

2. 此问题考查的是非法证据排除程序中的相关知识点，主要是证明责任的分配。非法证据排除规则中的证明责任分为两个方面：

一是，非法证据排除程序的启动责任，该证明责任由提出非法证据排除申请的被追诉方承担，《关于办理刑事案件排除非法证据若干问题的规定》（以下简称《非法证据排除规定》）第20条规定："被告人及其辩护人申请排除非法证据，应当提供涉嫌非法取证的人员、时间、地点、方式、内容等相关线索或者材料。"《刑事诉讼法》第58条第2款规定："当事人及其辩护人、诉讼代理人有权申请人民法院对以非法方法收集的证据依法予以排除。申请排除以非法方法收集的证据的，应当提供相关线索或材料。"2017年《关于办理刑事案件严格排除非法证据若干问题的规定》（以下简称《严格排除非法证据规定》）第24条规定："被告人及其辩护人在开庭审理前申请排除非法证据，未提供相关线索或材料，不符合法律规定的申请条件的，人民法院对申请不予受理。"所谓"相关线索"，主要是指被告人及其辩护人提供的涉嫌刑讯的人员、时间、地点、方式等细节信息，如被告人明确指出某讯问人员于特定的时间在看守所以外的特定场所对其实施刑讯，以及被告人及其辩护人提供的能够证明非法取证情形的同监羁押人员和其他在场人员信息等。所谓"相关材料"，主要指被告方提供的反映被告人因刑讯逼供致伤的病历、看守所体检证明、被告人体表损伤及衣物损害情况；反映被告人遭受刑讯逼供的看守所看管人员及被告人同监羁押人员的书面证言；反映讯问程序违反法律规定的讯问笔录和录音录像等。

二是，非法证据排除程序中的证明责任，该证明责任由公诉方承担。这在《刑事诉讼法》第58条和第59条已经有明确规定，法院不能要求提出非法证据排除申请的犯罪嫌疑人、被告人及其辩护律师证明确实存在刑讯逼供，即侦查机关收集证据的行为不合法。

一审法院对辩护律师的非法证据排除申请的处理不正确。根据《刑事诉讼法》第58条规定："法庭审理过程中，审判人员认为可能存在本法第五十六条规定的以非法方法收集证据情形的，应当对证据收集的合法性进行法庭调查。当事人及其辩护人、诉讼代理人有权申请人民法院对以非法方法收集的证据依法予以排除。申请排除以非法方法收集的证据的，应提供相关线索或者材料。"第59条规定："在对证据收集的合法性进行法庭调查的过程中，人民检察院应当对证据收集的合法性加以证明。现有证据材料不能证明证据收集的合法性的，人民检察院可以提请人民法院通知有关侦查人员或者其他人员出庭说明情况；人民法院可以通知有关侦查人员或者其他人员出庭说明情况。有关侦查人员或者其他人员也可以要求出庭说明情况。经人民法院通知，有关人员应当出庭。"因此，对于是否排除非法证据的证明责任是由控方来承担的，而本案中一审法院庭审中陈灼昊提出侦查人员对其进行了威胁、恐吓，合议庭认为被告人没有提供证据予以佐证，答复被告人及其辩护律师"不要纠结此事啦"，显然是变相让提出申请的辩护律师承担了非法证据的证明责任，因此是违反法律规定的。

3. 此问题考查的是刑事证明标准相关知识点。刑事证明标准是指证明主体运用证据证明待证事实所达到的法定的程度或者要求。根据《刑事诉讼法》的规定，我国目前的有罪判决的证明标准是"犯罪事实清楚、证据确实充分"。《刑事诉讼法》第55条第2款明确规定了如何把握证据确实、充分。证据确实、充分，应当符合以下条件：定罪量刑的事实都有证据证明；据以定案的证据均经法定程序查证属实；综合全案证据，对所认定事实已排除合理怀疑。《关于办理死刑案件审查判断证据若干问题的规定》第5条对死刑案件中认定被告人犯罪事实的证据确实、充分标准作了具体解释。办理死刑案件，对被告人犯罪事实的认定，必须达到证据确实、充分。证据确实、充分是指：定罪量刑的事实都有证据证明；每一个定案的证据均已经法定程序查证属实；证据与证据之间、证据与案件事实之间不存在矛盾或者矛盾得以合理排除；共同犯罪案件中，被告人的地位、作用均已查清；根据证据认定案件事实的过程符合逻辑和经验规则，由证据得出的结论为唯一结论。

根据现有的证据，尚不能达到"事实清楚，证据确实充分"的证明标准。根据《刑事诉讼法》对证明标准的规定，"证据确实充分"，应当符合以下条件：定罪量刑的事实都有证据证明；据以定案的证据均经法定程序查证属实；综合全案证据，对所认定事实已排除合理怀疑。而本案中的有罪证据显然并未达到上述标准和要求。主要表现为：首先，犯罪嫌疑人、被告人孙某的有罪供述是在遭受"变相肉刑"的情况下作出的，属于非法证据，应当予以排除。《刑事诉讼法》第56条第2款也规定："在侦查、审查起诉、审判时发现有应当排除的证据的，应当依法予以排除，不得作为起诉意见、起诉决定和判决的依据。"

其次，在本案中，本案一审定罪的关键客观证据是陈灼昊住处搜查到的死者张某某私人物品（警方在陈灼昊家中搜查出死者张某某的手机、挂包等私人物品），然而，搜查证获得批准的日期与被搜查人陈灼昊署名的日期竟然相差了近八个月，侦查人员却不能对此作出合理解释。该次搜查属于无证搜查，属于程序违法，且不排除侦查人员事后补办搜查证以隐瞒真实取证过程的可能性，在庭审中侦查人员作证时未能作出合理解释。该行为导致获得的物证的真实来源，严重影响合议庭对案件事实的认定，应认定非法搜查所获得的物证属非法证据，予以排除。另本案属于可能判处无期徒刑、死刑的案件，而原判采信的两次有罪供述并未能提供相关的审讯录像，仅有的一次审讯录像却没有依照规定制作相应的审讯笔录，且录像未能保持完整性，侦查人员提押陈灼昊出仓至开始对其进行审讯录像前，有四十分钟左右的时间是空白的，既无审讯笔录记录，也无录像记录。据此认定该审讯录像无证据能力，属非法证据，予以排除。最后，本案中在"新收押人员一周身体状况跟踪检查记录"上，经笔迹鉴定，七处有关"陈灼昊"的签名并非陈灼昊本人签署，据此认定该审讯录像无证据能力，属非法证据，予以排除。

因此，综合全案的证据情况，可以得出的结论为：根据本案现有证据尚未达到证据确实充分的有罪标准。

4. 此问题主要考查的是二审程序中非法证据排除的相关知识点。根据《刑诉解释》第138条具有下列情形之一的，第二审人民法院应当对证据收集的合法性进行审查，并根据刑事诉讼法和本解释的有关规定作出处理：

（一）第一审人民法院对当事人及其辩护人、诉讼代理人排除非法证据的申请没有审查，且以该证据作为定案根据的；

（二）人民检察院或者被告人、自诉人及其法定代理人不服第一审人民法院作出的有关证据收集合法性的调查结论，提出抗诉、上诉的；

（三）当事人及其辩护人、诉讼代理人在第一审结束后才发现相关线索或者材料，申请人民法院排除非法证据的。

《严格排除非法证据规定》第40条规定："第一审人民法院对被告人及其辩护人排除非法证据的申请未予审查，并以有关证据作为定案根据，可能影响公正审判的，第二审人民法院可以裁定撤销原判、发回原审人民法院重新审判。第一审人民法院对依法应当排除的非法证据未予排除的，第二审人民法院可以依法排除非法证据。排除非法证据后，原判决认定事实和适用法律正确、量刑适当的，应当裁定驳回上诉或者抗诉，维持原判；原判决认定事实没有错误，但适用法律有错误，或者量刑不当的，应当改判；原判决事实不清楚或者证据不足的，可以裁定撤销原判，发回原审人民法院重新审判。"因此，二审法院对一审中未处理或者处理不当的非法证据排除，有义务进行审查并作出相应处理。

二审法院应该对辩护律师的非法证据排除申请进行审查，并作出排除非法证据的决定。根据《刑事诉讼法》相关规定，二审法院有义务对一审中应该予以排除而没有排除的证据的合法性进行审查，如果认定确属非法证据的，应该予以排除，如果非法证据的排除影响原判决认定事实的，应该撤销原判，发回原审人民法院重新审判。就本案情况而言，辩护律师申请排除非法证据的理由显然是成立的，而且此证据已经直接影响一审法院对事实的认定和法律适用，一审法院认定被告人陈灼昊有罪的判决显然是错误的，因此，二审法院在决定排除非法证据的同时，可以裁定撤销原判，发回一审法院重新审判。

专题八　强制措施

【主观题考前分析】

年份	曾考过	题型
2021 年延考	强制措施的比例原则	简述
2013 年	指定居所监视居住	问答题
2002 年	取保候审、逮捕	找错题

刑事诉讼中的强制措施，是指公安机关、人民检察院和人民法院为了保证刑事诉讼的顺利进行，依法对刑事案件的犯罪嫌疑人、被告人的人身自由进行限制或者剥夺的各种强制性方法。主观案例题中极有可能出现"拘传、取保候审、监视居住、拘留、逮捕"具体适用哪些特殊要求以及区分他们之间的细微区别。本章特别容易和侦查知识点结合考查案例，题型多为纠错类。

第一部分　主观题重点法条内容提醒和详解

《刑事诉讼法》

第六十七条　人民法院、人民检察院和公安机关对有下列情形之一的犯罪嫌疑人、被告人，可以取保候审：

（一）可能判处管制、拘役或者独立适用附加刑的；

（二）可能判处有期徒刑以上刑罚，采取取保候审不致发生社会危险性的；

（三）患有严重疾病、生活不能自理，怀孕或者正在哺乳自己婴儿的妇女，采取取保候审不致发生社会危险性的；

（四）羁押期限届满，案件尚未办结，需要采取取保候审的。

取保候审由公安机关执行。

第六十八条　人民法院、人民检察院和公安机关决定对犯罪嫌疑人、被告人取保候审，应当责令犯罪嫌疑人、被告人提出保证人或者交纳保证金。

第七十一条　被取保候审的犯罪嫌疑人、被告人应当遵守以下规定：

（一）未经执行机关批准不得离开所居住的市、县；

（二）住址、工作单位和联系方式发生变动的，在二十四小时以内向执行机关报告；

（三）在传讯的时候及时到案；

（四）不得以任何形式干扰证人作证；

（五）不得毁灭、伪造证据或者串供。

人民法院、人民检察院和公安机关可以根据案件情况，责令被取保候审的犯罪嫌疑人、被告人遵守以下一项或者多项规定：

（一）不得进入特定的场所；

（二）不得与特定的人员会见或者通信；

（三）不得从事特定的活动；

（四）将护照等出入境证件、驾驶证件交执行机关保存。

被取保候审的犯罪嫌疑人、被告人违反前两款规定，已交纳保证金的，没收部分或者全部保证金，并且区别情形，责令犯罪嫌疑人、被告人具结悔过、重新交纳保证金、提出保证人，或者监视居住、予以逮捕。

对违反取保候审规定，需要予以逮捕的，可以对犯罪嫌疑人、被告人先行拘留。

第七十二条 取保候审的决定机关应当综合考虑保证诉讼活动正常进行的需要，被取保候审人的社会危险性，案件的性质、情节，可能判处刑罚的轻重，被取保候审人的经济状况等情况，确定保证金的数额。

提供保证金的人应当将保证金存入执行机关指定银行的专门账户。

第七十四条 人民法院、人民检察院和公安机关对符合逮捕条件，有下列情形之一的犯罪嫌疑人、被告人，可以监视居住：

（一）患有严重疾病、生活不能自理的；

（二）怀孕或者正在哺乳自己婴儿的妇女；

（三）系生活不能自理的人的唯一扶养人；

（四）因为案件的特殊情况或者办理案件的需要，采取监视居住措施更为适宜的；

（五）羁押期限届满，案件尚未办结，需要采取监视居住措施的。

对符合取保候审条件，但犯罪嫌疑人、被告人不能提出保证人，也不交纳保证金的，可以监视居住。

监视居住由公安机关执行。

第七十五条 监视居住应当在犯罪嫌疑人、被告人的住处执行；无固定住处的，可以在指定的居所执行。对于涉嫌危害国家安全犯罪、恐怖活动犯罪，在住处执行可能有碍侦查的，经上一级公安机关批准，也可以在指定的居所执行。但是，不得在羁押场所、专门的办案场所执行。

指定居所监视居住的，除无法通知的以外，应当在执行监视居住后二十四小时以内，通知被监视居住人的家属。

被监视居住的犯罪嫌疑人、被告人委托辩护人，适用本法第三十四条的规定。

人民检察院对指定居所监视居住的决定和执行是否合法实行监督。

第七十六条 指定居所监视居住的期限应当折抵刑期。被判处管制的，监视居住一日折抵刑期一日；被判处拘役、有期徒刑的，监视居住二日折抵刑期一日。

第七十七条 被监视居住的犯罪嫌疑人、被告人应当遵守以下规定：

（一）未经执行机关批准不得离开执行监视居住的处所；

（二）未经执行机关批准不得会见他人或者通信；

（三）在传讯的时候及时到案；

（四）不得以任何形式干扰证人作证；

（五）不得毁灭、伪造证据或者串供；

（六）将护照等出入境证件、身份证件、驾驶证件交执行机关保存。

被监视居住的犯罪嫌疑人、被告人违反前款规定，情节严重的，可以予以逮捕；需要予以逮捕的，可以对犯罪嫌疑人、被告人先行拘留。

第八十一条　对有证据证明有犯罪事实，可能判处徒刑以上刑罚的犯罪嫌疑人、被告人，采取取保候审尚不足以防止发生下列社会危险性的，应当予以逮捕：

（一）可能实施新的犯罪的；

（二）有危害国家安全、公共安全或者社会秩序的现实危险的；

（三）可能毁灭、伪造证据，干扰证人作证或者串供的；

（四）可能对被害人、举报人、控告人实施打击报复的；

（五）企图自杀或者逃跑的。

批准或者决定逮捕，应当将犯罪嫌疑人、被告人涉嫌犯罪的性质、情节、认罪认罚等情况，作为是否可能发生社会危险性的考虑因素。

对有证据证明有犯罪事实，可能判处十年有期徒刑以上刑罚的，或者有证据证明有犯罪事实，可能判处徒刑以上刑罚，曾经故意犯罪或者身份不明的，应当予以逮捕。

被取保候审、监视居住的犯罪嫌疑人、被告人违反取保候审、监视居住规定，情节严重的，可以予以逮捕。

第八十五条　公安机关拘留人的时候，必须出示拘留证。

拘留后，应当立即将被拘留人送看守所羁押，至迟不得超过二十四小时。除无法通知或者涉嫌危害国家安全犯罪、恐怖活动犯罪通知可能有碍侦查的情形以外，应当在拘留后二十四小时以内，通知被拘留人的家属。有碍侦查的情形消失以后，应当立即通知被拘留人的家属。

第八十六条　公安机关对被拘留的人，应当在拘留后的二十四小时以内进行讯问。在发现不应当拘留的时候，必须立即释放，发给释放证明。

第八十八条　人民检察院审查批准逮捕，可以讯问犯罪嫌疑人；有下列情形之一的，应当讯问犯罪嫌疑人：

（一）对是否符合逮捕条件有疑问的；

（二）犯罪嫌疑人要求向检察人员当面陈述的；

（三）侦查活动可能有重大违法行为的。

人民检察院审查批准逮捕，可以询问证人等诉讼参与人，听取辩护律师的意见；辩护律师提出要求的，应当听取辩护律师的意见。

第九十条　人民检察院对于公安机关提请批准逮捕的案件进行审查后，应当根据情况分别作出批准逮捕或者不批准逮捕的决定。对于批准逮捕的决定，公安机关应当立即执行，并且将执行情况及时通知人民检察院。对于不批准逮捕的，人民检察院应当说明理由，需要补充侦查的，应当同时通知公安机关。

第九十一条　公安机关对被拘留的人，认为需要逮捕的，应当在拘留后的三日以内，提请人民检察院审查批准。在特殊情况下，提请审查批准的时间可以延长一日至四日。

对于流窜作案、多次作案、结伙作案的重大嫌疑分子，提请审查批准的时间可以延长至三十日。

人民检察院应当自接到公安机关提请批准逮捕书后的七日以内，作出批准逮捕或者不批准逮捕的决定。人民检察院不批准逮捕的，公安机关应当在接到通知后立即释放，并且将执行情况及时通知人民检察院。对于需要继续侦查，并且符合取保候审、监视居住条件的，依法取保候审或者监视居住。

第九十二条　公安机关对人民检察院不批准逮捕的决定，认为有错误的时候，可以要求复议，但是必须将被拘留的人立即释放。如果意见不被接受，可以向上一级人民检察院提请复核。上级人民检察院应当立即复核，作出是否变更的决定，通知下级人民检察院和公安机关执行。

第九十三条 公安机关逮捕人的时候，必须出示逮捕证。

逮捕后，应当立即将被逮捕人送看守所羁押。除无法通知的以外，应当在逮捕后二十四小时以内，通知被逮捕人的家属。

第九十四条 人民法院、人民检察院对于各自决定逮捕的人，公安机关对于经人民检察院批准逮捕的人，都必须在逮捕后的二十四小时以内进行讯问。在发现不应当逮捕的时候，必须立即释放，发给释放证明。

第九十五条 犯罪嫌疑人、被告人被逮捕后，人民检察院仍应当对羁押的必要性进行审查。对不需要继续羁押的，应当建议予以释放或者变更强制措施。有关机关应当在十日以内将处理情况通知人民检察院。

第九十九条 人民法院、人民检察院或者公安机关对被采取强制措施法定期限届满的犯罪嫌疑人、被告人，应当予以释放、解除取保候审、监视居住或者依法变更强制措施。犯罪嫌疑人、被告人及其法定代理人、近亲属或者辩护人对于人民法院、人民检察院或者公安机关采取强制措施法定期限届满的，有权要求解除强制措施。

《高检规则》

第八十二条 拘传时，应当向被拘传的犯罪嫌疑人出示拘传证。对抗拒拘传的，可以使用戒具，强制到案。

执行拘传的人员不得少于二人。

第八十三条 拘传的时间从犯罪嫌疑人到案时开始计算。犯罪嫌疑人到案后，应当责令其在拘传证上填写到案时间，签名或者盖章，并捺指印，然后立即讯问。拘传结束后，应当责令犯罪嫌疑人在拘传证上填写拘传结束时间。犯罪嫌疑人拒绝填写的，应当在拘传证上注明。

一次拘传持续的时间不得超过十二小时；案情特别重大、复杂，需要采取拘留、逮捕措施的，拘传持续的时间不得超过二十四小时。两次拘传间隔的时间一般不得少于十二小时，不得以连续拘传的方式变相拘禁犯罪嫌疑人。

拘传犯罪嫌疑人，应当保证犯罪嫌疑人的饮食和必要的休息时间。

第八十四条 人民检察院拘传犯罪嫌疑人，应当在犯罪嫌疑人所在市、县内的地点进行。

犯罪嫌疑人工作单位与居住地不在同一市、县的，拘传应当在犯罪嫌疑人工作单位所在的市、县内进行；特殊情况下，也可以在犯罪嫌疑人居住地所在的市、县内进行。

第九十六条 采取保证人保证方式的，如果保证人在取保候审期间不愿继续保证或者丧失保证条件的，人民检察院应当在收到保证人不愿继续保证的申请或者发现其丧失保证条件后三日以内，责令犯罪嫌疑人重新提出保证人或者交纳保证金，并将变更情况通知公安机关。

第九十七条 采取保证金保证方式的，被取保候审人拒绝交纳保证金或者交纳保证金不足决定数额时，人民检察院应当作出变更取保候审措施、变更保证方式或者变更保证金数额的决定，并将变更情况通知公安机关。

第九十八条 公安机关在执行取保候审期间向人民检察院征询是否同意批准犯罪嫌疑人离开所居住的市、县时，人民检察院应当根据案件的具体情况及时作出决定，并通知公安机关。

第一百零三条 公安机关决定对犯罪嫌疑人取保候审，案件移送人民检察院审查起诉后，对于需要继续取保候审的，人民检察院应当依法重新作出取保候审决定，并对犯罪嫌疑人办理取保候审手续。取保候审的期限应当重新计算并告知犯罪嫌疑人。对继续采取保证金方式取保候审的，被取保候审人没有违反刑事诉讼法第七十一条规定的，不变更保证金数额，不再重新收取保证金。

第一百四十二条　对于监察机关移送起诉的已采取留置措施的案件，人民检察院应当在受理案件后，及时对犯罪嫌疑人作出拘留决定，交公安机关执行。执行拘留后，留置措施自动解除。

第一百四十三条　人民检察院应当在执行拘留后十日以内，作出是否逮捕、取保候审或者监视居住的决定。特殊情况下，决定的时间可以延长一日至四日。

人民检察院决定采取强制措施的期间不计入审查起诉期限。

第一百四十四条　除无法通知的以外，人民检察院应当在公安机关执行拘留、逮捕后二十四小时以内，通知犯罪嫌疑人的家属。

第一百四十五条　人民检察院应当自收到移送起诉的案卷材料之日起三日以内告知犯罪嫌疑人有权委托辩护人。对已经采取留置措施的，应当在执行拘留时告知。

第一百四十六条　对于监察机关移送起诉的未采取留置措施的案件，人民检察院受理后，在审查起诉过程中根据案件情况，可以依照本规则相关规定决定是否采取逮捕、取保候审或者监视居住措施。

《刑诉解释》

第一百四十九条　拘传被告人，持续的时间不得超过十二小时；案情特别重大、复杂，需要采取逮捕措施的，持续的时间不得超过二十四小时。不得以连续拘传的形式变相拘禁被告人。应当保证被拘传人的饮食和必要的休息时间。

第一百六十七条　人民法院作出逮捕决定后，应当将逮捕决定书等相关材料送交公安机关执行，并将逮捕决定书抄送人民检察院。逮捕被告人后，人民法院应当将逮捕的原因和羁押的处所，在二十四小时以内通知其家属；确实无法通知的，应当记录在案。

第一百六十八条　人民法院对决定逮捕的被告人，应当在逮捕后二十四小时以内讯问。发现不应当逮捕的，应当立即释放。必要时，可以依法变更强制措施。

第一百六十九条　被逮捕的被告人具有下列情形之一的，人民法院可以变更强制措施：

（一）患有严重疾病、生活不能自理的；

（二）怀孕或者正在哺乳自己婴儿的；

（三）系生活不能自理的人的唯一扶养人。

第一百七十条　被逮捕的被告人具有下列情形之一的，人民法院应当立即释放；必要时，可以依法变更强制措施：

（一）第一审人民法院判决被告人无罪、不负刑事责任或者免予刑事处罚的；

（二）第一审人民法院判处管制、宣告缓刑、单独适用附加刑，判决尚未发生法律效力的；

（三）被告人被羁押的时间已到第一审人民法院对其判处的刑期期限的；

（四）案件不能在法律规定的期限内审结的。

第一百七十二条　被采取强制措施的被告人，被判处管制、缓刑的，在社区矫正开始后，强制措施自动解除；被单处附加刑的，在判决、裁定发生法律效力后，强制措施自动解除；被判处监禁刑的，在刑罚开始执行后，强制措施自动解除。

必考小结：强制措施的变更规定

应当立即释放，必要时可以变更强制措施	*《解释》第170条 被逮捕的被告人具有下列情形之一的，人民法院应当立即释放；必要时，可以依法变更强制措施： （1）第一审人民法院判决被告人无罪、不负刑事责任或者免予刑事处罚的； （2）第一审人民法院判处管制、宣告缓刑、单独适用附加刑，判决尚未发生法律效力的； （3）被告人被羁押的时间已到第一审人民法院对其判处的刑期期限的； （4）案件不能在法律规定的期限内审结的。
可以变更强制	（1）患有严重疾病的； （2）正在怀孕、哺乳自己婴儿的妇女； （3）系生活不能自理的人的唯一扶养人。
原强制措施自动解除	（1）《高检规则》：第154条 取保候审变更为监视居住，或者取保候审、监视居住变更为拘留、逮捕的，在变更的同时原强制措施自动解除，不再办理解除法律手续。 （2）《高检规则》：第155条 人民检察院已经对犯罪嫌疑人取保候审、监视居住，案件起诉至人民法院后，人民法院决定取保候审、监视居住或者变更强制措施的，原强制措施自动解除，不再办理解除法律手续。 （3）*《解释》第172条 被采取强制措施的被告人，被判处管制、缓刑的，在社区矫正开始后，强制措施自动解除；被单处附加刑的，在判决、裁定发生法律效力后，强制措施自动解除；被判处监禁刑的，在刑罚开始执行后，强制措施自动解除。

必考小结：羁押必要性审查

羁押必要性审查概念：是指对被逮捕的犯罪嫌疑人、被告人有无继续羁押的必要性进行审查，对不需要继续羁押的，建议办案机关予以释放或者变更强制措施的监督活动。

启动方式	依职权	*《高检规则》第574条 人民检察院在办案过程中可以依职权主动进行羁押必要性审查。	
	依申请（提供证据或材料）	犯罪嫌疑人、被告人及其法定代理人、近亲属或者辩护人可以申请人民检察院进行羁押必要性审查。申请时应当说明不需要继续羁押的理由，有相关证据或者其他材料的应当提供。	
	看守所可建议	看守所根据在押人员身体状况，可以建议人民检察院进行羁押必要性审查。	
审查部门	负责捕诉的部门	侦查和审判阶段	应当建议释放或者变更
		审查起诉阶段	应当直接决定释放或者变更
		执行阶段	刑事执行检察的部门移送负责捕诉的部门审查决定
	*《高检规则》第575条 负责捕诉的部门依法对侦查和审判阶段的羁押必要性进行审查。经审查认为不需要继续羁押的，应当建议公安机关或者人民法院释放犯罪嫌疑人、被告人或者变更强制措施。 审查起诉阶段，负责捕诉的部门经审查认为不需要继续羁押的，应当直接释放犯罪嫌疑人或者变更强制措施。 负责刑事执行检察的部门收到有关材料或者发现不需要继续羁押的，应当及时将有关材料和意见移送负责捕诉的部门。		

续表

应当建议情形	没有犯罪	*《高检规则》第579条　人民检察院发现犯罪嫌疑人、被告人具有下列情形之一的，应当向办案机关提出释放或者变更强制措施的建议：
	有期以下	（一）案件证据发生重大变化，没有证据证明有犯罪事实或者犯罪行为系犯罪嫌疑人、被告人所为的；
	羁押期满	（二）案件事实或者情节发生变化，犯罪嫌疑人、被告人可能被判处拘役、管制、独立适用附加刑、免予刑事处罚或者判决无罪的；（三）继续羁押犯罪嫌疑人、被告人，羁押期限将超过依法可能判处的刑期的；
	符合取监	（四）案件事实基本查清，证据已经收集固定，符合取保候审或者监视居住条件的。
应当说理		*《高检规则》第581条　人民检察院向办案机关发出释放或者变更强制措施建议书的，应当说明不需要继续羁押犯罪嫌疑人、被告人的理由和法律依据，并要求办案机关在十日以内回复处理情况。
应当跟踪		人民检察院应当跟踪办案机关对释放或者变更强制措施建议的处理情况。办案机关未在十日以内回复处理情况的，应当提出纠正意见。（《高检规则》第581条）

第二部分　主观题案例模拟演练

【案情简介】2016年8月1日，某市公安局接到某公司报案称该公司新购置的总价值9万元人民币的8台笔记本电脑被盗。公安机关经过立案侦查，认为该公司已离职员工何某有重大嫌疑。何某于8月3日上午10时被某市公安局拘传到案，其于讯问中交代，由于公司拒付他应得的一笔奖金约9万元，气愤之中遂伙同高中同学范某盗窃原公司电脑。被盗电脑交给了其妻子张某，并告知电脑系其朋友临时寄放。某市公安局于8月4日决定对何某以涉嫌盗窃罪予以拘留。

侦查人员对何某之妻张某进行询问，张某坚信电脑系何某友人临时寄存，拒不说出电脑存放地点。于是侦查人员称，若不交出电脑，就不让何某吃饭喝水，而且还说半年前该公司失火案也是何某所为，至少要判无期徒刑。张某遂说出了电脑存放在新购置未装修的一处单元房中。

侦查人员根据张某提供的线索，拿了钥匙后，未向单位汇报，在没有任何人在场的情况下径行开门对该单元房进行了搜查，发现了8台电脑，当即予以扣押，同时还发现一件十分珍贵的文物，侦查人员认为来源可疑，遂一并扣押。

何某所供述的同伙范某系办案民警李某远方表亲，但常来常往，关系较密切。为了让范某逃避法律制裁，李某一方面请另一办案民警刘某高抬贵手、网开一面，另一方面通风报信，让范某将作案时所穿衣物尽数焚毁，并告诉他接受讯问时坚称毫不知情，完全是何某陷害。范某担心被追究刑事责任，惊慌中外逃。

9月2日，某市公安局向市检察院提请批准逮捕何某。检察院审查认为何某与原单位存在经济纠纷，何某的行为不宜以犯罪论处，同年9月12日作出不批准逮捕决定。公安局认为检察院的不批捕决定错误，于是向市检察院提出了复议申请。其间，何某继续在押，张某为其丈夫何某委托的辩护律师多次要求公安局释放何某，但后者以正在复议为由拒绝释放。该案经检察院复议后作出批准逮捕的决定。公安机关侦查终结后将该案移送某市人民检察院审查起诉。某市人民检察院经审查，认为该案属于下级人民法院管辖。

【问题】

1. 本案中公安机关的侦查行为有哪些错误？如何某对自己所犯罪行供认不讳，愿意接受相应处罚，这种情形在程序上应当如何处理？

2. 本案在逮捕的适用程序上有无错误？如何某对自己所犯罪行供认不讳，愿意接受相应处罚，可否不逮捕？

3. 何某妻子张某认为何某和她自己的合法权益在案件侦查过程中受到了侵犯，她可以通过何种途径寻求救济？何某在什么情况下可以获得值班律师的帮助，值班律师都能为何某做些什么？

4. 本案中某市人民检察院认为该案属于下级人民法院管辖，是否正确？如何某对自己所犯罪行供认不讳，愿意接受相应处罚，这种情形检察院在程序上应当如何处理？

5. 何某被交付执行后，范某也被抓捕归案，并被依法移送起诉交付审判。如范某对自己所犯罪行供认不讳，愿意接受相应处罚，这种情形法院可否适用速裁程序审理范某？都有哪些特别规定？

6. 如果你是本案何某的辩护人，请依据相关法律替他写份出庭辩护的辩护词。

【解题思路】刑事诉讼中的强制措施是指公安机关、人民检察院和人民法院为了保证刑事诉讼活动的顺利进行，而依法采用的限制或者剥夺犯罪嫌疑人、被告人人身自由的各种强制性方法。我国刑事诉讼中的强制措施由拘传、取保候审、监视居住、拘留、逮捕构成，这是一个由轻到重、层次分明、结构合理、互相衔接的体系，形成了一个有机联系的整体，能适应刑事诉讼中的各种不同情况。强制措施的性质是预防性措施，而不是惩戒性措施，即适用强制措施的目的是保证刑事诉讼的顺利进行，防止犯罪嫌疑人、被告人逃避侦查和审判，进行毁灭、伪造证据或者继续犯罪等妨害刑事诉讼的行为。强制措施是一种临时性措施。随着刑事诉讼的进程，强制措施应根据案件的进展情况而予以变更或解除。适用强制措施的目的在于保障刑事诉讼的顺利进行，但在客观上会不同程度地限制甚至剥夺被适用对象的人身自由，如果适用不当，势必造成对公民合法权益的侵犯，因此，在适用强制措施时，必须坚持惩治犯罪与保障人权、严肃与谨慎相结合的方针。

对于强制措施的适用必须要坚持一定的原则，如强制措施法定原则：强制措施的类型和适用条件以及适用程序必须由法律事先作出明确的规定，公安司法机关不得采用法律未明文规定的强制措施类型；公安司法机关适用强制措施时，必须严格遵守法律规定的程序来进行。对强制措施的适用，还必须严格遵守比例原则：其一，强制措施的适用只能为了保障刑事诉讼的顺利进行，而不得为其他目的适用强制措施，如"以捕代侦"现象应该予以禁止。其二，只有在不采用强制措施即无法防止妨害刑事诉讼的行为发生时，才可以适用强制措施；并且在各种强制措施类型中，应当尽可能选择对公民权利侵害最小的措施，尤其是逮捕，由于涉及对公民基本人身自由较长时间的剥夺，因此，其适用应当更为慎重，对逮捕条件进行严格把握。其三，选择适用的强制措施的严厉程度应当与犯罪嫌疑人、被告人涉嫌犯罪的严重程度及其实施妨害刑事诉讼的行为的可能性大小基本相适应。例如，检察机关在审查决定是否批准逮捕的过程中，在对逮捕的条件进行把握时，应该重视"有无逮捕必要"，对没有逮捕必要的犯罪嫌疑人、被告人应该作出不予批准逮捕的决定。

此外，对于强制措施的适用而言，还应坚持变更性原则，即随着诉讼进展和案情的变化要及时进行变更或解除，即使对于被逮捕的犯罪嫌疑人、被告人，随着刑事诉讼的推进，一旦发现已经不具有社会危险性，即适用强制措施的必要性减弱或者消除的，应该及时对强制措施予以变更或消除。此外，在对逮捕进行理解时，需要明确的是逮捕和羁押的关系。在西方国家，一方面，逮捕与羁押相互分离，羁押并非逮捕的必然后果。被逮捕者应当被迅速地带至司法官员面前，由司法官员来裁决是否需要对其予以一段时间的持续羁押，经司法官员裁决后，被逮捕者可能被继续羁押，也可能被释放。另一方面，逮捕与羁押又紧密联系，逮捕与羁押的分离仅仅意味着逮捕的行为不必然导致持续羁押的状态，而并不意味着逮捕与羁押是两种相互独立的强制措施。可以说，逮捕是羁押必要而不充分的条件，羁押是逮捕可能而非必然的后果。而在我国，羁押并不是法定的强制措施，而是拘留和逮捕之后的自然状态和必然结果，逮捕也并不是羁押的前置程序，对于羁押并没有独立的审查程序，侦查机关提请审查批准逮捕之后，检察机关就对逮捕的条件进行审查，一旦批准逮捕，侦查机关就可以将犯罪嫌疑人、被告人羁押相当长的时间，而不需要再提请检察机关审查是否符合羁押的理由。因此，在我国，逮捕和羁押是合一的，犯罪嫌疑人、被告人被逮捕后往往就自然处于羁押的状态，逮捕并不是羁押的前置程序。根据《刑事诉讼法》的规定，犯罪嫌疑人在侦查阶段的羁押期限最长可以达到7个月，因此，需要对逮捕的条件进行严格把握，防止侵犯犯罪嫌疑人、被告人的人权。

【参考解析】

1. 第一：本案中公安机关的侦查行为存在以下错误。

（1）办案民警在询问何某妻子张某时称，若不交出电脑，就不让何某吃饭喝水，而且还说半年前该公司失火案也是何某所为，至少要判无期徒刑。张某遂说出了电脑存放在新购置未装修的一处单元房中。这一取证行为属于采用威胁方法收集证人证言，是法律所禁止的。

（2）办案民警没有依法办理搜查证就径行对何某和张某的房屋进行搜查，这一行为属于非法搜查他人住宅；搜查过程没有见证人在场也是违反刑事诉讼法规定的。

（3）搜查过程中，办案民警认为桌上的一件文物来源可疑而予以扣押的行为是错误的。根据刑事诉讼法的规定，与案件无关的物品、文件，不得扣押。本案中文物与案件无关，不能扣押。

第二：如何某对自己所犯罪行供认不讳，愿意接受相应处罚，这种情形在程序上应当如何处理？这种情形下，依据新修订《刑诉法》第120条：侦查人员在讯问犯罪嫌疑人的时候，应当告知犯罪嫌疑人享有的诉讼权利，如实供述自己罪行可以从宽处理的法律规定。《刑诉法》第162条：犯罪嫌疑人自愿认罪的，应当记录在案，随案移送并在起诉意见书中写明有关情况。《刑诉法》第182条：犯罪嫌疑人自愿如实供述涉嫌犯罪的事实，有重大立功或者案件涉及国家重大利益的，经最高人民检察院核准，公安机关可以撤销案件。

2. （1）本案在逮捕程序的适用上存在两处错误。一是人民检察院在收到公安机关提请批准逮捕书的第9日才作出不批准逮捕的决定，违反了法定的7日内做出决定的期间要求；二是公安机关接到人民检察院的《不批准逮捕决定书》后，继续关押何某的做法错误。根据刑事诉讼法规定，公安机关应当在接到通知后立即释放，并将执行情况及时通知人民检察院。即使公安机关认为不批捕决定错误而向检察院提出复议申请，也不得以之为理由继续羁押嫌疑人。如果认为释放犯罪嫌疑人可能妨碍侦查工作的顺利进行，那么可以对其适用取保候审或者监视居住。

（2）如何某对自己所犯罪行供认不讳，愿意接受相应处罚，可否不逮捕？

这种情形下，依据新修订《刑诉法》第81条规定，在考虑逮捕的社会危险性时，应当将犯罪嫌疑人、被告人是否认罪认罚的情况考虑在内。如何某对自己所犯罪行供认不讳，愿意接受相应处罚，可认为何某采取取保候审没有社会危险性，无需逮捕。

3.（1）本案中，何某妻子张某面对侦查人员的侵权行为，可以向某市公安局提出申诉或控告，某市公安局应当及时处理。对处理不服的，可以向同级人民检察院申诉。人民检察院对申诉应当及时进行审查，情况属实的，通知有关机关予以纠正。

（2）何某在什么情况下可以获得值班律师的帮助，值班律师都能为何某做些什么？

这种情形下，依据新修订《刑诉法》第36条规定：法律援助机构可以在人民法院、看守所等场所派**驻值班律师**。犯罪嫌疑人、被告人没有委托辩护人，法律援助机构没有指派律师为其提供辩护的，由值班律师为犯罪嫌疑人、被告人提供法律咨询、程序选择建议、申请变更强制措施、对案件处理提出意见等法律帮助。根据《最高人民法院、最高人民检察院、公安部、国家安全部、司法部关于开展法律援助值班律师工作的意见》：人民法院、人民检察院、看守所**应当告知**犯罪嫌疑人、被告人有权约见值班律师，并为犯罪嫌疑人、被告人约见值班律师提供便利。

人民法院、人民检察院、公安机关应当告知犯罪嫌疑人、刑事被告人有获得值班律师法律帮助的权利。犯罪嫌疑人、刑事被告人及其近亲属提出法律帮助请求的，人民法院、人民检察院、公安机关**应当通知**值班律师为其提供法律帮助。

法律援助值班律师应当依法履行下列工作职责：

（一）**解答法律咨询**。

（二）**引导和帮助犯罪嫌疑人、刑事被告人及其近亲属申请法律援助，转交申请材料**。

（三）在认罪认罚从宽制度改革试点中，为**自愿认罪认罚**的犯罪嫌疑人、刑事被告人**提供法律咨询、程序选择、申请变更强制措施等法律帮助**，对检察机关定罪量刑建议提出意见，犯罪嫌疑人签署认罪认罚具结书**应当有值班律师在场**。

（四）对刑讯逼供、非法取证情形代理申诉、控告。

（五）承办法律援助机构交办的其他任务。

4.（1）本案中某市人民检察院认为该案属于下级人民法院管辖，是正确的。这种情形下，根据《高检规则》规定，某市人民检察院可以将本案直接交下级人民检察院审查，由下级人民检察院向同级人民法院提起公诉，同时通知移送审查起诉的公安机关。

（2）如何某对自己所犯罪行供认不讳，愿意接受相应处罚，这种情形检察院在程序上应当如何处理？这种情形下，首先根据《刑诉法》第173条：犯罪嫌疑人认罪认罚的，人民检察院**应当告知其享有的诉讼权利和认罪认罚的法律规定**。其次依据《刑诉法》第172条第1款，人民检察院对于监察机关、公安机关移送起诉的案件，应当在一个月以内作出决定，重大、复杂的案件，可以延长十五日，犯罪嫌疑人认罪认罚，符合速裁程序适用条件的，应当在十日以内作出决定，对可能判处的有期徒刑超过一年的，可以延长至十五日。同时依据《刑诉法》第173条：犯罪嫌疑人认罪认罚的，人民检察院应当听取犯罪嫌疑人、辩护人或者值班律师、被害人及其诉讼代理人对下列事项的意见，并记录在案：

（一）涉嫌的犯罪事实、罪名及适用的法律规定；

（二）从轻、减轻或者免除处罚等从宽处罚的建议；

（三）认罪认罚后案件审理适用的程序；

（四）其他需要听取意见的事项。

人民检察院依照前两款规定听取值班律师意见的，应当提前为值班律师了解案件有关情况提供必要的便利。最后依据《刑诉法》第176条：人民检察院认为犯罪嫌疑人的犯罪事实已经查清，证据确实、充分，依法应当追究刑事责任的，应当作出起诉决定，按照审判管辖的规定，向人民法院提起公诉，并将案卷材料、证据移送人民法院。犯罪嫌疑人认罪认罚的，人民检察院应当就主刑、附加刑、是否适用缓刑等提出量刑建议，并随案移送认罪认罚具结书等材料。

辩护	辩护制度意义	①辩护制度的设立有利于发现真相和正确处理案件。从证据收集过程来看，辩护制度可增强收集证据的全面性；从法官审查判断证据过程来看，辩护制度有利于客观真相的揭示，同时有利于抑制法官的主观片面性和随意性。
		②辩护制度是实现程序正义的重要保障。辩护制度对于实现程序正义的作用突出表现在：有利于刑事诉讼形成合理的诉讼结构；使被追诉者能够积极参与诉讼过程；有助于对被追诉者的合法权益进行保护；有利于国家权力形成有力的监督和制约。
		③辩护制度对于法治宣传教育也有积极意义。
	辩护范围	**证据、事实、法律、程序**
	辩护原则	先控方、后辩方；检察院可以提出量刑建议并说明理由，量刑建议一般应当具有一定的幅度。当事人及其辩护人、诉讼代理人可以对量刑提出意见并说明理由。
	辩护顺序	①公诉人发言（又叫公诉词）；②被害人及其诉讼代理人发言；③被告人自行辩护；④辩护人辩护；⑤控辩双方进行辩论。
	无罪辩护	①**事实上的无罪辩护**：犯罪事实不存在、犯罪行为并非嫌疑人所为、事实不清、证据不足的无罪判决。
		②**法律上的无罪辩护**：是指事实存在，但法律不认为是犯罪或者不应承担刑事责任。A. 犯罪主体不适格；B. 无刑事责任能力；C. 正当行为；D. 主观无罪过；E. 刑事责任消灭，如死亡、已过追诉时效、实体法律修改因而不再追究刑事责任等情形。
	罪名（轻罪）辩护	【注意】此种辩护并非不需要承担刑事责任，而是承担较轻的刑事责任。
	罪数辩护	**属于有罪辩护**：数罪辩为一罪或少罪；一罪辩为数罪。
	量刑辩护	适用哪一个法定量刑幅度的角度；指出法定量刑情节；指出法律未明确规定的酌定量刑情节
	程序性辩护	针对公检法办案中存在的违反法律规定的诉讼程序而展开的辩护

（3）如符合《刑诉法》第 182 条：犯罪嫌疑人自愿如实供述涉嫌犯罪的事实，有重大立功或者案件涉及国家重大利益的，**经最高人民检察院核准**，人民检察院可以作出不起诉决定，也可以对涉嫌数罪中的一项或者多项不起诉。

5. 如范某对自己所犯罪行供认不讳，愿意接受相应处罚，这种情形依据新修订《刑诉法》第 222 条：基层人民法院管辖的可能判处三年有期徒刑以下刑罚的案件，案件事实清楚，证据确实、充分，被告人认罪认罚并同意适用速裁程序的，可以适用速裁程序，由审判员一人独任审判。依据《刑诉法》第 190 条：被告人认罪认罚的，审判长应当告知被告人享有的诉讼权利和认罪认罚的法律规定，**审查**认罪认罚的自愿性和认罪认罚具结书内容的**真实性、合法性**。另依据《刑诉法》第 224 条：适用速裁程序审理案件，不受本章第一节规定的送达期限的限制，一般不进行法庭调查、法庭辩论，但在判决宣告前应当听取辩护人的意见和被告人的最后陈述意见。适用速裁程序审理案件，应当当庭宣判。依据《刑诉法》第 225 条：适用速裁程序审理案件，人民法院应当在受理后十日以内审结；对可能判处的有期徒刑超过一年的，可以延长至十五日。依据《刑诉法》第 226 条：人民法院在审理过程中，发现有被告人的行为不构成犯罪或者不应当追究其刑事责任、被告人违背意愿认罪认罚、被告人否认指控的犯罪事实或者其他不宜适用速裁程序审理的情形的，应当按照本章第一节或者第三节的规定重新审理。

6. 本案的核心在于何某是否构成盗窃罪

盗窃罪的辩护词

尊敬的审判长、审判员：

××律师事务所接受被告人亲属的委托，指派××律师为被告人何某提供辩护。辩护人接受指派后会见了被告人，查阅了相关案卷，现结合法庭调查及公诉人提供的有关证据，依据事实和法律发表辩护意见如下：

辩护人对公诉人对本案盗窃罪的定性不持异议，但在此想就本案事实部分做两点说明：

第一，被告人何某实施的盗窃行为是××

第二，关于盗窃数额巨大的问题。公诉人在起诉书中称被告人盗窃数额巨大，辩护人没有异议，但辩护人想说明的是本案被告人盗窃的具体数额是××元，是否达到盗窃罪关于数额巨大的起点30000元，所以辩护人恳请合议庭能对被告人从轻处罚。

另外，本案中被告人具有如下从轻或者减轻的情节，请合议庭在量刑时予以考虑。

首先，从主观上来讲，被告人何某的主观恶性不大。系初犯，以前从未受过任何处分，工作业绩也不错，系原工作单位培养的年青工作骨干。被告人之所以走上犯罪道路，与他平时法律意识不强和一时心存侥幸有很大关系。被告人正面临结婚，需要大量花钱而手头并不宽裕，面对这次偶然发现的没有设防的金钱诱惑，被告人没能经受住考验，于是犯下了令他今天后悔莫及的错误。当然，这并不能成为其犯罪的借口，究其犯罪的根源，应该说是由于挣钱少而又面对没有设防的金钱诱惑的原因，加上他自己自我约束、控制能力比较差，再加上结婚装修房子需要钱等多方面因素造成的。如果没有以上因素的促成，被告人可能不会走上犯罪道路，还有可能继续成为一个对社会有用的好青年。走上犯罪道路，只是一念之差，心存侥幸所致，比起那些惯犯，或罪大恶极的犯罪分子来讲，其主观恶性并不算大。

其次，从犯罪后果来讲，本案没有造成严重的社会影响。被告人只是秘密地侵犯财产权，没有对他人的生命健康及人身权利构成危害。因每个受害人损失的金额较小，除有一位受害人报案外，没有其他反应，说明被告人的犯罪行为没有给社会造成大的危害。另外，案发后被告人及其家属马上就退还了全部赃款，挽回了受害人的损失，从而最大限度地弥补了由于其犯罪行为而造成的后果。

第三，被告人具有悔罪表现，愿意痛改前非，重新做人。从庭审的证据可以看出，本案能够顺利地得以侦破，被告人积极主动交待犯罪事实起了关键性的作用。从整个案件的侦查到起诉再到审判，从被告人的口供中可以看出，被告人在案发后能够积极主动、全部、彻底地向司法机关交待自己的犯罪行为，说明被告人已经认识到自己犯下了严重的错误，有改过自新、重新做人的良好愿望。在看守所羁押期间，被告人服从管理，能积极协助管理人员开展工作。从今天的庭审情况来看，被告人也能够主动交待犯罪事实，认罪态度良好。

第四，在本案中，受害人也存在一定的过错。被告人何某之所以犯罪行为能够顺利实施，与受害人保护意识不强有很大的关系。如果本案人受害人及时对单位密码进行修改，被告人就根本没有可乘之机。所以，辩护人认为受害人对本案的发生也存在一定过错。根据有关刑法理论，受害人存在过错，应该在一定程度上减轻被告人的责任。

综上所述，鉴于被告人具有悔罪表现，又系初犯，主观恶性和社会危害性不大，希望合议庭能够对其从轻减轻处罚，给被告人一个改过自新、重新做人的机会。

谢谢审判长、审判员！

××律师事务所律师

××年××月×日

专题九　附带民事诉讼

【主观题考前分析】

年份	曾考过	题型
2014 年	附带民事诉讼审理程序	问答题
2008 年	附带民事诉讼受理、一审、二审	问答题
2005 年	附带民事诉讼起诉状	司法文书
2003 年	附带民事诉讼起诉状	司法文书挑错题

　　刑事附带民事诉讼，是指公安司法机关在解决被告人刑事责任的同时，附带解决由遭受物质损失的被害人或者人民检察院所提起的，因犯罪嫌疑人、被告人的犯罪行为所引起的物质损失的赔偿而进行的诉讼。

　　附带民事诉讼在案例考查方面，重点会放在附带民事诉讼的成立条件、附带民事诉讼的当事人、提起条件、财产保全的相关程序以及被害人家属如何提起附带民事诉讼上。有时出题老师还将此章知识与一审、二审结合考查。

第一部分　　主观题重点法条内容提醒和详解

《刑事诉讼法》

　　第一百零一条　被害人由于被告人的犯罪行为而遭受物质损失的，在刑事诉讼过程中，有权提起附带民事诉讼。被害人死亡或者丧失行为能力的，被害人的法定代理人、近亲属有权提起附带民事诉讼。

　　如果是国家财产、集体财产遭受损失的，人民检察院在提起公诉的时候，可以提起附带民事诉讼。

　　第一百零二条　人民法院在必要的时候，可以采取保全措施，查封、扣押或者冻结被告人的财产。附带民事诉讼原告人或者人民检察院可以申请人民法院采取保全措施。人民法院采取保全措施，适用民事诉讼法的有关规定。

　　第一百零三条　人民法院审理附带民事诉讼案件，可以进行调解，或者根据物质损失情况作出判决、裁定。

　　第一百零四条　附带民事诉讼应当同刑事案件一并审判，只有为了防止刑事案件审判的过分迟延，才可以在刑事案件审判后，由同一审判组织继续审理附带民事诉讼。

《刑诉解释》

　　第一百七十五条　被害人因人身权利受到犯罪侵犯或者财物被犯罪分子毁坏而遭受物质损失的，有权在刑事诉讼过程中提起附带民事诉讼；被害人死亡或者丧失行为能力的，其法定代理人、近亲属有权提起附带民事诉讼。

因受到犯罪侵犯，提起附带民事诉讼或者单独提起民事诉讼要求赔偿精神损失的，人民法院一般不予受理。

第一百七十六条　被告人非法占有、处置被害人财产的，应当依法予以追缴或者责令退赔。被害人提起附带民事诉讼的，人民法院不予受理。追缴、退赔的情况，可以作为量刑情节考虑。

第一百七十七条　国家机关工作人员在行使职权时，侵犯他人人身、财产权利构成犯罪，被害人或者其法定代理人、近亲属提起附带民事诉讼的，人民法院不予受理，但应当告知其可以依法申请国家赔偿。

第一百七十八条　人民法院受理刑事案件后，对符合刑事诉讼法第一百零一条和本解释第一百七十五条第一款规定的，可以告知被害人或者其法定代理人、近亲属有权提起附带民事诉讼。

有权提起附带民事诉讼的人放弃诉讼权利的，应当准许，并记录在案。

第一百七十九条　国家财产、集体财产遭受损失，受损失的单位未提起附带民事诉讼，人民检察院在提起公诉时提起附带民事诉讼的，人民法院应当受理。

人民检察院提起附带民事诉讼的，应当列为附带民事诉讼原告人。

被告人非法占有、处置国家财产、集体财产的，依照本解释第一百七十六条的规定处理。

第一百八十条　附带民事诉讼中依法负有赔偿责任的人包括：

（一）刑事被告人以及未被追究刑事责任的其他共同侵害人；

（二）刑事被告人的监护人；

（三）死刑罪犯的遗产继承人；

（四）共同犯罪案件中，案件审结前死亡的被告人的遗产继承人；

（五）对被害人的物质损失依法应当承担赔偿责任的其他单位和个人。

附带民事诉讼被告人的亲友自愿代为赔偿的，可以准许。

第一百八十一条　被害人或者其法定代理人、近亲属仅对部分共同侵害人提起附带民事诉讼的，人民法院应当告知其可以对其他共同侵害人，包括没有被追究刑事责任的共同侵害人，一并提起附带民事诉讼，但共同犯罪案件中同案犯在逃的除外。

被害人或者其法定代理人、近亲属放弃对其他共同侵害人的诉讼权利的，人民法院应当告知其相应法律后果，并在裁判文书中说明其放弃诉讼请求的情况。

第一百八十三条　共同犯罪案件，同案犯在逃的，不应列为附带民事诉讼被告人。逃跑的同案犯到案后，被害人或者其法定代理人、近亲属可以对其提起附带民事诉讼，但已经从其他共同犯罪人处获得足额赔偿的除外。

第一百八十五条　侦查、审查起诉期间，有权提起附带民事诉讼的人提出赔偿要求，经公安机关、人民检察院调解，当事人双方已经达成协议并全部履行，被害人或者其法定代理人、近亲属又提起附带民事诉讼的，人民法院不予受理，但有证据证明调解违反自愿、合法原则的除外。

第一百九十条　人民法院审理附带民事诉讼案件，可以根据自愿、合法的原则进行调解。经调解达成协议的，应当制作调解书。调解书经双方当事人签收后即具有法律效力。

调解达成协议并即时履行完毕的，可以不制作调解书，但应当制作笔录，经双方当事人、审判人员、书记员签名后即发生法律效力。

第一百九十二条　对附带民事诉讼作出判决，应当根据犯罪行为造成的物质损失，结合案件具体情况，确定被告人应当赔偿的数额。

犯罪行为造成被害人人身损害的，应当赔偿医疗费、护理费、交通费等为治疗和康复支付的合理费用，以及因误工减少的收入。造成被害人残疾的，还应当赔偿残疾生活辅助器具费等费用；造成被害人死亡的，还应当赔偿丧葬费等费用。

驾驶机动车致人伤亡或者造成公私财产重大损失，构成犯罪的，依照《中华人民共和国道路交通安全法》第七十六条的规定确定赔偿责任。

附带民事诉讼当事人就民事赔偿问题达成调解、和解协议的，赔偿范围、数额不受第二款、第三款规定的限制。

第一百九十三条　人民检察院提起附带民事诉讼的，人民法院经审理，认为附带民事诉讼被告人依法应当承担赔偿责任的，应当判令附带民事诉讼被告人直接向遭受损失的单位作出赔偿；遭受损失的单位已经终止，有权利义务继受人的，应当判令其向继受人作出赔偿；没有权利义务继受人的，应当判令其向人民检察院交付赔偿款，由人民检察院上缴国库。

第一百九十四条　审理刑事附带民事诉讼案件，人民法院应当结合被告人赔偿被害人物质损失的情况认定其悔罪表现，并在量刑时予以考虑。

第一百九十五条　附带民事诉讼原告人经传唤，无正当理由拒不到庭，或者未经法庭许可中途退庭的，应当按撤诉处理。

刑事被告人以外的附带民事诉讼被告人经传唤，无正当理由拒不到庭，或者未经法庭许可中途退庭的，附带民事部分可以缺席判决。

刑事被告人以外的附带民事诉讼被告人下落不明，或者用公告送达以外的其他方式无法送达，可能导致刑事案件审判过分迟延的，可以不将其列为附带民事诉讼被告人，告知附带民事诉讼原告人另行提起民事诉讼。

第一百九十六条　附带民事诉讼应当同刑事案件一并审判，只有为了防止刑事案件审判的过分迟延，才可以在刑事案件审判后，由同一审判组织继续审理附带民事诉讼；同一审判组织的成员确实不能继续参与审判的，可以更换。

第一百九十七条　人民法院认定公诉案件被告人的行为不构成犯罪，对已经提起的附带民事诉讼，经调解不能达成协议的，可以一并作出刑事附带民事判决，也可以告知附带民事原告人另行提起民事诉讼。

人民法院准许人民检察院撤回起诉的公诉案件，对已经提起的附带民事诉讼，可以进行调解；不宜调解或者经调解不能达成协议的，应当裁定驳回起诉，并告知附带民事诉讼原告人可以另行提起民事诉讼。

第一百九十八条　第一审期间未提起附带民事诉讼，在第二审期间提起的，第二审人民法院可以依法进行调解；调解不成的，告知当事人可以在刑事判决、裁定生效后另行提起民事诉讼。

第二部分　主观题案例模拟演练

【案情简介】"滴滴司机故意杀人案"

2018年5月5日晚上，空姐李明珠在执行完飞行任务后，在郑州航空港区通过滴滴叫了一辆车赶往市里，结果失踪。5月8日，警方告知家属李明珠的遗体被找到，身中多刀。5月10日，滴滴公司向全社会公开征集线索，寻找一位名为刘振华的顺风车司机。2018年5月12日凌晨4时30分许，经多方努力、全力搜寻，警方在郑州市西三环附近一河渠内打捞出一具尸体。警方已对打捞出的尸体DNA样本完成鉴定，可以确认，此次打捞出的尸体确系杀害空姐李明珠的犯罪嫌疑人刘振华。因嫌疑人死亡，该案刑事部分将会被撤销。

【问题】

1. 本案可否提起附带民事诉讼？为什么？

2. 假如犯罪嫌疑人刘振华没有死亡，请问都有谁有权提起了附带民事诉讼？为什么？

3. 假如犯罪嫌疑人刘振华没有死亡，人民法院将刑事案件与附带民事诉讼部分分开审理的做法是否正确？为什么？

4. 假如犯罪嫌疑人刘振华没有死亡，人民法院查封、扣押被告财产的做法是否正确？为什么？

5. 假如犯罪嫌疑人刘振华没有死亡，一审判决后如李明珠的近亲属只针对附带民事部分提起上诉后，第二审人民法院发现刑事判决部分有错误，该如何处理？

6. 假如犯罪嫌疑人刘振华没有死亡，李明珠的近亲属提起附带民事诉讼后开庭时没有到庭，怎么处理？审理附带民事诉讼时刘振华没有到庭，怎么处理？

【解题思路】

1. **刑事附带民事诉讼的被告**。刑事附带民事诉讼被告是指对犯罪行为造成的物质损失负有赔偿义务的人。在大多数情况下，附带民事诉讼的被告限于刑事被告人本人，在有些情况下，其他主体也可能成为附带民事诉讼的共同被告。根据《刑诉解释》第143条的规定，可能成为附带民事诉讼被告的主体包括：刑事被告人以及未被追究刑事责任的其他共同侵害人，刑事被告人的监护人，死刑罪犯的遗产继承人，共同犯罪案件中案件审结前死亡的被告人的遗产继承人，对被害人的物质损失依法应当承担赔偿责任的其他单位和个人。

2. **刑事附带民事诉讼的审判**。附带民事诉讼的实质是依附于刑事诉讼，与刑事诉讼一并进行的附带的民事诉讼，其目的是在解决被告人的刑事责任问题的同时，正确而又及时地解决被告人的犯罪行为造成的被害人的物质损失问题。附带民事诉讼制度旨在提高诉讼效率，及时维护被害人的合法权益，因而附带民事诉讼原则上应与刑事诉讼一并审理。一并审理，是指附带民事诉讼部分与刑事诉讼部分在同一个诉讼程序中进行审理，即人民法院在开庭审理刑事案件时一并审理附带民事案件。由于民事诉讼是附带在刑事程序中进行的，故而在开庭审理过程中，人民法院应当首先对刑事部分进行法庭调查，刑事部分调查完毕后再进行民事部分的调查；在法庭辩论阶段，刑事部分的辩论终结后再进行民事部分的辩论；附带民事部分辩论结束后，可以就民事赔偿问题进行当庭调解，调解不成的，与刑事部分一并进入评议和裁判程序。但是当附带民事诉讼案件由于案情复杂或者当事人不能到案参与诉讼等原因而不能及时进行审理时，为了防止刑事案件过分迟延，人民法院也可以先对刑事案件进行审判，然后再由同一审判组织继续审理附带民事诉讼案件。因为刑事案件审理期限更为严格，为了及时惩处犯罪，就需要在法定的审理期限内及时审结案件。而且，如果刑事被告人处于被羁押状态，刑事案件的迟延审结将使被告人的合法权益受到不必要的损害。

3. **附带民事诉讼的上诉**。附带民事诉讼的实质是依附于刑事诉讼、与刑事诉讼一并进行的附带的民事诉讼，因此，对于上诉问题的处理也是有一定特殊性的。虽然，被告人或者被害人可以单独针对刑事部分或者附带民事诉讼部分提起上诉，但是由于我国二审坚持的是全面审查原则，因此，二审法院应该全面审查刑事部分和附带民事部分，如果发现刑事部分和附带民事部分均有错误、需要改判的，应当一并改判。根据《刑诉解释》第330条等相关规定，第二审人民法院审理对刑事部分提出上诉、抗诉，附带民事部分已经发生法律效力的案件，如果发现第一审判决或者裁定中的民事部分确有错误，应当按照审判监督程序对民事部分予以纠正。第二审人民法院审理对附带民事部分提出上诉、抗诉，刑事部分已经发生法律效力的案件，如果发现第一审判决或者裁定中的刑事部分确有错误，应当按照审判监督程序对刑事部分进行再审，并将附带民事部分与刑事部分一并审理。

【参考解析】

1. 本案被害人及其近亲属无权提起刑事附带民事诉讼。因为犯罪嫌疑人刘振华死亡，该案刑事部分被撤销。依据《刑事诉讼法》第101条第1款规定："被害人由于被告人的犯罪行为而遭受物质损失的，在刑事诉讼过程中，有权提起附带民事诉讼……"，即如果刑事部分作出撤销案件、不起诉的处理，附带民事诉讼不能继续进行，而应当另行提起民事诉讼。

2. 根据《刑事诉讼法》第101条第1款的规定："被害人由于被告人的犯罪行为而遭受物质损失的，在刑事诉讼过程中，有权提起附带民事诉讼。被害人死亡或者丧失行为能力的，被害人的法定代理人、近亲属有权提起附带民事诉讼。"本案中李明珠的近亲属有权提起附带民事诉讼。

3. 人民法院将刑事案件与附带民事诉讼部分分开审理的做法不正确。《刑事诉讼法》第104条规定："附带民事诉讼应当同刑事案件一并审判，为了防止刑事案件审判的过分迟延，可以在刑事案件审判后，由同一审判组织继续审理附带民事诉讼。"因此，根据该条的规定，只有在附带民事部分的案情较为复杂，影响刑事案件的审判进度的情况下，才可将其与刑事案件审理分开。本案的情况来看，附带民事部分的案情并不复杂，遂决定将两者分开审理，此种做法缺乏法律依据，是不正确的。

4. 人民法院查封、扣押被告人财产的做法是正确的，有相应的法律依据。《刑事诉讼法》第102条规定："人民法院在必要的时候，可以采取保全措施，查封、扣押或者冻结被告人的财产。附带民事诉讼原告人或者人民检察院可以申请人民法院采取保全措施。人民法院采取保全措施，适用民事诉讼法的有关规定。"《刑诉解释》第189条人民法院对可能因被告人的行为或者其他原因，使附带民事判决难以执行的案件，根据附带民事诉讼原告人的申请，可以裁定采取保全措施，查封、扣押或者冻结被告人的财产；附带民事诉讼原告人未提出申请的，必要时，人民法院也可以采取保全措施。

有权提起附带民事诉讼的人因情况紧急，不立即申请保全将会使其合法权益受到难以弥补的损害的，可以在提起附带民事诉讼前，向被保全财产所在地、被申请人居住地或者对案件有管辖权的人民法院申请采取保全措施。申请人在人民法院受理刑事案件后十五日以内未提起附带民事诉讼的，人民法院应当解除保全措施。

5. 李明珠的近亲属针对附带民事部分提起上诉后，第二审人民法院发现刑事判决部分有错误，因为此时刑事部分已经生效，无法在第二审程序中直接对其改判，因此，需要按照审判监督程序对刑事部分进行再审。同时，附带民事部分是依赖于刑事部分的，因此，在再审的过程中，应该与附带民事部分一并进行审理，作出裁判。

6. 根据《刑诉解释》第195条附带民事诉讼原告人经传唤，无正当理由拒不到庭，或者未经法庭许可中途退庭的，应当按撤诉处理。

刑事被告人以外的附带民事诉讼被告人经传唤，无正当理由拒不到庭，或者未经法庭许可中途退庭的，附带民事部分可以缺席判决。

刑事被告人以外的附带民事诉讼被告人下落不明，或者用公告送达以外的其他方式无法送达，可能导致刑事案件审判过分迟延的，可以不将其列为附带民事诉讼被告人，告知附带民事诉讼原告人另行提起民事诉讼。

本案中，审理附带民事诉讼时刘振华没有到庭，其符合了刑事被告人以外的附民被告人，经传唤，无正当理由不到庭，法庭"可以缺席判决"。

专题十 期间与送达

主观题重点法条内容提醒和详解

《刑事诉讼法》

第一百零五条 期间以时、日、月计算。

期间开始的时和日不算在期间以内。

法定期间不包括路途上的时间。上诉状或者其他文件在期满前已经交邮的,不算过期。

期间的最后一日为节假日的,以节假日后的第一日为期满日期,但犯罪嫌疑人、被告人或者罪犯在押期间,应当至期满之日为止,不得因节假日而延长。

第一百零六条 当事人由于不能抗拒的原因或者有其他正当理由而耽误期限的,在障碍消除后五日以内,可以申请继续进行应当在期满以前完成的诉讼活动。

前款申请是否准许,由人民法院裁定。

第一百零七条 送达传票、通知书和其他诉讼文件应当交给收件人本人;如果本人不在,可以交给他的成年家属或者所在单位的负责人员代收。

收件人本人或者代收人拒绝接收或者拒绝签名、盖章的时候,送达人可以邀请他的邻居或者其他见证人到场,说明情况,把文件留在他的住处,在送达证上记明拒绝的事由、送达的日期,由送达人签名,即认为已经送达。

《刑诉解释》

第二百零二条 以月计算的期间,自本月某日至下月同日为一个月;期限起算日为本月最后一日的,至下月最后一日为一个月;下月同日不存在的,自本月某日至下月最后一日为一个月;半个月一律按十五日计算。

以年计算的刑期,自本年本月某日至次年同月同日的前一日为一年;次年同月同日不存在的,自本年本月某日至次年同月最后一日的前一日为一年。以月计算的刑期,自本月某日至下月同日的前一日为一个月;刑期起算日为本月最后一日的,至下月最后一日的前一日为一个月;下月同日不存在的,自本月某日至下月最后一日的前一日为一个月;半个月一律按十五日计算。

第二百零三条 当事人由于不能抗拒的原因或者有其他正当理由而耽误期限,依法申请继续进行应当在期满前完成的诉讼活动的,人民法院查证属实后,应当裁定准许。

第二百零四条 送达诉讼文书,应当由收件人签收。收件人不在的,可以由其成年家属或者所在单位负责收件的人员代收。收件人或者代收人在送达回证上签收的日期为送达日期。

收件人或者代收人拒绝签收的,送达人可以邀请见证人到场,说明情况,在送达回证上注明拒收的事由和日期,由送达人、见证人签名或者盖章,将诉讼文书留在收件人、代收人的住处或者单位;也可以把诉讼文书留在受送达人的住处,并采用拍照、录像等方式记录送达过程,即视为送达。

第二百一十一条 审判期间,对被告人作精神病鉴定的时间不计入审理期限。

专题十一　立案程序

【主观题考前分析】

刑事诉讼中的立案，是指公安机关、人民检察院发现犯罪事实或者犯罪嫌疑人，或者公安机关、人民检察院、人民法院对于报案、控告、举报和自首的材料，以及自诉人起诉的材料，按照各自的管辖范围进行审查后，决定作为刑事案件进行侦查或者审判的一种诉讼活动。

本章重点掌握立案的材料来源、立案的条件、立案的程序，尤其是检察院对立案的监督，在案例方面的考查主要是和管辖章节的知识或侦查章节的知识结合考查。

第一部分　主观题重点法条内容提醒和详解

《刑事诉讼法》

第一百一十条　任何单位和个人发现有犯罪事实或者犯罪嫌疑人，有权利也有义务向公安机关、人民检察院或者人民法院报案或者举报。

被害人对侵犯其人身、财产权利的犯罪事实或者犯罪嫌疑人，有权向公安机关、人民检察院或者人民法院报案或者控告。

公安机关、人民检察院或者人民法院对于报案、控告、举报，都应当接受。对于不属于自己管辖的，应当移送主管机关处理，并且通知报案人、控告人、举报人；对于不属于自己管辖而又必须采取紧急措施的，应当先采取紧急措施，然后移送主管机关。

犯罪人向公安机关、人民检察院或者人民法院自首的，适用第三款规定。

第一百一十二条　人民法院、人民检察院或者公安机关对于报案、控告、举报和自首的材料，应当按照管辖范围，迅速进行审查，认为有犯罪事实需要追究刑事责任的时候，应当立案；认为没有犯罪事实，或者犯罪事实显著轻微，不需要追究刑事责任的时候，不予立案，并且将不立案的原因通知控告人。控告人如果不服，可以申请复议。

第一百一十三条　人民检察院认为公安机关对应当立案侦查的案件而不立案侦查的，或者被害人认为公安机关对应当立案侦查的案件而不立案侦查，向人民检察院提出的，人民检察院应当要求公安机关说明不立案的理由。人民检察院认为公安机关不立案理由不能成立的，应当通知公安机关立案，公安机关接到通知后应当立案。

第一百一十四条　对于自诉案件，被害人有权向人民法院直接起诉。被害人死亡或者丧失行为能力的，被害人的法定代理人、近亲属有权向人民法院起诉。人民法院应当依法受理。

《高检规则》

第一百六十七条　对于人民检察院直接受理侦查案件的线索，上级人民检察院在必要时，可以直接调查核实或者组织、指挥、参与下级人民检察院的调查核实，可以将下级人民检察院管辖的案件线索指定辖区内其他人民检察院调查核实，也可以将本院管辖的案件线索交由下级人民检察院调查核实；下级人民检察院认为案件线索重大、复杂，需要由上级人民检察院调查核实的，可以提请移送上级人民检察院调查核实。

第一百六十八条 调查核实一般不得接触被调查对象。必须接触被调查对象的，应当经检察长批准。

第一百六十九条 进行调查核实，可以采取询问、查询、勘验、检查、鉴定、调取证据材料等不限制被调查对象人身、财产权利的措施。不得对被调查对象采取强制措施，不得查封、扣押、冻结被调查对象的财产，不得采取技术侦查措施。

第一百七十三条 对于控告和实名举报，决定不予立案的，应当制作不立案通知书，写明案由和案件来源、决定不立案的原因和法律依据，由负责侦查的部门在十五日以内送达控告人、举报人，同时告知本院负责控告申诉检察的部门。

控告人如果不服，可以在收到不立案通知书后十日以内向上一级人民检察院申请复议。不立案的复议，由上一级人民检察院负责侦查的部门审查办理。

人民检察院认为被控告人、被举报人的行为未构成犯罪，决定不予立案，但需要追究其党纪、政纪、违法责任的，应当移送有管辖权的主管机关处理。

第二部分　主观题案例模拟演练

【案情简介】新城控股董事长猥亵女童案

上海普陀警方于 2019 年 6 月 30 日 22 时许接王女士报警，称其女儿被朋友周某某从江苏老家带至上海并入住本市一酒店，后其女儿在房间内遭到一男子猥亵。女童已验伤情，阴道有撕裂伤，构成轻伤。

2019 年 7 月 10 日，普陀区人民检察院以涉嫌猥亵儿童罪对王某某、周某某批准逮捕。据媒体报道，王某某今年五十余岁，是上市公司新城控股的董事长，目前对外公布总资产达 3000 多亿元人民币。同时还拥有一家港股上市公司。

【问题】

1. 普陀区公安机关遂对王某某、周某某展开初步调查工作。这一阶段公安机关可以采取什么措施？

2. 王女士报警，称其女儿被王某某猥亵，要求公安立案侦查，公安机关因考虑王某某是上市公司新城控股的董事长，如立案会引起上市公司股票波动，故不予立案，是否正确？为什么？

3. 如公安机关不立案，王女士有什么救济途径？

4. 检察院对公安的立案监督具体流程是什么？如公安机关不按照检察院的通知执行，检察院如何应对？

【解题思路】

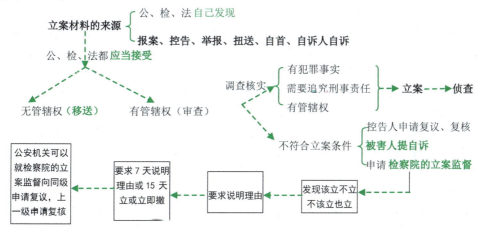

【参考解析】

1. 根据《公安机关办理刑事案件程序规定》第 171 条第 2、3 款的规定："对于在审查中发现案件事实或者线索不明的，必要时，经办案部门负责人批准，可以进行初查。初查过程中，公安机关可以依照有关法律和规定采取询问、查询、勘验、鉴定和调取证据材料等不限制被调查对象人身、财产权利的措施。"

2. 公安机关不立案错误。根据《刑事诉讼法》第 112 条的规定，公检法机关对于报案、控告、举报和自首的材料，应当按照管辖范围，迅速进行审查，认为有犯罪事实需要追究刑事责任的时候，应当立案；认为没有犯罪事实，或者犯罪事实显著轻微，不需要追究刑事责任的时候，不予立案，并且将不立案的原因通知控告人。控告人如果不服，可以申请复议。可知，立案必须同时具备两个条件：一是有犯罪事实，称为事实条件；二是需要追究刑事责任，称为法律条件。不需要知道其他的情形，其他的情形恰恰需要侦查机关侦查。本案中女童已验伤情，阴道有撕裂伤，构成轻伤，有犯罪事实，需要追究刑事责任，故公安机关不立案错误。

3. 王女士有下列救济途径：

（1）本案必须要先解决的一个问题是王女士的行为到底是什么性质，即报案、控告还是举报。报案是所有人都可以进行但是只知道事不知道实施主体；控告是只能被害人实施，知道事并且知道实施主体；举报是被害人以外的人，知道事并知道实施主体。可知本案属于举报。因为其王女士不是直接的被害人，所以其行为应该是举报而非控告。根据《公安机关办理刑事案件程序规定》第 176 条规定，控告人对不予立案决定不服的，可以在收到不予立案通知书后七日以内向作出决定的公安机关申请复议；公安机关应当在收到复议申请后七日以内作出决定，并书面通知控告人。可知只有控告人才能申请复议，故举报人王女士对公安机关不立案不能向公安机关申请复议。

（2）王女士可以申请检察院立案监督，依据《高检规则》第 557 条第 1 款的规定，被害人及其法定代理人、近亲属或者行政执法机关，认为公安机关对其控告或者移送的案件应当立案侦查而不立案侦查，或者当事人认为公安机关不应当立案而立案，向检察院提出的，检察院应当受理并进行审查。可知，控告人对于公安机关不立案决定不服可以向公安机关申请复议，但是复议并不是必经程序，被害人也可以直接向检察院申请立案监督。

（3）王女士可以去法院自诉，根据《刑事诉讼法》第 210 条的规定："自诉案件包括下列案件：（一）告诉才处理的案件；（二）被害人有证据证明的轻微刑事案件；（三）被害人有证据证明对被告人侵犯自己人身、财产权利的行为应当依法追究刑事责任，而公安机关或者检察院不予追究被告人刑事责任的案件。"可知，本案属于第（三）项，属于侵犯他人人身权利而公安机关不予追究其刑事责任。王女士是女童的法定代理人，享有替女童提起自诉权利。

4. 根据《刑事诉讼法》第113条的规定，检察院认为公安机关对应当立案侦查的案件而不立案侦查的，或者被害人认为公安机关对应当立案侦查的案件而不立案侦查，向检察院提出的，检察院应当要求公安机关说明不立案的理由。检察院认为公安机关不立案理由不能成立的，应当通知公安机关立案，公安机关接到通知后应当立案。本案中，存在猥亵犯罪的可能性，应当予以立案，而此时公安机关应当立案而不立案的，检察院应当先要求公安机关说明不立案的理由。再看理由是否成立后决定是否通知公安机关立案。

根据《高检规则》第564条的规定，人民检察院通知公安机关立案或者撤销案件的，应当依法对执行情况进行监督。公安机关在收到通知立案书或者通知撤销案件书后超过15日不予立案或者既不提出复议复核、也不撤销案件的，人民检察院应当发出纠正违法通知书予以纠正。公安机关仍不纠正的，报上一级人民检察院协商同级公安机关处理。

专题十二　侦查程序

【主观题考前分析】

年份	曾考过	题型
2021 年	侦查阶段撤销案件	简答
2013 年	技术侦查	问答题
2008 年延考	辨认	找错题

　　侦查是刑事诉讼的一个基本的、独立的诉讼阶段，是公诉案件的必经程序。公诉案件只有经过侦查，才能决定是否进行起诉和审判。

　　侦查，是指公安机关、人民检察院在办理案件过程中，依照法律进行的专门调查工作和有关的强制性措施。侦查是获得犯罪证据的手段，后面的起诉和审判阶段主要是对侦查阶段获得的证据进行审查和认证。主观题案例在这章出题方式非常灵活，侧重考查侦查行为，侦查羁押期限和补充侦查。2013 年曾经单独就"技术侦查和监视居住"的使用主体、案件范围以及适用程序结合"非法证据排除"规则出过案例大题。

第一部分　主观题重点法条内容提醒和详解

《刑事诉讼法》

第一百一十七条　当事人和辩护人、诉讼代理人、利害关系人对于司法机关及其工作人员有下列行为之一的，有权向该机关申诉或者控告：

　　（一）采取强制措施法定期限届满，不予以释放、解除或者变更的；

　　（二）应当退还取保候审保证金不退还的；

　　（三）对与案件无关的财物采取查封、扣押、冻结措施的；

　　（四）应当解除查封、扣押、冻结不解除的；

　　（五）贪污、挪用、私分、调换、违反规定使用查封、扣押、冻结的财物的。

　　受理申诉或者控告的机关应当及时处理。对处理不服的，可以向同级人民检察院申诉；人民检察院直接受理的案件，可以向上一级人民检察院申诉。人民检察院对申诉应当及时进行审查，情况属实的，通知有关机关予以纠正。

第一百一十八条　讯问犯罪嫌疑人必须由人民检察院或者公安机关的侦查人员负责进行。讯问的时候，侦查人员不得少于二人。

　　犯罪嫌疑人被送交看守所羁押以后，侦查人员对其进行讯问，应当在看守所内进行。

第一百一十九条　对不需要逮捕、拘留的犯罪嫌疑人，可以传唤到犯罪嫌疑人所在市、县内的指定地点或者到他的住处进行讯问，但是应当出示人民检察院或者公安机关的证明文件。对在现场发现的犯罪嫌疑人，经出示工作证件，可以口头传唤，但应当在讯问笔录中注明。

传唤、拘传持续的时间不得超过十二小时；案情特别重大、复杂，需要采取拘留、逮捕措施的，传唤、拘传持续的时间不得超过二十四小时。

不得以连续传唤、拘传的形式变相拘禁犯罪嫌疑人。传唤、拘传犯罪嫌疑人，应当保证犯罪嫌疑人的饮食和必要的休息时间。

第一百二十三条 侦查人员在讯问犯罪嫌疑人的时候，可以对讯问过程进行录音或者录像；对于可能判处无期徒刑、死刑的案件或者其他重大犯罪案件，应当对讯问过程进行录音或者录像。

录音或者录像应当全程进行，保持完整性。

第一百二十四条 侦查人员询问证人，可以在现场进行，也可以到证人所在单位、住处或者证人提出的地点进行，在必要的时候，可以通知证人到人民检察院或者公安机关提供证言。在现场询问证人，应当出示工作证件，到证人所在单位、住处或者证人提出的地点询问证人，应当出示人民检察院或者公安机关的证明文件。

询问证人应当个别进行。

第一百三十二条 为了确定被害人、犯罪嫌疑人的某些特征、伤害情况或者生理状态，可以对人身进行检查，可以提取指纹信息，采集血液、尿液等生物样本。

犯罪嫌疑人如果拒绝检查，侦查人员认为必要的时候，可以强制检查。

检查妇女的身体，应当由女工作人员或者医师进行。

第一百三十四条 人民检察院审查案件的时候，对公安机关的勘验、检查，认为需要复验、复查时，可以要求公安机关复验、复查，并且可以派检察人员参加。

第一百三十五条 为了查明案情，在必要的时候，经公安机关负责人批准，可以进行侦查实验。

侦查实验的情况应当写成笔录，由参加实验的人签名或者盖章。

侦查实验，禁止一切足以造成危险、侮辱人格或者有伤风化的行为。

第一百三十八条 进行搜查，必须向被搜查人出示搜查证。

在执行逮捕、拘留的时候，遇有紧急情况，不另用搜查证也可以进行搜查。

第一百三十九条 在搜查的时候，应当有被搜查人或者他的家属，邻居或者其他见证人在场。

搜查妇女的身体，应当由女工作人员进行。

第一百四十条 搜查的情况应当写成笔录，由侦查人员和被搜查人或者他的家属，邻居或者其他见证人签名或者盖章。如果被搜查人或者他的家属在逃或者拒绝签名、盖章，应当在笔录上注明。

第一百五十条 公安机关在立案后，对于危害国家安全犯罪、恐怖活动犯罪、黑社会性质的组织犯罪、重大毒品犯罪或者其他严重危害社会的犯罪案件，根据侦查犯罪的需要，经过严格的批准手续，可以采取技术侦查措施。

人民检察院在立案后，对于利用职权实施的严重侵犯公民人身权利的重大犯罪案件，根据侦查犯罪的需要，经过严格的批准手续，可以采取技术侦查措施，按照规定交有关机关执行。

追捕被通缉或者批准、决定逮捕的在逃的犯罪嫌疑人、被告人，经过批准，可以采取追捕所必需的技术侦查措施。

第一百五十一条 批准决定应当根据侦查犯罪的需要，确定采取技术侦查措施的种类和适用对象。批准决定自签发之日起三个月以内有效。对于不需要继续采取技术侦查措施的，应当及时解除；对于复杂、疑难案件，期限届满仍有必要继续采取技术侦查措施的，经过批准，有效期可以延长，每次不得超过三个月。

第一百五十二条　采取技术侦查措施，必须严格按照批准的措施种类、适用对象和期限执行。

侦查人员对采取技术侦查措施过程中知悉的国家秘密、商业秘密和个人隐私，应当保密；对采取技术侦查措施获取的与案件无关的材料，必须及时销毁。

采取技术侦查措施获取的材料，只能用于对犯罪的侦查、起诉和审判，不得用于其他用途。

公安机关依法采取技术侦查措施，有关单位和个人应当配合，并对有关情况予以保密。

第一百五十四条　依照本节规定采取侦查措施收集的材料在刑事诉讼中可以作为证据使用。如果使用该证据可能危及有关人员的人身安全，或者可能产生其他严重后果的，应当采取不暴露有关人员身份、技术方法等保护措施，必要的时候，可以由审判人员在庭外对证据进行核实。

第一百六十条　在侦查期间，发现犯罪嫌疑人另有重要罪行的，自发现之日起依照本法第一百五十六条的规定重新计算侦查羁押期限。

犯罪嫌疑人不讲真实姓名、住址，身份不明的，应当对其身份进行调查，侦查羁押期限自查清其身份之日起计算，但是不得停止对其犯罪行为的侦查取证。对于犯罪事实清楚，证据确实、充分，确实无法查明其身份的，也可以按其自报的姓名起诉、审判。

第一百六十一条　在案件侦查终结前，辩护律师提出要求的，侦查机关应当听取辩护律师的意见，并记录在案。辩护律师提出书面意见的，应当附卷。

第一百六十二条　公安机关侦查终结的案件，应当做到犯罪事实清楚，证据确实、充分，并且写出起诉意见书，连同案卷材料、证据一并移送同级人民检察院审查决定；同时将案件移送情况告知犯罪嫌疑人及其辩护律师。

犯罪嫌疑人自愿认罪的，应当记录在案，随案移送，并在起诉意见书中写明有关情况。

《高检规则》

第二百二十四条　辨认应当在检察人员的主持下进行，执行辨认的人员不得少于二人。在辨认前，应当向辨认人详细询问被辨认对象的具体特征，避免辨认人见到被辨认对象，并应当告知辨认人有意作虚假辨认应负的法律责任。

第二百二十五条　几名辨认人对同一被辨认对象进行辨认时，应当由每名辨认人单独进行。必要时，可以有见证人在场。

第二百二十六条　辨认时，应当将辨认对象混杂在其他对象中。不得在辨认前向辨认人展示辨认对象及其影像资料，不得给辨认人任何暗示。

辨认犯罪嫌疑人时，被辨认的人数不得少于七人，照片不得少于十张。

辨认物品时，同类物品不得少于五件，照片不得少于五张。

对犯罪嫌疑人的辨认，辨认人不愿公开进行时，可以在不暴露辨认人的情况下进行，并应当为其保守秘密。

第二百五十六条　经公安机关商请或者人民检察院认为确有必要时，可以派员适时介入重大、疑难、复杂案件的侦查活动，参加公安机关对于重大案件的讨论，对案件性质、收集证据、适用法律等提出意见，监督侦查活动是否合法。

经监察机关商请，人民检察院可以派员介入监察机关办理的职务犯罪案件。

《公安部规定》

第一百九十一条　公安机关对已经立案的刑事案件，应当及时进行侦查，全面、客观地收集、调取犯罪嫌疑人有罪或者无罪、罪轻或者罪重的证据材料。

第一百九十二条 公安机关经过侦查，对有证据证明有犯罪事实的案件，应当进行预审，对收集、调取的证据材料的真实性、合法性、关联性及证明力予以审查、核实。

第一百九十三条 公安机关侦查犯罪，应当严格依照法律规定的条件和程序采取强制措施和侦查措施，严禁在没有证据的情况下，仅凭怀疑就对犯罪嫌疑人采取强制措施和侦查措施。

第一百九十六条 当事人和辩护人、诉讼代理人、利害关系人对于公安机关及其侦查人员有下列行为之一的，有权向该机关申诉或者控告：

（一）采取强制措施法定期限届满，不予以释放、解除或者变更的；

（二）应当退还取保候审保证金不退还的；

（三）对与案件无关的财物采取查封、扣押、冻结措施的；

（四）应当解除查封、扣押、冻结不解除的；

（五）贪污、挪用、私分、调换、违反规定使用查封、扣押、冻结的财物的。

受理申诉或者控告的公安机关应当及时进行调查核实，并在收到申诉、控告之日起三十日以内作出处理决定，书面回复申诉人、控告人。发现公安机关及其侦查人员有上述行为之一的，应当立即纠正。

第一百九十八条 讯问犯罪嫌疑人，除下列情形以外，应当在公安机关执法办案场所的讯问室进行：

（一）紧急情况下在现场进行讯问的；

（二）对有严重伤病或者残疾、行动不便的，以及正在怀孕的犯罪嫌疑人，在其住处或者就诊的医疗机构进行讯问的。

对于已送交看守所羁押的犯罪嫌疑人，应当在看守所讯问室进行讯问。

对于正在被执行行政拘留、强制隔离戒毒的人员以及正在监狱服刑的罪犯，可以在其执行场所进行讯问。

对于不需要拘留、逮捕的犯罪嫌疑人，经办案部门负责人批准，可以传唤到犯罪嫌疑人所在市、县公安机关执法办案场所或者到他的住处进行讯问。

第二百条 传唤持续的时间不得超过十二小时。案情特别重大、复杂，需要采取拘留、逮捕措施的，经办案部门负责人批准，传唤持续的时间不得超过二十四小时。不得以连续传唤的形式变相拘禁犯罪嫌疑人。

传唤期限届满，未作出采取其他强制措施决定的，应当立即结束传唤。

第二百零一条 传唤、拘传、讯问犯罪嫌疑人，应当保证犯罪嫌疑人的饮食和必要的休息时间，并记录在案。

第二百零二条 讯问犯罪嫌疑人，必须由侦查人员进行。讯问的时候，侦查人员不得少于二人。

讯问同案的犯罪嫌疑人，应当个别进行。

第二百零三条 侦查人员讯问犯罪嫌疑人时，应当首先讯问犯罪嫌疑人是否有犯罪行为，并告知犯罪嫌疑人享有的诉讼权利，如实供述自己罪行可以从宽处理以及认罪认罚的法律规定，让他陈述有罪的情节或者无罪的辩解，然后向他提出问题。

犯罪嫌疑人对侦查人员的提问，应当如实回答。但是对与本案无关的问题，有拒绝回答的权利。

第二百零四条 讯问聋、哑的犯罪嫌疑人，应当有通晓聋、哑手势的人参加，并在讯问笔录上注明犯罪嫌疑人的聋、哑情况，以及翻译人员的姓名、工作单位和职业。

讯问不通晓当地语言文字的犯罪嫌疑人，应当配备翻译人员。

第二百零五条 侦查人员应当将问话和犯罪嫌疑人的供述或者辩解如实地记录清楚。制作讯问笔录应当使用能够长期保持字迹的材料。

第二百零六条 讯问笔录应当交犯罪嫌疑人核对；对于没有阅读能力的，应当向他宣读。如果记录有遗漏或者差错，应当允许犯罪嫌疑人补充或者更正，并捺指印。笔录经犯罪嫌疑人核对无误后，应当由其在笔录上逐页签名、捺指印，并在末页写明"以上笔录我看过（或向我宣读过），和我说的相符"。拒绝签名、捺指印的，侦查人员应当在笔录上注明。

讯问笔录上所列项目，应当按照规定填写齐全。侦查人员、翻译人员应当在讯问笔录上签名。

第二百零八条 讯问犯罪嫌疑人，在文字记录的同时，可以对讯问过程进行录音录像。对于可能判处无期徒刑、死刑的案件或者其他重大犯罪案件，应当对讯问过程进行录音录像。

前款规定的"可能判处无期徒刑、死刑的案件"，是指应当适用的法定刑或者量刑档次包含无期徒刑、死刑的案件。"其他重大犯罪案件"，是指致人重伤、死亡的严重危害公共安全犯罪、严重侵犯公民人身权利犯罪，以及黑社会性质组织犯罪、严重毒品犯罪等重大故意犯罪案件。

对讯问过程录音录像的，应当对每一次讯问全程不间断进行，保持完整性。不得选择性地录制，不得剪接、删改。

第二百一十条 询问证人、被害人，可以在现场进行，也可以到证人、被害人所在单位、住处或者证人、被害人提出的地点进行。在必要的时候，可以书面、电话或者当场通知证人、被害人到公安机关提供证言。

询问证人、被害人应当个别进行。

在现场询问证人、被害人，侦查人员应当出示人民警察证。到证人、被害人所在单位、住处或者证人、被害人提出的地点询问证人、被害人，应当经办案部门负责人批准，制作询问通知书。询问前，侦查人员应当出示询问通知书和人民警察证。

第二百一十一条 询问前，应当了解证人、被害人的身份，证人、被害人、犯罪嫌疑人之间的关系。询问时，应当告知证人、被害人必须如实地提供证据、证言和有意作伪证或者隐匿罪证应负的法律责任。

侦查人员不得向证人、被害人泄露案情或者表示对案件的看法，严禁采用暴力、威胁等非法方法询问证人、被害人。

第二百一十三条 侦查人员对于与犯罪有关的场所、物品、人身、尸体应当进行勘验或者检查，及时提取、采集与案件有关的痕迹、物证、生物样本等。在必要的时候，可以指派或者聘请具有专门知识的人，在侦查人员的主持下进行勘验、检查。

第二百一十六条 勘查现场，应当拍摄现场照片、绘制现场图，制作笔录，由参加勘查的人和见证人签名。对重大案件的现场勘查，应当录音录像。

第二百一十七条 为了确定被害人、犯罪嫌疑人的某些特征、伤害情况或者生理状态，可以对人身进行检查，依法提取、采集肖像、指纹等人体生物识别信息，采集血液、尿液等生物样本。被害人死亡的，应当通过被害人近亲属辨认、提取生物样本鉴定等方式确定被害人身份。

犯罪嫌疑人拒绝检查、提取、采集的，侦查人员认为必要的时候，经办案部门负责人批准，可以强制检查、提取、采集。

检查妇女的身体，应当由女工作人员或者医师进行。

检查的情况应当制作笔录，由参加检查的侦查人员、检查人员、被检查人员和见证人签名。被检查人员拒绝签名的，侦查人员应当在笔录中注明。

第二百一十八条 为了确定死因，经县级以上公安机关负责人批准，可以解剖尸体，并且通知死者家属到场，让其在解剖尸体通知书上签名。

死者家属无正当理由拒不到场或者拒绝签名的，侦查人员应当在解剖尸体通知书上注明。对身份不明的尸体，无法通知死者家属的，应当在笔录中注明。

第二百二十条 公安机关进行勘验、检查后，人民检察院要求复验、复查的，公安机关应当进行复验、复查，并可以通知人民检察院派员参加。

第二百二十一条 为了查明案情，在必要的时候，经县级以上公安机关负责人批准，可以进行侦查实验。

进行侦查实验，应当全程录音录像，并制作侦查实验笔录，由参加实验的人签名。

进行侦查实验，禁止一切足以造成危险、侮辱人格或者有伤风化的行为。

第二百二十二条 为了收集犯罪证据、查获犯罪人，经县级以上公安机关负责人批准，侦查人员可以对犯罪嫌疑人以及可能隐藏罪犯或者犯罪证据的人的身体、物品、住处和其他有关的地方进行搜查。

第二百二十三条 进行搜查，必须向被搜查人出示搜查证，执行搜查的侦查人员不得少于二人。

第二百二十四条 执行拘留、逮捕的时候，遇有下列紧急情况之一的，不用搜查证也可以进行搜查：

（一）可能随身携带凶器的；

（二）可能隐藏爆炸、剧毒等危险物品的；

（三）可能隐匿、毁弃、转移犯罪证据的；

（四）可能隐匿其他犯罪嫌疑人的；

（五）其他突然发生的紧急情况。

第二百二十五条 进行搜查时，应当有被搜查人或者他的家属、邻居或者其他见证人在场。

公安机关可以要求有关单位和个人交出可以证明犯罪嫌疑人有罪或者无罪的物证、书证、视听资料等证据。遇到阻碍搜查的，侦查人员可以强制搜查。

搜查妇女的身体，应当由女工作人员进行。

第二百二十六条 搜查的情况应当制作笔录，由侦查人员和被搜查人或者他的家属，邻居或者其他见证人签名。

如果被搜查人拒绝签名，或者被搜查人在逃，他的家属拒绝签名或者不在场的，侦查人员应当在笔录中注明。

第二百二十七条 在侦查活动中发现的可用以证明犯罪嫌疑人有罪或者无罪的各种财物、文件，应当查封、扣押；但与案件无关的财物、文件，不得查封、扣押。

持有人拒绝交出应当查封、扣押的财物、文件的，公安机关可以强制查封、扣押。

第二百二十八条 在侦查过程中需要扣押财物、文件的，应当经办案部门负责人批准，制作扣押决定书；在现场勘查或者搜查中需要扣押财物、文件的，由现场指挥人员决定；但扣押财物、文件价值较高或者可能严重影响正常生产经营的，应当经县级以上公安机关负责人批准，制作扣押决定书。

在侦查过程中需要查封土地、房屋等不动产，或者船舶、航空器以及其他不宜移动的大型机器、设备等特定动产的，应当经县级以上公安机关负责人批准并制作查封决定书。

第二百三十条　对查封、扣押的财物和文件，应当会同在场见证人和被查封、扣押财物、文件的持有人查点清楚，当场开列查封、扣押清单一式三份，写明财物或者文件的名称、编号、数量、特征及其来源等，由侦查人员、持有人和见证人签名，一份交给持有人，一份交给公安机关保管人员，一份附卷备查。

对于财物、文件的持有人无法确定，以及持有人不在现场或者拒绝签名的，侦查人员应当在清单中注明。

依法扣押文物、贵金属、珠宝、字画等贵重财物的，应当拍照或者录音录像，并及时鉴定、估价。

执行查封、扣押时，应当为犯罪嫌疑人及其所扶养的亲属保留必需的生活费用和物品。能够保证侦查活动正常进行的，可以允许有关当事人继续合理使用有关涉案财物，但应当采取必要的保值、保管措施。

第二百三十一条　对作为犯罪证据但不便提取或者没有必要提取的财物、文件，经登记、拍照或者录音录像、估价后，可以交财物、文件持有人保管或者封存，并且开具登记保存清单一式两份，由侦查人员、持有人和见证人签名，一份交给财物、文件持有人，另一份连同照片或者录音录像资料附卷备查。财物、文件持有人应当妥善保管，不得转移、变卖、毁损。

第二百三十二条　扣押犯罪嫌疑人的邮件、电子邮件、电报，应当经县级以上公安机关负责人批准，制作扣押邮件、电报通知书，通知邮电部门或者网络服务单位检交扣押。

不需要继续扣押的时候，应当经县级以上公安机关负责人批准，制作解除扣押邮件、电报通知书，立即通知邮电部门或者网络服务单位。

第二百三十三条　对查封、扣押的财物、文件、邮件、电子邮件、电报，经查明确实与案件无关的，应当在三日以内解除查封、扣押，退还原主或者原邮电部门、网络服务单位；原主不明确的，应当采取公告方式告知原主认领。在通知原主或者公告后六个月以内，无人认领的，按照无主财物处理，登记后上缴国库。

第二百三十四条　有关犯罪事实查证属实后，对于有证据证明权属明确且无争议的被害人合法财产及其孳息，且返还不损害其他被害人或者利害关系人的利益，不影响案件正常办理的，应当在登记、拍照或者录音录像和估价后，报经县级以上公安机关负责人批准，开具发还清单返还，并在案卷材料中注明返还的理由，将原物照片、发还清单和被害人的领取手续存卷备查。

领取人应当是涉案财物的合法权利人或者其委托的人；委托他人领取的，应当出具委托书。侦查人员或者公安机关其他工作人员不得代为领取。

查找不到被害人，或者通知被害人后，无人领取的，应当将有关财产及其孳息随案移送。

第二百三十五条　对查封、扣押的财物及其孳息、文件，公安机关应当妥善保管，以供核查。任何单位和个人不得违规使用、调换、损毁或者自行处理。

县级以上公安机关应当指定一个内设部门作为涉案财物管理部门，负责对涉案财物实行统一管理，并设立或者指定专门保管场所，对涉案财物进行集中保管。

对价值较低、易于保管，或者需要作为证据继续使用，以及需要先行返还被害人的涉案财物，可以由办案部门设置专门的场所进行保管。办案部门应当指定不承担办案工作的民警负责本部门涉案财物的接收、保管、移交等管理工作；严禁由侦查人员自行保管涉案财物。

第二百三十六条　在侦查期间，对于易损毁、灭失、腐烂、变质而不宜长期保存，或者难以保管的物品，经县级以上公安机关主要负责人批准，可以在拍照或者录音录像后委托有关部门变卖、拍卖，变卖、拍卖的价款暂予保存，待诉讼终结后一并处理。

对于违禁品，应当依照国家有关规定处理；需要作为证据使用的，应当在诉讼终结后处理。

第二百三十八条 向金融机构等单位查询犯罪嫌疑人的存款、汇款、证券交易结算资金、期货保证金等资金，债券、股票、基金份额和其他证券，以及股权、保单权益和其他投资权益等财产，应当经县级以上公安机关负责人批准，制作协助查询财产通知书，通知金融机构等单位协助办理。

第二百三十九条 需要冻结犯罪嫌疑人财产的，应当经县级以上公安机关负责人批准，制作协助冻结财产通知书，明确冻结财产的账户名称、账户号码、冻结数额、冻结期限、冻结范围以及是否及于孳息等事项，通知金融机构等单位协助办理。

冻结股权、保单权益的，应当经设区的市一级以上公安机关负责人批准。

冻结上市公司股权的，应当经省级以上公安机关负责人批准。

第二百四十二条 犯罪嫌疑人的财产已被冻结的，不得重复冻结，但可以轮候冻结。

第二百四十三条 冻结存款、汇款、证券交易结算资金、期货保证金等财产的期限为六个月。每次续冻期限最长不得超过六个月。

对于重大、复杂案件，经设区的市一级以上公安机关负责人批准，冻结存款、汇款、证券交易结算资金、期货保证金等财产的期限可以为一年。每次续冻期限最长不得超过一年。

第二百四十四条 冻结债券、股票、基金份额等证券的期限为二年。每次续冻期限最长不得超过二年。

第二百四十六条 对冻结的债券、股票、基金份额等财产，应当告知当事人或者其法定代理人、委托代理人有权申请出售。

权利人书面申请出售被冻结的债券、股票、基金份额等财产，不损害国家利益、被害人、其他权利人利益，不影响诉讼正常进行的，以及冻结的汇票、本票、支票的有效期即将届满的，经县级以上公安机关负责人批准，可以依法出售或者变现，所得价款应当继续冻结在其对应的银行账户中；没有对应的银行账户的，所得价款由公安机关在银行指定专门账户保管，并及时告知当事人或者其近亲属。

第二百四十七条 对冻结的财产，经查明确实与案件无关的，应当在三日以内通知金融机构等单位解除冻结，并通知被冻结财产的所有人。

第二百四十九条 公安机关应当为鉴定人进行鉴定提供必要的条件，及时向鉴定人送交有关检材和对比样本等原始材料，介绍与鉴定有关的情况，并且明确提出要求鉴定解决的问题。

禁止暗示或者强迫鉴定人作出某种鉴定意见。

第二百五十条 侦查人员应当做好检材的保管和送检工作，并注明检材送检环节的责任人，确保检材在流转环节中的同一性和不被污染。

第二百五十五条 经审查，发现有下列情形之一的，经县级以上公安机关负责人批准，应当重新鉴定：

（一）鉴定程序违法或者违反相关专业技术要求的；

（二）鉴定机构、鉴定人不具备鉴定资质和条件的；

（三）鉴定人故意作虚假鉴定或者违反回避规定的；

（四）鉴定意见依据明显不足的；

（五）检材虚假或者被损坏的；

（六）其他应当重新鉴定的情形。

重新鉴定，应当另行指派或者聘请鉴定人。

经审查，不符合上述情形的，经县级以上公安机关负责人批准，作出不准予重新鉴定的决定，并在作出决定后三日以内书面通知申请人。

第二百五十六条 公诉人、当事人或者辩护人、诉讼代理人对鉴定意见有异议，经人民法院依法通知的，公安机关鉴定人应当出庭作证。

鉴定人故意作虚假鉴定的，应当依法追究其法律责任。

第二百五十七条 对犯罪嫌疑人作精神病鉴定的时间不计入办案期限，其他鉴定时间都应当计入办案期限。

第二百五十八条 为了查明案情，在必要的时候，侦查人员可以让被害人、证人或者犯罪嫌疑人对与犯罪有关的物品、文件、尸体、场所或者犯罪嫌疑人进行辨认。

第二百五十九条 辨认应当在侦查人员的主持下进行。主持辨认的侦查人员不得少于二人。

几名辨认人对同一辨认对象进行辨认时，应当由辨认人个别进行。

第二百六十条 辨认时，应当将辨认对象混杂在特征相类似的其他对象中，不得在辨认前向辨认人展示辨认对象及其影像资料，不得给辨认人任何暗示。

辨认犯罪嫌疑人时，被辨认的人数不得少于七人；对犯罪嫌疑人照片进行辨认的，不得少于十人的照片。

辨认物品时，混杂的同类物品不得少于五件；对物品的照片进行辨认的，不得少于十个物品的照片。

对场所、尸体等特定辨认对象进行辨认，或者辨认人能够准确描述物品独有特征的，陪衬物不受数量的限制。

第二百六十一条 对犯罪嫌疑人的辨认，辨认人不愿意公开进行时，可以在不暴露辨认人的情况下进行，并应当为其保守秘密。

第二百六十二条 对辨认经过和结果，应当制作辨认笔录，由侦查人员、辨认人、见证人签名。必要时，应当对辨认过程进行录音录像。

第二百六十三条 公安机关在立案后，根据侦查犯罪的需要，可以对下列严重危害社会的犯罪案件采取技术侦查措施：

（一）危害国家安全犯罪、恐怖活动犯罪、黑社会性质的组织犯罪、重大毒品犯罪案件；

（二）故意杀人、故意伤害致人重伤或者死亡、强奸、抢劫、绑架、放火、爆炸、投放危险物质等严重暴力犯罪案件；

（三）集团性、系列性、跨区域性重大犯罪案件；

（四）利用电信、计算机网络、寄递渠道等实施的重大犯罪案件，以及针对计算机网络实施的重大犯罪案件；

（五）其他严重危害社会的犯罪案件，依法可能判处七年以上有期徒刑的。

公安机关追捕被通缉或者批准、决定逮捕的在逃的犯罪嫌疑人、被告人，可以采取追捕所必需的技术侦查措施。

第二百六十六条 批准采取技术侦查措施的决定自签发之日起三个月以内有效。

在有效期限内，对不需要继续采取技术侦查措施的，办案部门应当立即书面通知负责技术侦查的部门解除技术侦查措施；负责技术侦查的部门认为需要解除技术侦查措施的，报批准机关负责人批准，制作解除技术侦查措施决定书，并及时通知办案部门。

对复杂、疑难案件，采取技术侦查措施的有效期限届满仍需要继续采取技术侦查措施的，经负责技术侦查的部门审核后，报批准机关负责人批准，制作延长技术侦查措施期限决定书。批准延长期限，每次不得超过三个月。

有效期限届满，负责技术侦查的部门应当立即解除技术侦查措施。

第二百六十八条 采取技术侦查措施收集的材料在刑事诉讼中可以作为证据使用。使用技术侦查措施收集的材料作为证据时，可能危及有关人员的人身安全，或者可能产生其他严重后果的，应当采取不暴露有关人员身份和使用的技术设备、侦查方法等保护措施。

采取技术侦查措施收集的材料作为证据使用的，采取技术侦查措施决定书应当附卷。

第二百六十九条 采取技术侦查措施收集的材料，应当严格依照有关规定存放，只能用于对犯罪的侦查、起诉和审判，不得用于其他用途。

采取技术侦查措施收集的与案件无关的材料，必须及时销毁，并制作销毁记录。

第二百七十条 侦查人员对采取技术侦查措施过程中知悉的国家秘密、商业秘密和个人隐私，应当保密。

公安机关依法采取技术侦查措施，有关单位和个人应当配合，并对有关情况予以保密。

第二百七十一条 为了查明案情，在必要的时候，经县级以上公安机关负责人决定，可以由侦查人员或者公安机关指定的其他人员隐匿身份实施侦查。

隐匿身份实施侦查时，不得使用促使他人产生犯罪意图的方法诱使他人犯罪，不得采用可能危害公共安全或者发生重大人身危险的方法。

第二百七十二条 对涉及给付毒品等违禁品或者财物的犯罪活动，为查明参与该项犯罪的人员和犯罪事实，根据侦查需要，经县级以上公安机关负责人决定，可以实施控制下交付。

第二百七十三条 公安机关依照本节规定实施隐匿身份侦查和控制下交付收集的材料在刑事诉讼中可以作为证据使用。

使用隐匿身份侦查和控制下交付收集的材料作为证据时，可能危及隐匿身份人员的人身安全，或者可能产生其他严重后果的，应当采取不暴露有关人员身份等保护措施。

第二百七十四条 应当逮捕的犯罪嫌疑人在逃的，经县级以上公安机关负责人批准，可以发布通缉令，采取有效措施，追捕归案。

县级以上公安机关在自己管辖的地区内，可以直接发布通缉令；超出自己管辖的地区，应当报请有权决定的上级公安机关发布。

通缉令的发送范围，由签发通缉令的公安机关负责人决定。

第二百九十四条 认为人民检察院作出的不起诉决定有错误的，应当在收到不起诉决定书后七日以内制作要求复议意见书，经县级以上公安机关负责人批准后，移送人民检察院复议。

要求复议的意见不被接受的，可以在收到人民检察院的复议决定书后七日以内制作提请复核意见书，经县级以上公安机关负责人批准后，连同人民检察院的复议决定书，一并提请上一级人民检察院复核。

第二百九十五条 侦查终结，移送人民检察院审查起诉的案件，人民检察院退回公安机关补充侦查的，公安机关接到人民检察院退回补充侦查的法律文书后，应当按照补充侦查提纲在一个月以内补充侦查完毕。

补充侦查以二次为限。

必考点详解：辨认

辨认	**主持**	(1) **批准**：公安机关和人民检察院侦查人员，自行决定辨认都无需领导批准。 (2) **现场监督**：*《高检规则》第224条 辨认应当在检察人员的主持下进行，执行辨认的人员不得少于二人。在辨认前，应当向辨认人详细询问被辨认对象的具体特征，避免辨认人见到被辨认对象，并应当告知辨认人有意作虚假辨认应负的法律责任。 ①对辨认情况、经过和结果，应当制作辨认笔录，由侦查人员、辨认人、见证人签名。**必要时**，应当对辨认过程进行录音或者录像。 ②辨认的情况，应当制作笔录，由检察人员、辨认人、见证人签字。对辨认对象应当拍照，必要时可以对辨认过程进行录音、录像。
	方法	(1) **个别原则**：*《高检规则》第225条 几名辨认人对同一被辨认对象进行辨认时，应当由每名辨认人单独进行。必要时，可以有见证人在场。 (2) **混杂原则**：辨认时，应当将辨认对象混杂在其他人员或物品中，在辨认前，侦查人员应当向被辨认人详细询问被辨认人的具体特征，不得给辨认人以任何暗示。 ①*《公安部规定》第260条： (a) 辨认犯罪嫌疑人、被害人时，被辨认的不少于7人，对犯罪嫌疑人照片不少于10张； (b) 辨认物品时，同类物品不少于5张；对物品的照片进行辨认的，不得少于十个物品的照片。 对场所、尸体等特定辨认对象进行辨认，或者辨认人能够准确描述物品独有特征的，陪衬物不受数量的限制。 ②*《高检规则》第226条规定： (a) 辨认犯罪嫌疑人、被害人时，被辨认的人不少于7人，照片不少于10张； (b) 辨认物品时，同类物品不得少于5件，照片不得少于5张。 对犯罪嫌疑人的辨认，辨认人不愿公开进行时，可以在不暴露辨认人的情况下进行，并应当为其保守秘密。 (3) **防止预断**：禁止辨认人见到被辨认人或者被辨认物，并应当告知辨认人有意作假辨认应负的法律责任。

第二部分 主观题案例模拟演练

【案情简介】——张某投放危险物质案

2006年7月27日，某省甲县A村多人出现中毒症状，其中两人经抢救无效死亡。甲县公安局于7月28日接到报案，尽管尚未查清中毒原因，但由于案情重大，公安机关于当天作出刑事立案决定书，对该案迅速展开侦查。甲县公安局当天即封锁了被害人家的厨房，在现场勘验、检查中共提取了50多件物品，其中40多件物品均无任何记录，不能证明物证来源，笔录中只记载提取5件物品，且无见证人签名。经法医鉴定两被害人系氟乙酸盐鼠药中毒身亡。公安机关经侦查认为死者邻居张某有重大嫌疑，并将其逮捕。张某到案之初未承认犯罪，但在侦查阶段和检察机关审查批捕提讯时曾经作过多次有罪供述，自审查起诉起则始终否认作案，称警方刑讯逼供导致其作出有罪供述。

2006年10月11日，甲县公安局以张某涉嫌故意杀人罪将案件移送甲县人民检察院审查起诉，甲县人民检察院认为该案罪名认定错误，遂口头通知甲县公安机关补充侦查。补充侦查完毕，甲县公安机关以张某涉嫌投放危险物质罪，再次向甲县人民检察院移送审查起诉。甲县人民检察院于同年11月6日将该案转某市人民检察院审查起诉。

审查起诉期间，张某的委托辩护律师丁某通过调查取证和查阅案卷材料发现，侦查人员涉嫌刑讯逼供，在审讯过程中张某存在咬舌自尽行为，且张某身体出现多处伤残情形。此外，案卷显示侦查人员办案存在"分身术"的问题，办案人员在同一个时间段内在多份证人调查笔录上出现签名；有的证人调查笔录上则没有侦查人员签名。某市人民检察院听取了辩护人丁某的上述意见，认为该案事实不清，遂退回补充侦查两次。2007年2月6日，某市人民检察院以张某投放危险物质罪向某市中级人民法院提起公诉。

第一次开庭庭审中，张某当庭翻供，并指控警察游某、翁某刑讯逼供。某市中级人民法院认为没有证据证明侦查人员对被告人张某实施了刑讯逼供，被告人张某的辩解不能成立。某市中级人民法院判处张某死刑，剥夺政治权利终身。张某不服提出上诉。某省高级人民法院认为证据不足将该案发回重审。该案前后历时8年，从2006年案发到2011年共历经了8次庭审，其中3次因"事实不清、证据不足"被撤销原判并发回重审，6次报请最高人民法院延期审理，被告人张某4次被判处死刑。2014年6月，某省高级人民法院对本案进行了终审开庭审理。

在终审审理过程中，检方出示了张某首次作出有罪供述过程的审讯录像以证明审讯的合法性。经审理查明，张某首次有罪供述的笔录内容与在案审讯录像内容不完全一致，且在案审讯录像内容不完整。在案审讯录像中断一小时，录像中断之前张某一直辩解自己没有投毒，中断之后张某则作了有罪供述。警察朱某出庭证实，张某在警察朱某和游某、翁某等人对其进行"思想教育"的过程中咬了舌头，但不能举证证明对张某的"思想教育"没有采用刑讯逼供手段。经审理查明，张某关于鼠药来源的多次庭前供述与证人证言不相符；供述把鼠药放在货架上毒老鼠，但从货架表面与旁边地面上提取的灰尘中均未能检出鼠药成分，亦形不成印证；供述的作案工具、剩余鼠药，均未能查获。

此外，法庭上控辩双方聘请的专家辅助人均指出，在被害人尿液、心血和呕吐物的鉴定过程中，鉴定机构未按照专业规范要求进行"空白"对照检验，以防止假阳性检验结果，因此难以排除检材被污染的可能。

2014年8月22日，某省高级人民法院经审理作出终审判决，认为原判认定的致死原因、投毒方式、毒物来源依据不充分，与张某的有罪供述不能相互印证，原判事实不清、证据不足，不能得出张某作案的唯一结论，遂撤销某市中级人民法院作出的一审判决，判决张某无罪，不承担民事赔偿责任。

【问题】

1. 试根据案件材料，分析本案中各诉讼阶段专门机关诉讼行为的违法之处。

2. 从案件材料来看，公安机关收集的迹据中哪些属于非法证据？哪些属于瑕疵证据？

3. 试结合本案谈谈在被告人翻供情况下如何对庭前供述进行审查判断？

【解题思路】

1. 刑事立案条件的把握。立案是刑事诉讼活动的开始，一旦启动刑事诉讼程序，将对被追诉人的权利造成较大的影响。因此，刑事立案必须符合法定的立案条件。根据《刑事诉讼法》第112条的规定，刑事立案必须同时具备两个条件：一是有犯罪事实，称为事实条件；二是需要追究刑事责任，称为法律条件。本案中，甲县公安机关的刑事立案行为正确与否也应据此进行判断。

2. 侦查行为的程序要求。本案材料中的侦查行为主要涉及讯问犯罪嫌疑人、询问证人、勘验检查、鉴定等。侦查行为必须依照法律规定的程序和方式进行。关于讯问犯罪嫌疑人、询问证人的程序性要求，本案主要涉及《刑事诉讼法》第52条、第122条和第123条的规定：严禁刑讯逼供和以威胁、引诱、欺骗以及其他非法方法收集证据，不得强迫任何人证实自己有罪；侦查人员应当在笔录上签名；讯问过程录音或者录像应当全程进行，保持完整性。关于勘验、检查的程序性要求，《刑事诉讼法》第133条规定：勘验、检查的情况应当写成笔录，由参加勘验、检查的人和见证人签名或者盖章。关于鉴定的程序性要求，本案主要适用《公安部规定》的相关规定，即侦查人员应当做好检材的保管和送检工作，并注明检材送检环节的责任人，确保检材在流转环节中的同一性和不被污染；鉴定人应当按照鉴定规则，运用科学方法独立进行鉴定。参照上述法律规定和相关司法解释，本案中所涉侦查行为均存在一定的不规范性。

3. 审查起诉的内容及补充侦查的程序要求。审查起诉的目的是通过对案件的全面审查确保正确提起公诉，发现和纠正侦查活动中的违法行为。侦查活动是否合法是审查起诉的核心内容之一。根据《刑事诉讼法》第57条和《刑诉规则》第342条、第346条的规定，人民检察院接到报案、控告、举报或者发现侦查人员以非法方法收集证据的，应当进行调查核实。对于确有以非法方法收集证据情形的，应当提出纠正意见；构成犯罪的，依法追究刑事责任。审查起诉中对于犯罪事实不清、证据不足或者遗漏罪行、遗漏同案犯罪嫌疑人等情形需要补充侦查的，应当提出具体书面意见。补充侦查以两次为限。就本案而言，某市人民检察院在听取了丁某关于本案存在非法取证情形的辩护意见后，理应启动非法证据排除程序而不是退回补充侦查。本案关于退回补充侦查的适用理由和次数也与《刑事诉讼法》和相关司法解释的规定不符。

4. 审判阶段非法证据排除规则和疑罪从无原则的适用。

（1）关于非法证据排除规则的适用。《刑事诉讼法》第58条第2款规定，当事人及其辩护人、诉讼代理人有权申请人民法院对以非法方法收集的证据依法予以排除。申请排除以非法方法收集的证据的，应当提供相关线索或者材料。法庭应当对证据收集的合法性进行法庭调查，且应当由人民检察院对证据收集的合法性加以证明。根据《严格排除非法证据规定》第36条的规定，对于证据收集合法性的调查结论，法庭应当在判决书中予以阐释和说明。

（2）关于疑罪从无原则的落实。疑罪从无是现代法治国家处理刑事疑案的普遍做法，亦为我国《刑事诉讼法》所明文确认。但实践中疑罪从无原则却难以落实，本案就是一个典型案例。本案历时8年3次发回重审，判处4次死刑，3次发回重审的理由都是"事实不清、证据不足"。由于我国《刑事诉讼法》在2012年修改之前对于因案件事实不清、证据不足而发回重审的次数没有限制，因此，本案中多次发回重审的做法当时未涉违法，但在案件存疑的情况下屡次发回重审，实际上是对疑罪从无原则的规避。

5. 对非法证据和瑕疵证据的审查与运用。瑕疵证据是指侦查机关未侵犯公民的宪法性基本权利而仅仅以轻微违法的方式获得的证据材料。非法证据则指以严重侵犯基本人权或严重影响司法公正的违法方式收集的证据。非法证据则分为非法言词证据和非法实物证据。非法言词证据包括采用刑讯逼供等非法方法收集的犯罪嫌疑人、被告人供述，采用暴力、威胁等非法方法收集的证人证言、被害人陈述。非法实物证据则指违反法定程序收集的会严重影响司法公正的物证、书证。在我国，非法言词证据适用强制性排除规则，非法实物证据适用裁量性排除规则，瑕疵证据则适用可补正的排除规则。瑕疵证据和非法证据的根本区别在于违法的严重程度不同。具体而言，可从两个方面进行理解：（1）取证的违法程度是否侵害了公民的宪法性权利。如果取证手段严重违法，造成对公民宪法性权利的侵害，那么，取得的证据就属于非法证据；反之，一般属于瑕疵证据。（2）取证的违法程度是否影响证据的真实性或客观性。如果取证程序严重违法以致极有可能破坏证据的客观性或真实性，不可能通过补正或合理解释消除违法造成的后果，那么，取得的证据就属于非法证据；反之，一般属于瑕疵证据。关于非法证据和瑕疵证据的主要表现形式及其审查运用可参考《刑诉解释》第69～103条。

6. 对被告人供述和辩解的审查与认定，尤其是庭审供述与庭前供述不一致时如何进行审查判断的问题。根据《刑诉解释》第83条的规定，当庭审供述与庭前供述矛盾时，应遵循以下审查采信规则：（1）审查被告人供述和辩解，应当结合控辩双方提供的所有证据以及被告人的全部供述和辩解进行。（2）被告人庭审中翻供，但不能合理说明翻供原因或者其辩解与全案证据矛盾，而其庭前供述与其他证据相互印证的，可以采信其庭前供述。（3）被告人庭前供述和辩解存在反复，但庭审中供认，且与其他证据相互印证的，可以采信其庭审供述；被告人庭前供述和辩解存在反复，庭审中不供认，且无其他证据与庭前供述印证的，不得采信其庭前供述。除此之外，还应结合该解释第80～81条的规定，对被告人庭前供述的合法性着重进行审查。被告人庭前供述存在刑讯逼供或讯问笔录没有经被告人核对确认等严重侵权和严重违法行为的，不得采信。

7. 对二审因事实不清、证据不足发回重审制度的理解。发回重审是《刑事诉讼法》规定的二审之后的案件处理方式之一。一审法院在认定案件事实时难免出现错误，在刑事二审中将不能或不便在二审法院查清事实的案件发回原审法院审理，有利于对实体正义的追求。但是，因事实不清、证据不足发回重审制度与《刑事诉讼法》所规定的"疑罪从无"原则存在一定矛盾。尤其是2012年以前我国《刑事诉讼法》没有对刑事案件发回重审的次数进行限制。实践中很多案件因事实不清、证据不足反复发回重审，造成了司法资源的浪费，也严重违背了疑罪从无原则之人权保障的精神内涵。为了缓解发回重审制度与"疑罪从无"原则之间的冲突，现行《刑事诉讼法》第236条第2款规定，原审人民法院对于发回重新审判的案件作出判决后，被告人提出上诉或者人民检察院提出抗诉的，第二审人民法院应当依法作出判决或者裁定，不得再发回原审人民法院重新审判。

【参考解析】

1. 本案中各诉讼阶段专门机关的诉讼行为存在以下违法之处：

（1）立案阶段。甲县公安机关在尚未查清被害人中毒原因的情况下，在接到报案当天即作出刑事立案决定是错误的。案情重大并非法定立案条件。甲县公安机关尚未查清被害人中毒原因，也就无法确定是否有犯罪事实发生，因而接到报案当天尚不具备刑事立案的事实条件。

（2）侦查阶段。①根据材料，甲县公安机关的审讯录像中断一小时，违反了《刑事诉讼法》关于讯问录音录像应当不间断进行，保持完整性的规定；讯问犯罪嫌疑人未能排除刑讯逼供的可能。②办案人员在同一个时间段内在多份证人调查笔录上出现签名，有的证人调查笔录上则没有侦查人员签名。上述取证行为违反了《刑事诉讼法》关于询问笔录应由侦查人员签名的规定，涉嫌仿签冒签，所获取的证人证言不符合证据形式的合法要件。③本案中，甲县公安机关在现场勘验、检查中提取了50多件物品，但笔录中只记载提取5件物品，且无见证人签名。这一做法违反了《刑事诉讼法》关于勘验检查的程序性要求。经勘验、检查提取的物证、书证都必须制作提取笔录，且必须有见证人签名，以证实物证、书证的真实性和关联性。④本案中，鉴定人在被害人尿液、心血和呕吐物的检验过程中，没有按照专业规范要求进行"空白"对照检验。鉴定人的这一做法违背了鉴定规则，鉴定程序和方法错误。

（3）审查起诉阶段。①甲县人民检察院以甲县公安局认定罪名有误为由口头通知甲县公安机关补充侦查的做法错误。其一，补充侦查适用于犯罪事实不清、证据不足或者遗漏罪行、遗漏同案犯罪嫌疑人等情形，公安机关罪名认定错误的，检察机关有权予以变更而不是退回补充侦查；其二，退回补充侦查应当附有具体的书面意见，说明需要补充侦查的问题和要求，不能采取口头通知的方式。②本案审查起诉中共3次退回补充侦查的做法是错误的。根据《刑事诉讼法》的规定，审查起诉中补充侦查以两次为限。要注意的是，本案中存在检察机关改变管辖问题，但改变管辖后退回补充侦查的次数不因改变管辖而发生变化，即总共不得超过两次。③某市人民检察院在听取了丁某关于本案存在非法取证情形的辩护意见后，以案件事实不清为由退回补充侦查的做法错误。人民检察院在审查起诉中发现可能存在非法收集证据情形的，应当启动非法证据排除程序；发现侦查人员非法收集犯罪嫌疑人供述、被害人陈述、证人证言等情形的，应当依法排除非法证据并提出纠正意见，同时可以要求侦查机关另行指派侦查人员重新调查取证，必要时人民检察院也可以自行调查取证。

（4）审判阶段。①某市中级人民法院对张某在第一次开庭审理中关于刑讯逼供的指控的处理错误。法院以没有证据证明侦查人员对被告人张某实施了刑讯逼供为由认为被告人张某的辩解不能成立，实际上是要求被告人张某承担非法证据的证明责任，与《刑事诉讼法》的规定相悖。②某省高级人民法院终审判决被告人张某无罪，但终审判决对非法证据排除问题不予提及的做法是错误的。根据《严格排除非法证据规定》，人民法院对证据收集合法性的审查、调查结论，应当在裁判文书中写明，并说明理由。

2. 本案材料中涉及的非法证据包括：（1）物证，侦查人员现场勘验、检查中提取了却没有制作提取笔录或清单，不能说明物证来源的40多件物品，不能作为定案根据。（2）犯罪嫌疑人供述，张某当庭翻供并指控警察游某、翁某刑讯逼供，经法庭调查不能排除存在以非法方法收集证据的情形，庭前供述不能作为定案根据。（3）视听资料，在案审讯录像内容不完整，审讯录像中断一小时，控方没有提供必要证明或作出合理解释，不能作为定案根据。（4）鉴定意见，鉴定人没有按要求进行"空白"对照检验，鉴定过程不符合相关专业的规范要求，关于被害人尿液、心血和呕吐物的鉴定意见不能作为定案根据。

本案材料中涉及的瑕疵证据包括：（1）物证，侦查人员现场勘验、检查提取笔录中记录的5件物品（有提取笔录但没有见证人签名）。（2）证人证言，询问笔录中同一时段同一询问人员询问不同证人的，询问笔录没有询问人员签名的。上述瑕疵证据经过侦查人员补正或作出合理解释，可以采用。

3. 本案中，张某庭前供述和辩解存在反复，庭审中当庭翻供。根据《刑诉解释》的相关规定，对张某的庭前供述可从以下两个方面进行审查：

（1）合法性审查。从终审审理情况来看，检方出示了张某首次有罪供述的审讯录像，警察朱某也出庭对审讯情况进行了说明。但有罪供述的笔录内容与在案审讯录像内容不完全一致，且在案审讯录像内容不完整，审讯录像中断一小时，且中断前后张某供述出现根本变化。警察出庭后不能举证证明对张某的"思想教育"没有采用刑讯逼供手段。根据上述情况，不能排除存在以非法方法收集证据的情形。

（2）客观性审查。从终审审理情况来看，张某关于鼠药来源的多次庭前供述与证人证言不相符；供述把鼠药放在货架上毒老鼠，但从货架表面与旁边地面上提取的灰尘中均未能检出鼠药成分，亦形不成印证；供述的作案工具、剩余鼠药，均未能查获。庭前供述与其他证据不能相互印证，相关证据矛盾和疑点无法合理解释、排除，张某庭前供述的客观性存疑。综上，张某的庭前供述不足以采信。

专题十三　起　诉

【主观题考前分析】

年份	曾考过	题型
2016 年	补充起诉	问答题
2007 年	增加、变更起诉	找错题
2004 年	补充侦查	问答题
2002 年	检察院的起诉书	司法文书

刑事起诉，是指享有控诉权的国家机关和公民，依法向人民法院提起诉讼，请求人民法院对指控的内容进行审判，以确定被告人刑事责任并依法予以刑事制裁的诉讼活动。起诉是刑事诉讼的重要程序之一。按照行使追诉权的主体不同，可分为公诉和自诉两种方式。我国刑事诉讼实行以公诉为主，自诉为辅的犯罪追诉机制。2022 年在主观案例题中出现"补充侦查、追加、变更、撤回、补充、监察委补充调查"等知识点的案例可能性很大。因为《高检规则》修改，在审查起诉中增加了诸多新考点，尤其是监察程序和刑诉法衔接问题，针对漏罪漏人的问题处理，还有认罪认罚不起诉的规定。

第一部分　主观题重点法条内容提醒和详解

《刑事诉讼法》

第一百七十条　人民检察院对于监察机关移送起诉的案件，依照本法和监察法的有关规定进行审查。人民检察院经审查，认为需要补充核实的，应当退回监察机关补充调查，必要时可以自行补充侦查。

对于监察机关移送起诉的已采取留置措施的案件，人民检察院应当对犯罪嫌疑人先行拘留，留置措施自动解除。人民检察院应当在拘留后的十日以内作出是否逮捕、取保候审或者监视居住的决定。在特殊情况下，决定的时间可以延长一日至四日。人民检察院决定采取强制措施的期间不计入审查起诉期限。

第一百七十二条　人民检察院对于监察机关、公安机关移送起诉的案件，应当在一个月以内作出决定，重大、复杂的案件，可以延长十五日；犯罪嫌疑人认罪认罚，符合速裁程序适用条件的，应当在十日以内作出决定，对可能判处的有期徒刑超过一年的，可以延长至十五日。

人民检察院审查起诉的案件，改变管辖的，从改变后的人民检察院收到案件之日起计算审查起诉期限。

第一百七十四条　犯罪嫌疑人自愿认罪，同意量刑建议和程序适用的，应当在辩护人或者值班律师在场的情况下签署认罪认罚具结书。

犯罪嫌疑人认罪认罚，有下列情形之一的，不需要签署认罪认罚具结书：

（一）犯罪嫌疑人是盲、聋、哑人，或者是尚未完全丧失辨认或者控制自己行为能力的精神病人的；

（二）未成年犯罪嫌疑人的法定代理人、辩护人对未成年人认罪认罚有异议的；

（三）其他不需要签署认罪认罚具结书的情形。

第一百七十五条　人民检察院审查案件，可以要求公安机关提供法庭审判所必需的证据材料；认为可能存在本法第五十六条规定的以非法方法收集证据情形的，可以要求其对证据收集的合法性作出说明。

人民检察院审查案件，对于需要补充侦查的，可以退回公安机关补充侦查，也可以自行侦查。

对于补充侦查的案件，应当在一个月以内补充侦查完毕。补充侦查以二次为限。补充侦查完毕移送人民检察院后，人民检察院重新计算审查起诉期限。

对于二次补充侦查的案件，人民检察院仍然认为证据不足，不符合起诉条件的，应当作出不起诉的决定。

第一百七十六条　人民检察院认为犯罪嫌疑人的犯罪事实已经查清，证据确实、充分，依法应当追究刑事责任的，应当作出起诉决定，按照审判管辖的规定，向人民法院提起公诉，并将案卷材料、证据移送人民法院。

犯罪嫌疑人认罪认罚的，人民检察院应当就主刑、附加刑、是否适用缓刑等提出量刑建议，并随案移送认罪认罚具结书等材料。

第一百七十七条　犯罪嫌疑人没有犯罪事实，或者有本法第十六条规定的情形之一的，人民检察院应当作出不起诉决定。

对于犯罪情节轻微，依照刑法规定不需要判处刑罚或者免除刑罚的，人民检察院可以作出不起诉决定。

人民检察院决定不起诉的案件，应当同时对侦查中查封、扣押、冻结的财物解除查封、扣押、冻结。对被不起诉人需要给予行政处罚、处分或者需要没收其违法所得的，人民检察院应当提出检察意见，移送有关主管机关处理。有关主管机关应当将处理结果及时通知人民检察院。

第一百七十八条　不起诉的决定，应当公开宣布，并且将不起诉决定书送达被不起诉人和他的所在单位。如果被不起诉人在押，应当立即释放。

第一百七十九条　对于公安机关移送起诉的案件，人民检察院决定不起诉的，应当将不起诉决定书送达公安机关。公安机关认为不起诉的决定有错误的时候，可以要求复议，如果意见不被接受，可以向上一级人民检察院提请复核。

第一百八十条　对于有被害人的案件，决定不起诉的，人民检察院应当将不起诉决定书送达被害人。被害人如果不服，可以自收到决定书后七日以内向上一级人民检察院申诉，请求提起公诉。人民检察院应当将复查决定告知被害人。对人民检察院维持不起诉决定的，被害人可以向人民法院起诉。被害人也可以不经申诉，直接向人民法院起诉。人民法院受理案件后，人民检察院应当将有关案件材料移送人民法院。

第一百八十一条　对于人民检察院依照本法第一百七十七条第二款规定作出的不起诉决定，被不起诉人如果不服，可以自收到决定书后七日以内向人民检察院申诉。人民检察院应当作出复查决定，通知被不起诉的人，同时抄送公安机关。

第一百八十二条　犯罪嫌疑人自愿如实供述涉嫌犯罪的事实，有重大立功或者案件涉及国家重大利益的，经最高人民检察院核准，公安机关可以撤销案件，人民检察院可以作出不起诉决定，也可以对涉嫌数罪中的一项或者多项不起诉。

根据前款规定不起诉或者撤销案件的，人民检察院、公安机关应当及时对查封、扣押、冻结的财物及其孳息作出处理。

《高检规则》

第三百二十八条 各级人民检察院提起公诉，应当与人民法院审判管辖相适应。负责捕诉的部门收到移送起诉的案件后，经审查认为不属于本院管辖的，应当在发现之日起五日以内经由负责案件管理的部门移送有管辖权的人民检察院。

属于上级人民法院管辖的第一审案件，应当报送上级人民检察院，同时通知移送起诉的公安机关；属于同级其他人民法院管辖的第一审案件，应当移送有管辖权的人民检察院或者报送共同的上级人民检察院指定管辖，同时通知移送起诉的公安机关。

上级人民检察院受理同级公安机关移送起诉的案件，认为属于下级人民法院管辖的，可以交下级人民检察院审查，由下级人民检察院向同级人民法院提起公诉，同时通知移送起诉的公安机关。

一人犯数罪、共同犯罪和其他需要并案审理的案件，只要其中一人或者一罪属于上级人民检察院管辖的，全案由上级人民检察院审查起诉。

公安机关移送起诉的案件，需要依照刑事诉讼法的规定指定审判管辖的，人民检察院应当在公安机关移送起诉前协商同级人民法院办理指定管辖有关事宜。

第三百三十二条 人民检察院认为需要对案件中某些专门性问题进行鉴定而监察机关或者公安机关没有鉴定的，应当要求监察机关或者公安机关进行鉴定。必要时，也可以由人民检察院进行鉴定，或者由人民检察院聘请有鉴定资格的人进行鉴定。

人民检察院自行进行鉴定的，可以商请监察机关或者公安机关派员参加，必要时可以聘请有鉴定资格或者有专门知识的人参加。

第三百三十五条 人民检察院审查案件时，对监察机关或者公安机关的勘验、检查，认为需要复验、复查的，应当要求其复验、复查，人民检察院可以派员参加；也可以自行复验、复查，商请监察机关或者公安机关派员参加，必要时也可以指派检察技术人员或者聘请其他有专门知识的人参加。

第三百四十一条 人民检察院在审查起诉中发现有应当排除的非法证据，应当依法排除，同时可以要求监察机关或者公安机关另行指派调查人员或者侦查人员重新取证。必要时，人民检察院也可以自行调查取证。

第三百四十六条 退回监察机关补充调查、退回公安机关补充侦查的案件，均应当在一个月以内补充调查、补充侦查完毕。

补充调查、补充侦查以二次为限。

补充调查、补充侦查完毕移送起诉后，人民检察院重新计算审查起诉期限。

人民检察院负责捕诉的部门退回本院负责侦查的部门补充侦查的期限、次数按照本条第一款至第三款的规定执行。

第三百五十六条 人民检察院在办理公安机关移送起诉的案件中，发现遗漏罪行或者有依法应当移送起诉的同案犯罪嫌疑人未移送起诉的，应当要求公安机关补充侦查或者补充移送起诉。对于犯罪事实清楚，证据确实、充分的，也可以直接提起公诉。

第三百五十七条 人民检察院立案侦查时认为属于直接受理侦查的案件，在审查起诉阶段发现属于监察机关管辖的，应当及时商监察机关办理。属于公安机关管辖，案件事实清楚，证据确实、充分，符合起诉条件的，可以直接起诉；事实不清、证据不足的，应当及时移送有管辖权的机关办理。

在审查起诉阶段，发现公安机关移送起诉的案件属于监察机关管辖，或者监察机关移送起诉的案件属于公安机关管辖，但案件事实清楚、证据确实、充分，符合起诉条件的，经征求监察机关、公安机关意见后，没有不同意见的，可以直接起诉；提出不同意见，或者事实不清、证据不足的，应当将案件退回移送案件的机关并说明理由，建议其移送有管辖权的机关办理。

总结如下：

侦查阶段	审查起诉	处理方式	
检察院侦查案件	发现属于监察委管	应当及时商监察机关办理	
	发现归公安管	不用商量	事实清楚、证据充分的，直接起诉
			不符合起诉条件，移送有关机关处理
监察委调查案件	发现归公安管	要征求双方	没有不同意见的，可以直接起诉
公安侦查的案件	发现归监察委管		有意见或事实不清、证据不足，退回

第三百六十三条 在审查起诉期间，人民检察院可以根据辩护人的申请，向监察机关、公安机关调取在调查、侦查期间收集的证明犯罪嫌疑人、被告人无罪或者罪轻的证据材料。

第三百六十四条 人民检察院提起公诉的案件，可以向人民法院提出量刑建议。除有减轻处罚或者免除处罚情节外，量刑建议应当在法定量刑幅度内提出。建议判处有期徒刑、管制、拘役的，可以具有一定的幅度，也可以提出具体确定的建议。

提出量刑建议的，可以制作量刑建议书，与起诉书一并移送人民法院。量刑建议书的主要内容应当包括被告人所犯罪行的法定刑、量刑情节、建议人民法院对被告人判处刑罚的种类、刑罚幅度、可以适用的刑罚执行方式以及提出量刑建议的依据和理由等。

认罪认罚案件的量刑建议，按照本章第二节的规定办理。

第三百六十五条 人民检察院对于监察机关或者公安机关移送起诉的案件，发现犯罪嫌疑人没有犯罪事实，或者符合刑事诉讼法第十六条规定的情形之一的，经检察长批准，应当作出不起诉决定。

对于犯罪事实并非犯罪嫌疑人所为，需要重新调查或者侦查的，应当在作出不起诉决定后书面说明理由，将案卷材料退回监察机关或者公安机关并建议重新调查或者侦查。

第三百六十六条 负责捕诉的部门对于本院负责侦查的部门移送起诉的案件，发现具有本规则第三百六十五条第一款规定情形的，应当退回本院负责侦查的部门，建议撤销案件。

第三百六十七条 人民检察院对于二次退回补充调查或者补充侦查的案件，仍然认为证据不足，不符合起诉条件的，经检察长批准，依法作出不起诉决定。

人民检察院对于经过一次退回补充调查或者补充侦查的案件，认为证据不足，不符合起诉条件，且没有再次退回补充调查或者补充侦查必要的，经检察长批准，可以作出不起诉决定。

第三百六十九条 人民检察院根据刑事诉讼法第一百七十五条第四款规定决定不起诉的，在发现新的证据，符合起诉条件时，可以提起公诉。

第三百七十条 人民检察院对于犯罪情节轻微，依照刑法规定不需要判处刑罚或者免除刑罚的，经检察长批准，可以作出不起诉决定。

第三百七十一条 人民检察院直接受理侦查的案件，以及监察机关移送起诉的案件，拟作不起诉决定的，应当报请上一级人民检察院批准。

第三百七十七条 不起诉决定书应当送达被害人或者其近亲属及其诉讼代理人、被不起诉人及其辩护人以及被不起诉人所在单位。送达时，应当告知被害人或者其近亲属及其诉讼代理人，如果对不起诉决定不服，可以自收到不起诉决定书后七日以内向上一级人民检察院申诉；也可以不经申诉，直接向人民法院起诉。依照刑事诉讼法第一百七十七条第二款作出不起诉决定的，应当告知被不起诉人，如果对不起诉决定不服，可以自收到不起诉决定书后七日以内向人民检察院申诉。

第三百七十八条 对于监察机关或者公安机关移送起诉的案件，人民检察院决定不起诉的，应当将不起诉决定书送达监察机关或者公安机关。

第三百七十九条 监察机关认为不起诉的决定有错误，向上一级人民检察院提请复议的，上一级人民检察院应当在收到提请复议意见书后三十日以内，经检察长批准，作出复议决定，通知监察机关。

公安机关认为不起诉决定有错误要求复议的，人民检察院负责捕诉的部门应当另行指派检察官或者检察官办案组进行审查，并在收到要求复议意见书后三十日以内，经检察长批准，作出复议决定，通知公安机关。

第三百八十条 公安机关对不起诉决定提请复核的，上一级人民检察院应当在收到提请复核意见书后三十日以内，经检察长批准，作出复核决定，通知提请复核的公安机关和下级人民检察院。经复核认为下级人民检察院不起诉决定错误的，应当指令下级人民检察院纠正，或者撤销、变更下级人民检察院作出的不起诉决定。

第三百八十二条 被害人不服不起诉决定，在收到不起诉决定书七日以后提出申诉的，由作出不起诉决定的人民检察院负责控告申诉检察的部门进行审查。经审查，认为不起诉决定正确的，出具审查结论直接答复申诉人，并做好释法说理工作；认为不起诉决定可能存在错误的，移送负责捕诉的部门进行复查。

第三百八十三条 人民检察院应当将复查决定书送达被害人、被不起诉人和作出不起诉决定的人民检察院。

上级人民检察院经复查作出起诉决定的，应当撤销下级人民检察院的不起诉决定，交由下级人民检察院提起公诉，并将复查决定抄送移送起诉的监察机关或者公安机关。

第三百八十九条 最高人民检察院对地方各级人民检察院的起诉、不起诉决定，上级人民检察院对下级人民检察院的起诉、不起诉决定，发现确有错误的，应当予以撤销或者指令下级人民检察院纠正。

第二部分　主观题案例模拟演练

【案情简介】赵宇案

黑龙江哈尔滨小伙赵宇发出求救微博，称自己因阻止女邻居被打，与施暴者产生肢体冲突，却因涉嫌"故意伤害"被刑拘多日。2018年12月29日，李某报警，正在医院陪护临产妻子的赵宇，因涉嫌故意伤害罪被警方刑拘。

2019年2月20日，福州市公安局晋安分局以过失致人重伤罪将赵宇移交晋安区人民检察院。福州市公安局官方2019年2月21日凌晨发布案情通报称，检方认为，赵宇的行为属正当防卫，但超过必要限度，造成了被害人李某重伤的后果。鉴于赵宇有制止不法侵害的行为，为弘扬社会正气，鼓励见义勇为，综合全案事实证据，对赵宇作出不起诉决定。

后在最高人民检察院指导下，福建省人民检察院指令福州市人民检察院对该案进行了审查。经审查认为，赵宇的行为属于正当防卫，不应当追究刑事责任，原不起诉决定书认定防卫过当属适用法律错误，依法决定予以撤销，对赵宇作出无罪的不起诉决定。最高人民检察院表示，严格依法对赵宇一案进行纠正，有利于鼓励见义勇为行为，弘扬社会正气，欢迎社会各界监督支持检察工作。

【问题】

1. 最高人民检察院审查，认为，原不起诉决定书认定防卫过当属适用法律错误，依法决定予以撤销，对赵宇作出无罪的不起诉决定是否正确？为什么？

2. 福州市公安局晋安分局以过失致人重伤罪将赵宇移交晋安区人民检察院审查起诉，请问检察院应该向哪级法院提起公诉？

3. 晋安区人民检察院审查起诉时要履行哪些程序？

4. 福州市公安局晋安分局将赵宇移交晋安区人民检察院审查起诉，如赵宇在逃、丧失诉讼行为能力的如何处理？

5. 福建省人民检察院指令福州市人民检察院对该案进行了审查。经审查认为，赵宇的行为属于正当防卫，没有犯罪事实，请问对赵宇应该如何处理？

6. 福州市公安局晋安分局移送审查起诉的案件遗漏罪行或同案犯应该如何处理？

7. 福州市晋安区人民检察院在审查起诉中发现新的犯罪事实，应该如何处理？福州市晋安区人民检察院在审查起诉中发现犯罪并非赵宇所为，应该如何处理？

【解题思路】

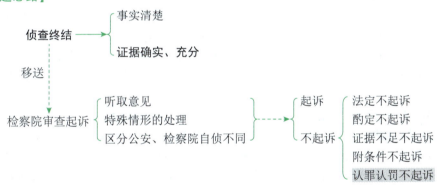

【参考解析】

1. 根据《高检规则》第389条的规定，最高人民检察院对地方各级人民检察院的起诉、不起诉决定，上级人民检察院对下级人民检察院的起诉、不起诉决定，发现确有错误的，应当予以撤销或者指令下级人民检察院纠正。

全国检察机关作为一个整体的独立，上下级之间是领导与被领导的关系，在刑事诉讼中，上级检察院可以直接撤销或者变更下级检察院的决定；发现下级检察院办理的案件有错误的，有权指令下级检察院予以纠正。也就是说作为上级检察院可以直接插手下级检察院办理的案件。所以最高人民检察院审查，认为，原不起诉决定书认定防卫过当属适用法律错误，依法决定予以撤销，对赵宇作出无罪的不起诉决定正确。

2. 根据《高检规则》第328条的规定：各级人民检察院提起公诉，应当与人民法院审判管辖相适应。负责捕诉的部门收到移送起诉的案件后，经审查认为不属于本院管辖的，应当在发现之日起五日以内经由负责案件管理的部门移送有管辖权的人民检察院。属于上级人民法院管辖的第一审案件，应当报送上级人民检察院，同时通知移送起诉的公安机关；属于同级其他人民法院管辖的第一审案件，应当移送有管辖权的人民检察院或者报送共同的上级人民检察院指定管辖，同时通知移送起诉的公安机关。上级人民检察院受理同级公安机关移送起诉的案件，认为属于下级人民法院管辖的，可以交下级人民检察院审查，由下级人民检察院向同级人民法院提起公诉，同时通知移送起诉的公安机关。

据此，福州市公安局晋安分局将赵宇移交晋安区人民检察院审查起诉，晋安区人民检察院应当向福州市晋安区人民法院提起公诉，应当通知移送的公安机关。

3. 根据《刑事诉讼法》第173条的规定：人民检察院审查案件，应当讯问犯罪嫌疑人，听取辩护人、被害人及其诉讼代理人的意见，并记录在案。辩护人、被害人及其诉讼代理人提出书面意见的，应当附卷。

4. 根据《高检规则》第158条第3款的规定，对于移送起诉的案件，犯罪嫌疑人在逃的，应当要求公安机关采取措施保证犯罪嫌疑人到案后再移送起诉。共同犯罪案件中部分犯罪嫌疑人在逃的，对在案犯罪嫌疑人的移送起诉应当受理。

即人民检察院在审查起诉过程中发现犯罪嫌疑人脱逃的，一方面，应当及时通知侦查机关，要求侦查机关开展追捕活动；另一方面，人民检察院应当及时全面审阅案卷材料。经审查，对于案件事实不清、证据不足的，可以退回侦查机关补充侦查。共同犯罪中部分犯罪嫌疑人脱逃的，对其他犯罪嫌疑人的审查起诉应当照常进行。犯罪嫌疑人患有精神病或者其他严重疾病丧失诉讼行为能力不能接受讯问的，人民检察院可以依法变更强制措施。经审查，人民检察院应当按照下列情形分别处理：

（1）经鉴定系依法不负刑事责任的精神病人的，人民检察院应当作出不起诉决定。符合《刑事诉讼法》关于强制医疗的条件的，可以向人民法院提出强制医疗的申请。

（2）有证据证明患有精神病的犯罪嫌疑人尚未完全丧失辨认或者控制自己行为的能力，或者患有间歇性精神病的犯罪嫌疑人实施犯罪行为时精神正常，符合起诉条件的，可以依法提起公诉。

（3）案件事实不清、证据不足的，可以退回侦查机关补充侦查。

5. 根据《高检规则》第365条的规定：人民检察院对于监察机关或者公安机关移送起诉的案件，发现犯罪嫌疑人没有犯罪事实，或者符合刑事诉讼法第十六条规定的情形之一的，经检察长批准，应当作出不起诉决定。对于犯罪事实并非犯罪嫌疑人所为，需要重新调查或者侦查的，应当在作出不起诉决定后书面说明理由，将案卷材料退回监察机关或者公安机关并建议重新调查或者侦查。福建省人民检察院指令福州市人民检察院对该案进行了审查。经审查认为，赵宇的行为属于正当防卫，没有犯罪事实，应该作出不起诉决定。

6. 人民检察院在办理公安机关移送起诉的案件中，发现遗漏罪行或者依法应当移送审查起诉同案犯罪嫌疑人的，应当要求公安机关补充移送审查起诉；对于犯罪事实清楚，证据确实、充分的，人民检察院也可以直接提起公诉。要注意的是，发现遗漏罪行或遗漏同案犯罪嫌疑人需要补充侦查的，则应提出具体书面意见退回公安机关补充侦查或者自行侦查。

另外，检察机关发现应当逮捕犯罪嫌疑人而公安机关没有提请批准逮捕的情形，人民检察院应当建议公安机关提请批准逮捕。如果公安机关不提请批准逮捕的理由不能成立的，人民检察院也可以直接作出逮捕决定，送达公安机关执行。

7. （1）人民检察院在审查起诉中发现新的犯罪事实。

一般先通过退回公安机关补充侦查来解决。补充侦查以2次为限，一次1个月。对于已经退回公安机关2次补充侦查的案件，人民检察院对在审查起诉中又发现新的犯罪事实的，应当移送侦查机关立案侦查；对已经查清的犯罪事实，应当依法提起公诉。

（2）发现犯罪并非犯罪嫌疑人所为。

根据《高检规则》第 365 条第 2 款的规定："对于犯罪事实并非犯罪嫌疑人所为，需要重新调查或者侦查的，应当在作出不起诉决定后书面说明理由，将案卷材料退回监察机关或者公安机关并建议重新调查或者侦查。"

专题十四　刑事审判概述

【主观题考前分析】

年份	曾考过	题型
2021 年	公开审判、合议庭职责	问答题
2017 年	裁判生效	问答题
2015 年	以审判为中心的诉讼制度	论述
2014 年	审判公开原则	问答 + 找错题

第一部分　主观题重点法条内容提醒和详解

《刑事诉讼法》

第一百八十三条　基层人民法院、中级人民法院审判第一审案件，应当由审判员三人或者由审判员和人民陪审员共三人或者七人组成合议庭进行，但是基层人民法院适用简易程序、速裁程序的案件可以由审判员一人独任审判。

高级人民法院审判第一审案件，应当由审判员三人至七人或者由审判员和人民陪审员共三人或者七人组成合议庭进行。

最高人民法院审判第一审案件，应当由审判员三人至七人组成合议庭进行。

人民法院审判上诉和抗诉案件，由审判员三人或者五人组成合议庭进行。

合议庭的成员人数应当是单数。

第一百八十四条　合议庭进行评议的时候，如果意见分歧，应当按多数人的意见作出决定，但是少数人的意见应当写入笔录。评议笔录由合议庭的组成人员签名。

第一百八十五条　合议庭开庭审理并且评议后，应当作出判决。对于疑难、复杂、重大的案件，合议庭认为难以作出决定的，由合议庭提请院长决定提交审判委员会讨论决定。审判委员会的决定，合议庭应当执行。

《刑诉解释》

第二百一十二条　合议庭由审判员担任审判长。院长或者庭长参加审理案件时，由其本人担任审判长。

审判员依法独任审判时，行使与审判长相同的职权。

第二百一十三条　基层人民法院、中级人民法院、高级人民法院审判下列第一审刑事案件，由审判员和人民陪审员组成合议庭进行：

（一）涉及群体利益、公共利益的；

（二）人民群众广泛关注或者其他社会影响较大的；

（三）案情复杂或者有其他情形，需要由人民陪审员参加审判的。

基层人民法院、中级人民法院、高级人民法院审判下列第一审刑事案件，由审判员和人民陪审员组成七人合议庭进行：

（一）可能判处十年以上有期徒刑、无期徒刑、死刑，且社会影响重大的；

（二）涉及征地拆迁、生态环境保护、食品药品安全，且社会影响重大的；

（三）其他社会影响重大的。

第二百一十四条 开庭审理和评议案件，应当由同一合议庭进行。合议庭成员在评议案件时，应当独立发表意见并说明理由。意见分歧的，应当按多数意见作出决定，但少数意见应当记入笔录。评议笔录由合议庭的组成人员在审阅确认无误后签名。评议情况应当保密。

第二百一十五条 人民陪审员参加三人合议庭审判案件，应当对事实认定、法律适用独立发表意见，行使表决权。

人民陪审员参加七人合议庭审判案件，应当对事实认定独立发表意见，并与审判员共同表决；对法律适用可以发表意见，但不参加表决。

第二百一十六条 合议庭审理、评议后，应当及时作出判决、裁定。

对下列案件，合议庭应当提请院长决定提交审判委员会讨论决定：

（一）高级人民法院、中级人民法院拟判处死刑立即执行的案件，以及中级人民法院拟判处死刑缓期执行的案件；

（二）本院已经发生法律效力的判决、裁定确有错误需要再审的案件；

（三）人民检察院依照审判监督程序提出抗诉的案件。

对合议庭成员意见有重大分歧的案件、新类型案件、社会影响重大的案件以及其他疑难、复杂、重大的案件，合议庭认为难以作出决定的，可以提请院长决定提交审判委员会讨论决定。

人民陪审员可以要求合议庭将案件提请院长决定是否提交审判委员会讨论决定。

对提请院长决定提交审判委员会讨论决定的案件，院长认为不必要的，可以建议合议庭复议一次。

独任审判的案件，审判员认为有必要的，也可以提请院长决定提交审判委员会讨论决定。

第二百一十七条 审判委员会的决定，合议庭、独任审判员应执行；有不同意见的，可以建议院长提交审判委员会复议。

第二部分 主观题案例模拟演练

【案情简介】四川夹江公交车爆炸案

案情简介：2018年12月5日，被告人卢仕兵利用自制爆炸物，在四川省夹江县漹城镇迎春南路的王水井公交站台，对车牌为川L78328号的3路公交车实施爆炸，造成20余名乘客受伤，公交车严重受损的后果。

乐山市中级人民法院对此案公开开庭审理。因该案社会影响重大，乐山市中级人民法院依法由三名审判员和四名人民陪审员组成七人合议庭，采用庭审实质化的方式进行审理。2019年11月15日，乐山市中级人民法院一审公开宣判，被告人卢仕兵犯爆炸罪，依法判处卢仕兵死刑，缓期二年执行，并对卢仕兵限制减刑。

【问题】

1. <u>上述案件适用</u>七人合议庭审理是否合理？依据是什么？七人合议庭审理，陪审员都有什么权利?

2. **上述案件**由三名审判员和四名人民陪审员组成,请问陪审员有什么要求?陪审员通过什么程序参加案件审理?

【参考解析】

1. (1) 适用七人合议庭审理完全合理。

(2) 依据《刑事诉讼法》:第 183 条基层人民法院、中级人民法院审判第一审案件,应当由审判员三人或者由审判员和人民陪审员共三人或者七人组成合议庭进行,但是基层人民法院适用简易程序、速裁程序的案件可以由审判员一人独任审判。

高级人民法院审判第一审案件,应当由审判员三人至七人或者由审判员和人民陪审员共三人或者七人组成合议庭进行。

最高人民法院审判第一审案件,应当由审判员三人至七人组成合议庭进行。

人民法院审判上诉和抗诉案件,由审判员三人或者五人组成合议庭进行。

合议庭的成员人数应当是单数。

依据**《中华人民共和国人民陪审员法》**,人民法院审判下列第一审案件,由人民陪审员和法官组成七人合议庭进行:

①可能判处十年以上有期徒刑、无期徒刑、死刑,社会影响重大的刑事案件;

②根据民事诉讼法、行政诉讼法提起的公益诉讼案件;

③涉及征地拆迁、生态环境保护、食品药品安全,社会影响重大的案件;

④其他社会影响重大的案件。

本案被告人卢仕兵触犯的是爆炸罪,依法可能判处卢仕兵死刑,且社会影响重大的刑事案件,据此适用七人合议庭审理完全合理。

(3) 依据**《中华人民共和国人民陪审员法》**,人民陪审员参加七人合议庭审判案件,对事实认定,独立发表意见,并与法官共同表决;对法律适用,可以发表意见,但不参加表决。

2. 依据《人民陪审员法》第 5 条规定:"公民担任人民陪审员,应当具备下列条件:(一)拥护中华人民共和国宪法;(二)年满二十八周岁;(三)遵纪守法、品行良好、公道正派;(四)具有正常履行职责的身体条件。担任人民陪审员,一般应当具有高中以上文化程度。"符合上述条件,可以担任人民陪审员。

根据《人民陪审员法》第 17 条规定:"第一审刑事案件被告人、民事案件原告或者被告、行政案件原告申请由人民陪审员参加合议庭审判的,人民法院可以决定由人民陪审员和法官组成合议庭审判。"可见,是否适用陪审员制度当事人可以申请,但是由法院决定。陪审团审理的多为比较严重的刑事案件,普通的刑事和民事案件一般不适用陪审团。

专题十五　第一审程序

【主观题考前分析】

年份	曾考过	题型
2021 年	单位诉讼代表人选	问答题
2019 年	一审程序	问答题
2018 年	一审判决结果	问答题
2016 年	庭前会议	问答题
2015 年	以审判为中心的司法改革	论述
2008 年延考	法庭调查	问答题
2007 年	共同犯罪的一审程序	找错题
2005 年	判决书	司法文书
2004 年	最后陈述中提出新的事实	问答题

　　第一审程序，是指人民法院对人民检察院提起公诉、自诉人提起自诉的案件进行初次审判时应当遵循的步骤和方式、方法。依据起诉主体的不同，第一审刑事案件可划分为公诉案件和自诉案件。

　　以"审判为中心"改革后的法考，会在主观案例题中重点考查公诉案件第一审程序、庭前审查、庭前准备（庭前会议）、简易程序、法庭秩序、中止审理与休庭等诉讼环节。2018 年《刑事诉讼法》修改增加的"速裁程序"的适用案件范围和审理特点尤其要重点掌握，另外还有单位犯罪的诉讼程序也都可能出现在主观题中。

第一部分　主观题重点法条内容提醒和详解

《刑事诉讼法》

第一百八十七条　人民法院决定开庭审判后，应当确定合议庭的组成人员，将人民检察院的起诉书副本至迟在开庭十日以前送达被告人及其辩护人。

　　在开庭以前，审判人员可以召集公诉人、当事人和辩护人、诉讼代理人，对回避、出庭证人名单、非法证据排除等与审判相关的问题，了解情况，听取意见。

　　人民法院确定开庭日期后，应当将开庭的时间、地点通知人民检察院，传唤当事人，通知辩护人、诉讼代理人、证人、鉴定人和翻译人员，传票和通知书至迟在开庭三日以前送达。公开审判的案件，应当在开庭三日以前先期公布案由、被告人姓名、开庭时间和地点。

　　上述活动情形应当写入笔录，由审判人员和书记员签名。

第一百九十二条　公诉人、当事人或者辩护人、诉讼代理人对证人证言有异议，且该证人证言对案件定罪量刑有重大影响，人民法院认为证人有必要出庭作证的，证人应当出庭作证。

人民警察就其执行职务时目击的犯罪情况作为证人出庭作证，适用前款规定。

公诉人、当事人或者辩护人、诉讼代理人对鉴定意见有异议，人民法院认为鉴定人有必要出庭的，鉴定人应当出庭作证。经人民法院通知，鉴定人拒不出庭作证的，鉴定意见不得作为定案的根据。

第一百九十三条 经人民法院通知，证人没有正当理由不出庭作证的，人民法院可以强制其到庭，但是被告人的配偶、父母、子女除外。

证人没有正当理由拒绝出庭或者出庭后拒绝作证的，予以训诫，情节严重的，经院长批准，处以十日以下的拘留。被处罚人对拘留决定不服的，可以向上一级人民法院申请复议。复议期间不停止执行。

第一百九十四条 证人作证，审判人员应当告知他要如实地提供证言和有意作伪证或者隐匿罪证要负的法律责任。公诉人、当事人和辩护人、诉讼代理人经审判长许可，可以对证人、鉴定人发问。审判长认为发问的内容与案件无关的时候，应当制止。

审判人员可以询问证人、鉴定人。

第一百九十八条 法庭审理过程中，对与定罪、量刑有关的事实、证据都应当进行调查、辩论。

经审判长许可，公诉人、当事人和辩护人、诉讼代理人可以对证据和案件情况发表意见并且可以互相辩论。

审判长在宣布辩论终结后，被告人有最后陈述的权利。

第一百九十九条 在法庭审判过程中，如果诉讼参与人或者旁听人员违反法庭秩序，审判长应当警告制止。对不听制止的，可以强行带出法庭；情节严重的，处以一千元以下的罚款或者十五日以下的拘留。罚款、拘留必须经院长批准。被处罚人对罚款、拘留的决定不服的，可以向上一级人民法院申请复议。复议期间不停止执行。

对聚众哄闹、冲击法庭或者侮辱、诽谤、威胁、殴打司法工作人员或者诉讼参与人，严重扰乱法庭秩序，构成犯罪的，依法追究刑事责任。

第二百零四条 在法庭审理过程中，遇有下列情形之一，影响审判进行的，可以延期审理：

（一）需要通知新的证人到庭，调取新的物证，重新鉴定或者勘验的；

（二）检察人员发现提起公诉的案件需要补充侦查，提出建议的；

（三）由于申请回避而不能进行审判的。

第二百零五条 依照本法第二百零四条第二项的规定延期审理的案件，人民检察院应当在一个月以内补充侦查完毕。

第二百零六条 在审判过程中，有下列情形之一，致使案件在较长时间内无法继续审理的，可以中止审理：

（一）被告人患有严重疾病，无法出庭的；

（二）被告人脱逃的；

（三）自诉人患有严重疾病，无法出庭，未委托诉讼代理人出庭的；

（四）由于不能抗拒的原因。

中止审理的原因消失后，应当恢复审理。中止审理的期间不计入审理期限。

第二百一十一条 人民法院对于自诉案件进行审查后，按照下列情形分别处理：

（一）犯罪事实清楚，有足够证据的案件，应当开庭审判；

（二）缺乏罪证的自诉案件，如果自诉人提不出补充证据，应当说服自诉人撤回自诉，或者裁定驳回。

自诉人经两次依法传唤，无正当理由拒不到庭的，或者未经法庭许可中途退庭的，按撤诉处理。

法庭审理过程中，审判人员对证据有疑问，需要调查核实的，适用本法<u>第一百九十六条</u>的规定。

<u>第二百一十四条</u>　基层人民法院管辖的案件，符合下列条件的，可以适用简易程序审判：

（一）案件事实清楚、证据充分的；

（二）被告人承认自己所犯罪行，对指控的犯罪事实没有异议的；

（三）被告人对适用简易程序没有异议的。

人民检察院在提起公诉的时候，可以建议人民法院适用简易程序。

<u>第二百一十五条</u>　有下列情形之一的，不适用简易程序：

（一）被告人是盲、聋、哑人，或者是尚未完全丧失辨认或者控制自己行为能力的精神病人的；

（二）有重大社会影响的；

（三）共同犯罪案件中部分被告人不认罪或者对适用简易程序有异议的；

（四）其他不宜适用简易程序审理的。

<u>第二百一十六条</u>　适用简易程序审理案件，对可能判处三年有期徒刑以下刑罚的，可以组成合议庭进行审判，也可以由审判员一人独任审判；对可能判处的有期徒刑超过三年的，应当组成合议庭进行审判。

适用简易程序审理公诉案件，人民检察院应当派员出席法庭。

<u>第二百二十二条</u>　基层人民法院管辖的可能判处三年有期徒刑以下刑罚的案件，案件事实清楚，证据确实、充分，被告人认罪认罚并同意适用速裁程序的，可以适用速裁程序，由审判员一人独任审判。

人民检察院在提起公诉的时候，可以建议人民法院适用速裁程序。

<u>第二百二十三条</u>　有下列情形之一的，不适用速裁程序：

（一）被告人是盲、聋、哑人，或者是尚未完全丧失辨认或者控制自己行为能力的精神病人的；

（二）被告人是未成年人的；

（三）案件有重大社会影响的；

（四）共同犯罪案件中部分被告人对指控的犯罪事实、罪名、量刑建议或者适用速裁程序有异议的；

（五）被告人与被害人或者其法定代理人没有就附带民事诉讼赔偿等事项达成调解或者和解协议的；

（六）其他不宜适用速裁程序审理的。

<u>第二百二十四条</u>　适用速裁程序审理案件，不受本章第一节规定的送达期限的限制，一般不进行法庭调查、法庭辩论，但在判决宣告前应当听取辩护人的意见和被告人的最后陈述意见。

适用速裁程序审理案件，应当当庭宣判。

《高检规则》

第三百九十九条　在法庭审理中，公诉人应当客观、全面、公正地向法庭出示与定罪、量刑有关的证明被告人有罪、罪重或者罪轻的证据。

按照审判长要求，或者经审判长同意，公诉人可以按照以下方式举证、质证：

（一）对于可能影响定罪量刑的关键证据和控辩双方存在争议的证据，一般应当单独举证、质证；

（二）对于不影响定罪量刑且控辩双方无异议的证据，可以仅就证据的名称及其证明的事项、内容作出说明；

（三）对于证明方向一致、证明内容相近或者证据种类相同，存在内在逻辑关系的证据，可以归纳、分组示证、质证。

公诉人出示证据时，可以借助多媒体设备等方式出示、播放或者演示证据内容。

定罪证据与量刑证据需要分开的，应当分别出示。

第四百零六条　证人在法庭上提供证言，公诉人应当按照审判长确定的顺序向证人发问。可以要求证人就其所了解的与案件有关的事实进行陈述，也可以直接发问。

证人不能连贯陈述的，公诉人可以直接发问。

向证人发问，应当针对证言中有遗漏、矛盾、模糊不清和有争议的内容，并着重围绕与定罪量刑紧密相关的事实进行。

发问采取一问一答形式，提问应当简洁、清楚。

证人进行虚假陈述的，应当通过发问澄清事实，必要时可以宣读在侦查、审查起诉阶段制作的该证人的证言笔录或者出示、宣读其他证据。

当事人和辩护人、诉讼代理人向证人发问后，公诉人可以根据证人回答的情况，经审判长许可，再次向证人发问。

询问鉴定人、有专门知识的人参照上述规定进行。

第四百二十四条　人民法院宣告判决前，人民检察院发现具有下列情形之一的，经检察长批准，可以撤回起诉：

（一）不存在犯罪事实的；

（二）犯罪事实并非被告人所为的；

（三）情节显著轻微、危害不大，不认为是犯罪的；

（四）证据不足或证据发生变化，不符合起诉条件的；

（五）被告人因未达到刑事责任年龄，不负刑事责任的；

（六）法律、司法解释发生变化导致不应当追究被告人刑事责任的；

（七）其他不应当追究被告人刑事责任的。

对于撤回起诉的案件，人民检察院应当在撤回起诉后三十日以内作出不起诉决定。需要重新调查或者侦查的，应当在作出不起诉决定后将案卷材料退回监察机关或者公安机关，建议监察机关或者公安机关重新调查或者侦查，并书面说明理由。

对于撤回起诉的案件，没有新的事实或者新的证据，人民检察院不得再行起诉。

新的事实是指原起诉书中未指控的犯罪事实。该犯罪事实触犯的罪名既可以是原指控罪名的同一罪名，也可以是其他罪名。

新的证据是指撤回起诉后收集、调取的足以证明原指控犯罪事实的证据。

第四百二十五条　在法庭审理过程中，人民法院建议人民检察院补充侦查、补充起诉、追加起诉或者变更起诉的，人民检察院应当审查有关理由，并作出是否补充侦查、补充起诉、追加起诉或者变更起诉的决定。人民检察院不同意的，可以要求人民法院就起诉指控的犯罪事实依法作出裁判。

第四百二十六条　变更、追加、补充或者撤回起诉应当以书面方式在判决宣告前向人民法院提出。

《刑诉解释》

第二百一十九条　人民法院对提起公诉的案件审查后，应当按照下列情形分别处理：

（一）不属于本院管辖的，应当退回人民检察院；

（二）属于刑事诉讼法第十六条第二项至第六项规定情形的，应当退回人民检察院；属于告诉才处理的案件，应当同时告知被害人有权提起自诉；

（三）被告人不在案的，应当退回人民检察院；但是，对人民检察院按照缺席审判程序提起公诉的，应当依照本解释第二十四章的规定作出处理；

（四）不符合前条第二项至第九项规定之一，需要补充材料的，应当通知人民检察院在三日以内补送；

（五）依照刑事诉讼法第二百条第三项规定宣告被告人无罪后，人民检察院根据新的事实、证据重新起诉的，应当依法受理；

（六）依照本解释第二百九十六条规定裁定准许撤诉的案件，没有新的影响定罪量刑的事实、证据，重新起诉的，应当退回人民检察院；

（七）被告人真实身份不明，但符合刑事诉讼法第一百六十条第二款规定的，应当依法受理。

对公诉案件是否受理，应当在七日以内审查完毕。

第二百二十条　对一案起诉的共同犯罪或者关联犯罪案件，被告人人数众多、案情复杂，人民法院经审查认为，分案审理更有利于保障庭审质量和效率的，可以分案审理。分案审理不得影响当事人质证权等诉讼权利的行使。

对分案起诉的共同犯罪或者关联犯罪案件，人民法院经审查认为，合并审理更有利于查明案件事实、保障诉讼权利、准确定罪量刑的，可以并案审理。

第二百二十六条　案件具有下列情形之一的，人民法院可以决定召开庭前会议：

（一）证据材料较多、案情重大复杂的；

（二）控辩双方对事实、证据存在较大争议的；

（三）社会影响重大的；

（四）需要召开庭前会议的其他情形。

第二百二十七条　控辩双方可以申请人民法院召开庭前会议，提出申请应当说明理由。人民法院经审查认为有必要的，应当召开庭前会议；决定不召开的，应当告知申请人。

第二百二十八条　庭前会议可以就下列事项向控辩双方了解情况，听取意见：

（一）是否对案件管辖有异议；

（二）是否申请有关人员回避；

（三）是否申请不公开审理；

（四）是否申请排除非法证据；

（五）是否提供新的证据材料；

（六）是否申请重新鉴定或者勘验；

（七）是否申请收集、调取证明被告人无罪或者罪轻的证据材料；

（八）是否申请证人、鉴定人、有专门知识的人、调查人员、侦查人员或者其他人员出庭，是否对出庭人员名单有异议；

（九）是否对涉案财物的权属情况和人民检察院的处理建议有异议；

（十）与审判相关的其他问题。

庭前会议中，人民法院可以开展附带民事调解。

对第一款规定中可能导致庭审中断的程序性事项，人民法院可以在庭前会议后依法作出处理，并在庭审中说明处理决定和理由。控辩双方没有新的理由，在庭审中再次提出有关申请或者异议的，法庭可以在说明庭前会议情况和处理决定理由后，依法予以驳回。

庭前会议情况应当制作笔录，由参会人员核对后签名。

第二百二十九条 庭前会议中，审判人员可以询问控辩双方对证据材料有无异议，对有异议的证据，应当在庭审时重点调查；无异议的，庭审时举证、质证可以简化。

第二百三十条 庭前会议由审判长主持，合议庭其他审判员也可以主持庭前会议。

召开庭前会议应当通知公诉人、辩护人到场。

庭前会议准备就非法证据排除了解情况、听取意见，或者准备询问控辩双方对证据材料的意见的，应当通知被告人到场。有多名被告人的案件，可以根据情况确定参加庭前会议的被告人。

第二百三十一条 庭前会议一般不公开进行。

根据案件情况，庭前会议可以采用视频等方式进行。

第二百三十二条 人民法院在庭前会议中听取控辩双方对案件事实、证据材料的意见后，对明显事实不清、证据不足的案件，可以建议人民检察院补充材料或者撤回起诉。建议撤回起诉的案件，人民检察院不同意的，开庭审理后，没有新的事实和理由，一般不准许撤回起诉。

第二百三十三条 对召开庭前会议的案件，可以在开庭时告知庭前会议情况。对庭前会议中达成一致意见的事项，法庭在向控辩双方核实后，可以当庭予以确认；未达成一致意见的事项，法庭可以归纳控辩双方争议焦点，听取控辩双方意见，依法作出处理。

控辩双方在庭前会议中就有关事项达成一致意见，在庭审中反悔的，除有正当理由外，法庭一般不再进行处理。

第二百四十二条 在审判长主持下，公诉人可以就起诉书指控的犯罪事实讯问被告人。

经审判长准许，被害人及其法定代理人、诉讼代理人可以就公诉人讯问的犯罪事实补充发问；附带民事诉讼原告人及其法定代理人、诉讼代理人可以就附带民事部分的事实向被告人发问；被告人的法定代理人、辩护人，附带民事诉讼被告人及其法定代理人、诉讼代理人可以在控诉方、附带民事诉讼原告方就某一问题讯问、发问完毕后向被告人发问。

根据案件情况，就证据问题对被告人的讯问、发问可以在举证、质证环节进行。

第二百四十三条 讯问同案审理的被告人，应当分别进行。

第二百五十九条 证人出庭后，一般先向法庭陈述证言；其后，经审判长许可，由申请通知证人出庭的一方发问，发问完毕后，对方也可以发问。

法庭依职权通知证人出庭的，发问顺序由审判长根据案件情况确定。

第二百六十条 鉴定人、有专门知识的人、调查人员、侦查人员或者其他人员出庭的，参照适用前两条规定。

第二百六十一条 向证人发问应当遵循以下规则：

（一）发问的内容应当与本案事实有关；

（二）不得以诱导方式发问；

（三）不得威胁证人；

（四）不得损害证人的人格尊严。

对被告人、被害人、附带民事诉讼当事人、鉴定人、有专门知识的人、调查人员、侦查人员或者其他人员的讯问、发问，适用前款规定。

第二百六十五条 证人、鉴定人、有专门知识的人、调查人员、侦查人员或者其他人员不得旁听对本案的审理。有关人员作证或者发表意见后，审判长应当告知其退庭。

第二百六十八条 对可能影响定罪量刑的关键证据和控辩双方存在争议的证据，一般应当单独举证、质证，充分听取质证意见。

对控辩双方无异议的非关键证据，举证方可以仅就证据的名称及拟证明的事实作出说明。

召开庭前会议的案件，举证、质证可以按照庭前会议确定的方式进行。

根据案件和庭审情况，法庭可以对控辩双方的举证、质证方式进行必要的指引。

第二百八十五条 法庭辩论过程中，审判长应当充分听取控辩双方的意见，对控辩双方与案件无关、重复或者指责对方的发言应当提醒、制止。

第二百八十六条 法庭辩论过程中，合议庭发现与定罪、量刑有关的新的事实，有必要调查的，审判长可以宣布恢复法庭调查，在对新的事实调查后，继续法庭辩论。

第二百八十七条 审判长宣布法庭辩论终结后，合议庭应当保证被告人充分行使最后陈述的权利。

被告人在最后陈述中多次重复自己的意见的，法庭可以制止；陈述内容蔑视法庭、公诉人，损害他人及社会公共利益，或者与本案无关的，应当制止。

在公开审理的案件中，被告人最后陈述的内容涉及国家秘密、个人隐私或者商业秘密的，应当制止。

第二百八十八条 被告人在最后陈述中提出新的事实、证据，合议庭认为可能影响正确裁判的，应当恢复法庭调查；被告人提出新的辩解理由，合议庭认为可能影响正确裁判的，应当恢复法庭辩论。

第二百八十九条 公诉人当庭发表与起诉书不同的意见，属于变更、追加、补充或者撤回起诉的，人民法院应当要求人民检察院在指定时间内以书面方式提出；必要时，可以宣布休庭。人民检察院在指定时间内未提出的，人民法院应当根据法庭审理情况，就起诉书指控的犯罪事实依法作出判决、裁定。

人民检察院变更、追加、补充起诉的，人民法院应当给予被告人及其辩护人必要的准备时间。

第二百九十五条 对第一审公诉案件，人民法院审理后，应当按照下列情形分别作出判决、裁定：

（一）起诉指控的事实清楚，证据确实、充分，依据法律认定指控被告人的罪名成立的，应当作出有罪判决；

（二）起诉指控的事实清楚，证据确实、充分，但指控的罪名不当的，应当依据法律和审理认定的事实作出有罪判决；

（三）案件事实清楚，证据确实、充分，依据法律认定被告人无罪的，应当判决宣告被告人无罪；

（四）证据不足，不能认定被告人有罪的，应当以证据不足、指控的犯罪不能成立，判决宣告被告人无罪；

（五）案件部分事实清楚，证据确实、充分的，应当作出有罪或者无罪的判决；对事实不清、证据不足部分，不予认定；

（六）被告人因未达到刑事责任年龄，不予刑事处罚的，应当判决宣告被告人不负刑事责任；

（七）被告人是精神病人，在不能辨认或者不能控制自己行为时造成危害结果，不予刑事处罚的，应当判决宣告被告人不负刑事责任；被告人符合强制医疗条件的，应当依照本解释第二十六章的规定进行审理并作出判决；

（八）犯罪已过追诉时效期限且不是必须追诉，或者经特赦令免除刑罚的，应当裁定终止审理；

（九）属于告诉才处理的案件，应当裁定终止审理，并告知被害人有权提起自诉；

（十）被告人死亡的，应当裁定终止审理；但有证据证明被告人无罪，经缺席审理确认无罪的，应当判决宣告被告人无罪。

对涉案财物，人民法院应当根据审理查明的情况，依照本解释第十八章的规定作出处理。

具有第一款第二项规定情形的，人民法院应当在判决前听取控辩双方的意见，保障被告人、辩护人充分行使辩护权。必要时，可以再次开庭，组织控辩双方围绕被告人的行为构成何罪及如何量刑进行辩论。

第二百九十六条　在开庭后、宣告判决前，人民检察院要求撤回起诉的，人民法院应当审查撤回起诉的理由，作出是否准许的裁定。

第二百九十七条　审判期间，人民法院发现新的事实，可能影响定罪量刑的，或者需要补查补证的，应当通知人民检察院，由其决定是否补充、变更、追加起诉或者补充侦查。

人民检察院不同意或者在指定时间内未回复书面意见的，人民法院应当就起诉指控的事实，依照本解释第二百九十五条的规定作出判决、裁定。

第三百零七条　有关人员危害法庭安全或者扰乱法庭秩序的，审判长应当按照下列情形分别处理：

（一）情节较轻的，应当警告制止；根据具体情况，也可以进行训诫；

（二）训诫无效的，责令退出法庭；拒不退出的，指令法警强行带出法庭；

（三）情节严重的，报经院长批准后，可以对行为人处一千元以下的罚款或者十五日以下的拘留。

未经许可对庭审活动进行录音、录像、拍照或者使用即时通讯工具等传播庭审活动的，可以暂扣相关设备及存储介质，删除相关内容。

有关人员对罚款、拘留的决定不服的，可以直接向上一级人民法院申请复议，也可以通过决定罚款、拘留的人民法院向上一级人民法院申请复议。通过决定罚款、拘留的人民法院申请复议的，该人民法院应当自收到复议申请之日起三日以内，将复议申请、罚款或者拘留决定书和有关事实、证据材料一并报上一级人民法院复议。复议期间，不停止决定的执行。

第三百一十一条　被告人在一个审判程序中更换辩护人一般不得超过两次。

被告人当庭拒绝辩护人辩护，要求另行委托辩护人或者指派律师的，合议庭应当准许。被告人拒绝辩护人辩护后，没有辩护人的，应当宣布休庭；仍有辩护人的，庭审可以继续进行。

有多名被告人的案件，部分被告人拒绝辩护人辩护后，没有辩护人的，根据案件情况，可以对该部分被告人另案处理，对其他被告人的庭审继续进行。

重新开庭后，被告人再次当庭拒绝辩护人辩护的，可以准许，但被告人不得再次另行委托辩护人或者要求另行指派律师，由其自行辩护。

被告人属于应当提供法律援助的情形，重新开庭后再次当庭拒绝辩护人辩护的，不予准许。

第三百一十二条　法庭审理过程中，辩护人拒绝为被告人辩护，有正当理由的，应当准许；是否继续庭审，参照适用前条规定。

　　第三百一十三条　依照前两条规定另行委托辩护人或者通知法律援助机构指派律师的，自案件宣布休庭之日起至第十五日止，由辩护人准备辩护，但被告人及其辩护人自愿缩短时间的除外。

　　庭审结束后、判决宣告前另行委托辩护人的，可以不重新开庭；辩护人提交书面辩护意见的，应当接受。

　　第三百一十七条　本解释第一条规定的案件，如果被害人死亡、丧失行为能力或者因受强制、威吓等无法告诉，或者是限制行为能力人以及因年老、患病、盲、聋、哑等不能亲自告诉，其法定代理人、近亲属告诉或者代为告诉的，人民法院应当依法受理。

　　被害人的法定代理人、近亲属告诉或者代为告诉的，应当提供与被害人关系的证明和被害人不能亲自告诉的原因的证明。

　　第三百二十一条　对已经立案，经审查缺乏罪证的自诉案件，自诉人提不出补充证据的，人民法院应当说服其撤回起诉或者裁定驳回起诉；自诉人撤回起诉或者被驳回起诉后，又提出了新的足以证明被告人有罪的证据，再次提起自诉的，人民法院应当受理。

　　第三百二十二条　自诉人对不予受理或者驳回起诉的裁定不服的，可以提起上诉。

　　第二审人民法院查明第一审人民法院作出的不予受理裁定有错误的，应当在撤销原裁定的同时，指令第一审人民法院立案受理；查明第一审人民法院驳回起诉裁定有错误的，应当在撤销原裁定的同时，指令第一审人民法院进行审理。

　　第三百二十三条　自诉人明知有其他共同侵害人，但只对部分侵害人提起自诉的，人民法院应当受理，并告知其放弃告诉的法律后果；自诉人放弃告诉，判决宣告后又对其他共同侵害人就同一事实提起自诉的，人民法院不予受理。

　　共同被害人中只有部分人告诉的，人民法院应当通知其他被害人参加诉讼，并告知其不参加诉讼的法律后果。被通知人接到通知后表示不参加诉讼或者不出庭的，视为放弃告诉。第一审宣判后，被通知人就同一事实又提起自诉的，人民法院不予受理。但是，当事人另行提起民事诉讼的，不受本解释限制。

　　第三百二十五条　自诉案件当事人因客观原因不能取得的证据，申请人民法院调取的，应当说明理由，并提供相关线索或者材料。人民法院认为有必要的，应当及时调取。

　　对通过信息网络实施的侮辱、诽谤行为，被害人向人民法院告诉，但提供证据确有困难的，人民法院可以要求公安机关提供协助。

　　第三百三十六条　被告单位的诉讼代表人，应当是法定代表人、实际控制人或者主要负责人；法定代表人、实际控制人或者主要负责人被指控为单位犯罪直接责任人员或者因客观原因无法出庭的，应当由被告单位委托其他负责人或者职工作为诉讼代表人。但是，有关人员被指控为单位犯罪直接责任人员或者知道案件情况、负有作证义务的除外。

　　依据前款规定难以确定诉讼代表人的，可以由被告单位委托律师等单位以外的人员作为诉讼代表人。

　　诉讼代表人不得同时担任被告单位或者被指控为单位犯罪直接责任人员的有关人员的辩护人。

　　第三百三十七条　开庭审理单位犯罪案件，应当通知被告单位的诉讼代表人出庭；诉讼代表人不符合前条规定的，应当要求人民检察院另行确定。

　　被告单位的诉讼代表人不出庭的，应当按照下列情形分别处理：

　　（一）诉讼代表人系被告单位的法定代表人、实际控制人或者主要负责人，无正当理由拒不出庭的，可以拘传其到庭；因客观原因无法出庭，或者下落不明的，应当要求人民检察院另行确定诉讼代表人；

（二）诉讼代表人系其他人员的，应当要求人民检察院另行确定诉讼代表人。

第三百四十四条 审判期间，被告单位被吊销营业执照、宣告破产但尚未完成清算、注销登记的，应当继续审理；被告单位被撤销、注销的，对单位犯罪直接负责的主管人员和其他直接责任人员应继续审理。

第三百四十五条 审判期间，被告单位合并、分立的，应当将原单位列为被告单位，并注明合并、分立情况。对被告单位所判处的罚金以其在新单位的财产及收益为限。

第三百五十二条 对认罪认罚案件，人民检察院起诉指控的事实清楚，但指控的罪名与审理认定的罪名不一致的，人民法院应当听取人民检察院、被告人及其辩护人对审理认定罪名的意见，依法作出判决。

第三百五十三条 对认罪认罚案件，人民法院经审理认为量刑建议明显不当，或者被告人、辩护人对量刑建议提出异议的，人民检察院可以调整量刑建议。人民检察院不调整或者调整后仍然明显不当的，人民法院应当依法作出判决。

适用速裁程序审理认罪认罚案件，需要调整量刑建议的，应当在庭前或者当庭作出调整；调整量刑建议后，仍然符合速裁程序适用条件的，继续适用速裁程序审理。

第三百五十四条 对量刑建议是否明显不当，应根据审理认定的犯罪事实、认罪认罚的具体情况，结合相关犯罪的法定刑、类似案件的刑罚适用等作出审查判断。

第三百五十五条 对认罪认罚案件，人民法院一般应当对被告人从轻处罚；符合非监禁刑适用条件的，应当适用非监禁刑；具有法定减轻处罚情节的，可以减轻处罚。

对认罪认罚案件，应当根据被告人认罪认罚的阶段早晚以及认罪认罚的主动性、稳定性、彻底性等，在从宽幅度上体现差异。

共同犯罪案件，部分被告人认罪认罚的，可以依法对该部分被告人从宽处罚，但应当注意全案的量刑平衡。

第三百五十六条 被告人在人民检察院提起公诉前未认罪认罚，在审判阶段认罪认罚的，人民法院可以不再通知人民检察院提出或者调整量刑建议。

对前款规定的案件，人民法院应当就定罪量刑听取控辩双方意见，根据刑事诉讼法第十五条和本解释第三百五十五条的规定作出判决。

第三百五十七条 对被告人在第一审程序中未认罪认罚，在第二审程序中认罪认罚的案件，应当根据其认罪认罚的具体情况决定是否从宽，并依法作出裁判。确定从宽幅度时应当与第一审程序认罪认罚有所区别。

第三百五十九条 基层人民法院受理公诉案件后，经审查认为案件事实清楚、证据充分的，在将起诉书副本送达被告人时，应当询问被告人对指控的犯罪事实的意见，告知其适用简易程序的法律规定。被告人对指控的犯罪事实没有异议并同意适用简易程序的，可以决定适用简易程序，并在开庭前通知人民检察院和辩护人。

对人民检察院建议或者被告人及其辩护人申请适用简易程序审理的案件，依照前款规定处理；不符合简易程序适用条件的，应当通知人民检察院或者被告人及其辩护人。

第三百六十条 具有下列情形之一的，不适用简易程序：

（一）被告人是盲、聋、哑人的；

（二）被告人是尚未完全丧失辨认或者控制自己行为能力的精神病人的；

（三）案件有重大社会影响的；

（四）共同犯罪案件中部分被告人不认罪或者对适用简易程序有异议的；

（五）辩护人作无罪辩护的；

（六）被告人认罪但经审查认为可能不构成犯罪的；

（七）不宜适用简易程序审理的其他情形。

第三百六十九条　对人民检察院在提起公诉时建议适用速裁程序的案件，基层人民法院经审查认为案件事实清楚，证据确实、充分，可能判处三年有期徒刑以下刑罚的，在将起诉书副本送达被告人时，应当告知被告人适用速裁程序的法律规定，询问其是否同意适用速裁程序。被告人同意适用速裁程序的，可以决定适用速裁程序，并在开庭前通知人民检察院和辩护人。

对人民检察院未建议适用速裁程序的案件，人民法院经审查认为符合速裁程序适用条件的，可以决定适用速裁程序，并在开庭前通知人民检察院和辩护人。

被告人及其辩护人可以向人民法院提出适用速裁程序的申请。

第三百七十条　具有下列情形之一的，不适用速裁程序：

（一）被告人是盲、聋、哑人的；

（二）被告人是尚未完全丧失辨认或者控制自己行为能力的精神病人的；

（三）被告人是未成年人的；

（四）案件有重大社会影响的；

（五）共同犯罪案件中部分被告人对指控的犯罪事实、罪名、量刑建议或者适用速裁程序有异议的；

（六）被告人与被害人或者其法定代理人没有就附带民事诉讼赔偿等事项达成调解、和解协议的；

（七）辩护人作无罪辩护的；

（八）其他不宜适用速裁程序的情形。

第二部分　主观题案例模拟演练

【案情简介】常仁尧寻衅滋事案

2018年7月，被告人常仁尧驾车外出遇见曾担任过其初二班主任的张某某骑电动车经过。常仁尧事后供称其看到该人疑似张某某，想起上学时因违反学校纪律曾被张某某体罚，心生恼怒，遂将手机交给潘某某，要求为其录制视频。接着，常仁尧到公路上拦下张某某，确认后即予以呵斥、辱骂、扇耳光并猛击张某某面部，又先后朝张某某胸、腹部击打两拳，并将张某某的电动车踹翻，致使电动车损坏，引起二十余人围观。

2019年7月10日，栾川县法院一审判决常仁尧犯寻衅滋事罪，判处有期徒刑一年六个月。2019年8月19日上午，河南省洛阳市中级人民法院对常仁尧寻衅滋事案二审宣判，裁定驳回上诉，维持原判。

【问题】

1. 本案中，如被告人常仁尧在庭审阶段申请重新鉴定，人民法院应如何处理？

2. 如围观的二十余人中，没有一个证人愿意出庭作证，请问法院应当如何处理？依据什么？

3. 如栾川县人民法院依法审理后认为构成寻衅滋事罪，而检察机关指控的罪名是故意伤害，程序上应当如何处理？

4. 本案可否适用速裁程序审理？如适用速裁程序有什么特点？

【参考解析】

1. 如本案庭审阶段，被告人常仁尧申请重新鉴定，法院应宣布延期审理。根据《刑事诉讼法》第204条，在法庭审判过程中，遇有下列情形之一，影响审判进行的，可以延期审理：

（一）需要通知新的证人到庭，调取新的物证，重新鉴定或者勘验的；（二）检察人员发现提起公诉的案件需要补充侦查，提出建议的；（三）由于申请回避而不能进行审判的。

即法庭审理过程中，当事人及其辩护人、诉讼代理人申请通知新的证人到庭，调取新的证据，申请重新鉴定或者勘验的，应当提供证人的姓名、证据的存放地点，说明拟证明的案件事实，要求重新鉴定或者勘验的理由。法庭认为有必要的，应当同意，并宣布延期审理；不同意的，应当说明理由并继续审理。因此，法庭同意重新鉴定申请后应当作出延期审理的决定。

2. 依据《刑事诉讼法》第192条第1款的规定："公诉人、当事人或者辩护人、诉讼代理人对证人证言有异议，且该证人证言对案件定罪量刑有重大影响，人民法院认为证人有必要出庭作证的，证人应当出庭作证。"即如公诉人、当事人或者辩护人、诉讼代理人对证人证言有异议，且该证人证言对案件定罪量刑有重大影响，法院认为证人有必要出庭作证的，围观的二十余人中应该有证人出庭作证。

《刑诉解释》第253条规定了证人应当出庭但法庭可以准许其不出庭的特殊情形：在庭审期间身患严重疾病或者行动极为不便的；居所远离开庭地点且交通极为不便的；身处国外短期无法回国的；有其他客观原因，确实无法出庭的。上述情况下，证人可以通过视频等远程"出庭"方式作证。这样能尽最大可能保障庭审效果，同时也体现了司法的人性化。

为了保证证人出庭作证，《刑事诉讼法》规定了强制证人出庭作证制度。《刑事诉讼法》第193条规定："经人民法院通知，证人没有正当理由不出庭作证的，人民法院可以强制其到庭，但是被告人的配偶、父母、子女除外。证人没有正当理由拒绝出庭或者出庭后拒绝作证的，予以训诫，情节严重的，经院长批准，处以十日以下的拘留。被处罚人对拘留决定不服的，可以向上一级人民法院申请复议。复议期间不停止执行。"《刑诉解释》第255条规定："强制证人出庭的，应当由院长签发强制证人出庭令，由法警执行。必要时，可以商请公安机关协助。"

3. 如栾川县人民法院经审理认为检察机关指控被告人常仁尧犯罪的事实清楚，证据确实、充分，但指控罪名不当，被告人的行为构成寻衅滋事罪，而不是故意伤害罪。在这种情况下，人民法院有权改变指控的罪名，以审理认定的罪名作出有罪判决。根据《刑诉解释》的规定，人民法院应当在判决前听取控辩双方的意见，保障被告人、辩护人充分行使辩护权。必要时，可以再次开庭，组织控辩双方围绕被告人的行为构成何罪进行辩论。

4.（1）依据《刑事诉讼法》第222条：基层人民法院管辖的可能判处三年有期徒刑以下刑罚的案件，案件事实清楚，证据确实、充分，被告人认罪认罚并同意适用速裁程序的，可以适用速裁程序，由审判员一人独任审判。

人民检察院在提起公诉的时候，可以建议人民法院适用速裁程序。

依据《刑事诉讼法》第223条：有下列情形之一的，不适用速裁程序：

（一）被告人是盲、聋、哑人，或者是尚未完全丧失辨认或者控制自己行为能力的精神病人的；

（二）被告人是未成年人的；

（三）案件有重大社会影响的；

（四）共同犯罪案件中部分被告人对指控的犯罪事实、罪名、量刑建议或者适用速裁程序有异议的；

（五）被告人与被害人或者其法定代理人没有就附带民事诉讼赔偿等事项达成调解或者和解协议的；

（六）其他不宜适用速裁程序审理的。

本案属于可能判处三年有期徒刑以下刑罚的案件，案件事实清楚，证据确实、充分，如被告人认罪认罚并同意适用速裁程序的，可以适用速裁程序，但本案当时媒体争相报道，属于当时有重大社会影响的案件，故此不能适用速裁。

（2）如适用速裁程序，特点如下：

依据《刑事诉讼法》第 224 条：适用速裁程序审理案件，不受本章第一节规定的送达期限的限制，一般不进行法庭调查、法庭辩论，但在判决宣告前应当听取辩护人的意见和被告人的最后陈述意见。

适用速裁程序审理案件，应当当庭宣判。

专题十六　第二审程序

【主观题考前分析】

年份	曾考过	题型
2021 年	二审程序、二审中增加新的罪名处理	问答题
2017 年	二审判决结果	问答题
2016 年	上诉不加刑、二审处理方式	问答题
2009 年	二审程序、附带民事诉讼	问答题
2008 年延考	二审发回的审判组织	问答题
2007 年	共同犯罪的二审程序	找错题
2004 年	上诉的撤回、抗诉权	问答题
2002 年	抗诉引起的二审、查封扣押冻结、二审审理方式和判决结果	找错题

　　相对于人民法院的第一审程序而言，第二审程序往往被称为"普通救济程序"，是指第一审人民法院的上一级人民法院，对不服第一审人民法院尚未发生法律效力的判决或裁定而提出上诉或者抗诉的案件进行审理时所适用的诉讼程序。第二审程序并不是审理刑事案件的必经程序。一个案件是否经过第二审程序，关键在于上诉权人是否依法提起上诉或第一审人民法院的同级人民检察院是否依法提起了抗诉。在案例考查方面，侧重点会在"二审程序的提起、上诉不加刑、开庭审理的情形、二审审理后判决结果、附带民事诉讼的二审、共同犯罪的处理"。

第一部分　主观题重点法条内容提醒和详解

《刑事诉讼法》

　　第二百二十七条　被告人、自诉人和他们的法定代理人，不服地方各级人民法院第一审的判决、裁定，有权用书状或者口头向上一级人民法院上诉。被告人的辩护人和近亲属，经被告人同意，可以提出上诉。

　　附带民事诉讼的当事人和他们的法定代理人，可以对地方各级人民法院第一审的判决、裁定中的附带民事诉讼部分，提出上诉。

　　对被告人的上诉权，不得以任何借口加以剥夺。

　　第二百二十八条　地方各级人民检察院认为本级人民法院第一审的判决、裁定确有错误的时候，应当向上一级人民法院提出抗诉。

　　第二百二十九条　被害人及其法定代理人不服地方各级人民法院第一审的判决的，自收到判决书后五日以内，有权请求人民检察院提出抗诉。人民检察院自收到被害人及其法定代理人的请求后五日以内，应当作出是否抗诉的决定并且答复请求人。

第二百三十四条　第二审人民法院对于下列案件，应当组成合议庭，开庭审理：

（一）被告人、自诉人及其法定代理人对第一审认定的事实、证据提出异议，可能影响定罪量刑的上诉案件；

（二）被告人被判处死刑的上诉案件；

（三）人民检察院抗诉的案件；

（四）其他应当开庭审理的案件。

第二审人民法院决定不开庭审理的，应当讯问被告人，听取其他当事人、辩护人、诉讼代理人的意见。

第二审人民法院开庭审理上诉、抗诉案件，可以到案件发生地或者原审人民法院所在地进行。

第二百三十五条　人民检察院提出抗诉的案件或者第二审人民法院开庭审理的公诉案件，同级人民检察院都应当派员出席法庭。第二审人民法院应当在决定开庭审理后及时通知人民检察院查阅案卷。人民检察院应当在一个月以内查阅完毕。人民检察院查阅案卷的时间不计入审理期限。

第二百三十六条　第二审人民法院对不服第一审判决的上诉、抗诉案件，经过审理后，应当按照下列情形分别处理：

（一）原判决认定事实和适用法律正确、量刑适当的，应当裁定驳回上诉或者抗诉，维持原判；

（二）原判决认定事实没有错误，但适用法律有错误，或者量刑不当的，应当改判；

（三）原判决事实不清楚或者证据不足的，可以在查清事实后改判；也可以裁定撤销原判，发回原审人民法院重新审判。

原审人民法院对于依照前款第三项规定发回重新审判的案件作出判决后，被告人提出上诉或者人民检察院提出抗诉的，第二审人民法院应当依法作出判决或者裁定，不得再发回原审人民法院重新审判。

第二百三十七条　第二审人民法院审理被告人或者他的法定代理人、辩护人、近亲属上诉的案件，不得加重被告人的刑罚。第二审人民法院发回原审人民法院重新审判的案件，除有新的犯罪事实，人民检察院补充起诉的以外，原审人民法院也不得加重被告人的刑罚。

人民检察院提出抗诉或者自诉人提出上诉的，不受前款规定的限制。

第二百三十八条　第二审人民法院发现第一审人民法院的审理有下列违反法律规定的诉讼程序的情形之一的，应当裁定撤销原判，发回原审人民法院重新审判：

（一）违反本法有关公开审判的规定的；

（二）违反回避制度的；

（三）剥夺或者限制了当事人的法定诉讼权利，可能影响公正审判的；

（四）审判组织的组成不合法的；

（五）其他违反法律规定的诉讼程序，可能影响公正审判的。

第二百四十五条　公安机关、人民检察院和人民法院对查封、扣押、冻结的犯罪嫌疑人、被告人的财物及其孳息，应当妥善保管，以供核查，并制作清单，随案移送。任何单位和个人不得挪用或者自行处理。对被害人的合法财产，应当及时返还。对违禁品或者不宜长期保存的物品，应当依照国家有关规定处理。

对作为证据使用的实物应当随案移送，对不宜移送的，应当将其清单、照片或者其他证明文件随案移送。

人民法院作出的判决，应当对查封、扣押、冻结的财物及其孳息作出处理。

人民法院作出的判决生效以后，有关机关应当根据判决对查封、扣押、冻结的财物及其孳息进行处理。对查封、扣押、冻结的赃款赃物及其孳息，除依法返还被害人的以外，一律上缴国库。

司法工作人员贪污、挪用或者私自处理查封、扣押、冻结的财物及其孳息的，依法追究刑事责任；不构成犯罪的，给予处分。

《刑诉解释》

第三百七十八条 地方各级人民法院在宣告第一审判决、裁定时，应当告知被告人、自诉人及其法定代理人不服判决和准许撤回起诉、终止审理等裁定的，有权在法定期限内以书面或者口头形式，通过本院或者直接向上一级人民法院提出上诉；被告人的辩护人、近亲属经被告人同意，也可以提出上诉；附带民事诉讼当事人及其法定代理人，可以对判决、裁定中的附带民事部分提出上诉。

被告人、自诉人、附带民事诉讼当事人及其法定代理人是否提出上诉，以其在上诉期满前最后一次的意思表示为准。

第三百八十三条 上诉人在上诉期限内要求撤回上诉的，人民法院应当准许。

上诉人在上诉期满后要求撤回上诉的，第二审人民法院经审查，认为原判认定事实和适用法律正确，量刑适当的，应当裁定准许；认为原判确有错误的，应当不予准许，继续按照上诉案件审理。

被判处死刑立即执行的被告人提出上诉，在第二审开庭后宣告裁判前申请撤回上诉的，应当不予准许，继续按照上诉案件审理。

第三百八十五条 人民检察院在抗诉期限内要求撤回抗诉的，人民法院应当准许。

人民检察院在抗诉期满后要求撤回抗诉的，第二审人民法院可以裁定准许，但是认为原判存在将无罪判为有罪、轻罪重判等情形的，应当不予准许，继续审理。

上级人民检察院认为下级人民检察院抗诉不当，向第二审人民法院要求撤回抗诉的，适用前两款规定。

第三百八十六条 在上诉、抗诉期满前撤回上诉、抗诉的，第一审判决、裁定在上诉、抗诉期满之日起生效。在上诉、抗诉期满后要求撤回上诉、抗诉，第二审人民法院裁定准许的，第一审判决、裁定应当自第二审裁定书送达上诉人或者抗诉机关之日起生效。

第三百九十条 共同犯罪案件，上诉的被告人死亡，其他被告人未上诉的，第二审人民法院应当对死亡的被告人终止审理；但有证据证明被告人无罪，经缺席审理确认无罪的，应当判决宣告被告人无罪。

具有前款规定的情形，第二审人民法院仍应对全案进行审查，对其他同案被告人作出判决、裁定。

第三百九十二条 第二审期间，被告人除自行辩护外，还可以继续委托第一审辩护人或者另行委托辩护人辩护。

共同犯罪案件，只有部分被告人提出上诉，或者自诉人只对部分被告人的判决提出上诉，或者人民检察院只对部分被告人的判决提出抗诉的，其他同案被告人也可以委托辩护人辩护。

第三百九十三条 下列案件，根据刑事诉讼法第二百三十四条的规定，应当开庭审理：

（一）被告人、自诉人及其法定代理人对第一审认定的事实、证据提出异议，可能影响定罪量刑的上诉案件；

（二）被告人被判处死刑的上诉案件；

（三）人民检察院抗诉的案件；

（四）应当开庭审理的其他案件。

被判处死刑的被告人没有上诉，同案的其他被告人上诉的案件，第二审人民法院应当开庭审理。

第三百九十四条　对上诉、抗诉案件，第二审人民法院经审查，认为原判事实不清、证据不足，或者具有刑事诉讼法第二百三十八条规定的违反法定诉讼程序情形，需要发回重新审判的，可以不开庭审理。

第四百条　第二审案件依法不开庭审理的，应当讯问被告人，听取其他当事人、辩护人、诉讼代理人的意见。合议庭全体成员应当阅卷，必要时应当提交书面阅卷意见。

第四百零一条　审理被告人或者其法定代理人、辩护人、近亲属提出上诉的案件，不得对被告人的刑罚作出实质不利的改判，并应当执行下列规定：

（一）同案审理的案件，只有部分被告人上诉的，既不得加重上诉人的刑罚，也不得加重其他同案被告人的刑罚；

（二）原判认定的罪名不当的，可以改变罪名，但不得加重刑罚或者对刑罚执行产生不利影响；

（三）原判认定的罪数不当的，可以改变罪数，并调整刑罚，但不得加重决定执行的刑罚或者对刑罚执行产生不利影响；

（四）原判对被告人宣告缓刑的，不得撤销缓刑或者延长缓刑考验期；

（五）原判没有宣告职业禁止、禁止令的，不得增加宣告；原判宣告职业禁止、禁止令的，不得增加内容、延长期限；

（六）原判对被告人判处死刑缓期执行没有限制减刑、决定终身监禁的，不得限制减刑、决定终身监禁；

（七）原判判处的刑罚不当、应当适用附加刑而没有适用的，不得直接加重刑罚、适用附加刑。原判判处的刑罚畸轻，必须依法改判的，应当在第二审判决、裁定生效后，依照审判监督程序重新审判。

人民检察院抗诉或者自诉人上诉的案件，不受前款规定的限制。

第四百零二条　人民检察院只对部分被告人的判决提出抗诉，或者自诉人只对部分被告人的判决提出上诉的，第二审人民法院不得对其他同案被告人加重刑罚。

第四百零三条　被告人或者其法定代理人、辩护人、近亲属提出上诉，人民检察院未提出抗诉的案件，第二审人民法院发回重新审判后，除有新的犯罪事实且人民检察院补充起诉的以外，原审人民法院不得加重被告人的刑罚。

对前款规定的案件，原审人民法院对上诉发回重新审判的案件依法作出判决后，人民检察院抗诉的，第二审人民法院不得改判为重于原审人民法院第一次判处的刑罚。

第四百零四条　第二审人民法院认为第一审判决事实不清、证据不足的，可以在查清事实后改判，也可以裁定撤销原判，发回原审人民法院重新审判。

有多名被告人的案件，部分被告人的犯罪事实不清、证据不足或者有新的犯罪事实需要追诉，且有关犯罪与其他同案被告人没有关联的，第二审人民法院根据案件情况，可以对该部分被告人分案处理，将该部分被告人发回原审人民法院重新审判。原审人民法院重新作出判决后，被告人上诉或者人民检察院抗诉，其他被告人的案件尚未作出第二审判决、裁定的，第二审人民法院可以并案审理。

第四百零五条　原判事实不清、证据不足，第二审人民法院发回重新审判的案件，原审人民法院重新作出判决后，被告人上诉或者人民检察院抗诉的，第二审人民法院应当依法作出判决、裁定，不得再发回重新审判。

第四百零七条 第二审人民法院审理对刑事部分提出上诉、抗诉，附带民事部分已经发生法律效力的案件，发现第一审判决、裁定中的附带民事部分确有错误的，应当依照审判监督程序对附带民事部分予以纠正。

第四百零八条 刑事附带民事诉讼案件，只有附带民事诉讼当事人及其法定代理人上诉的，第一审刑事部分的判决在上诉期满后即发生法律效力。

应当送监执行的第一审刑事被告人是第二审附带民事诉讼被告人的，在第二审附带民事诉讼案件审结前，可以暂缓送监执行。

第四百零九条 第二审人民法院审理对附带民事部分提出上诉，刑事部分已经发生法律效力的案件，应当对全案进行审查，并按照下列情形分别处理：

（一）第一审判决的刑事部分并无不当的，只需就附带民事部分作出处理；

（二）第一审判决的刑事部分确有错误的，依照审判监督程序对刑事部分进行再审，并将附带民事部分与刑事部分一并审理。

第四百一十条 第二审期间，第一审附带民事诉讼原告人增加独立的诉讼请求或者第一审附带民事诉讼被告人提出反诉的，第二审人民法院可以根据自愿、合法的原则进行调解；调解不成的，告知当事人另行起诉。

第四百一十一条 对第二审自诉案件，必要时可以调解，当事人也可以自行和解。调解结案的，应当制作调解书，第一审判决、裁定视为自动撤销。当事人自行和解的，依照本解释第三百二十九条的规定处理；裁定准许撤回自诉的，应当撤销第一审判决、裁定。

第二部分　主观题案例模拟演练

【案情简介】

曾某（安徽人，现住京北市淀海区）、陈某（安徽合肥人，现住京北市淀海区）共同故意杀害子龙（吉林市长春人，现住京北市淀海区），后经公安机关侦查，申请检察院批准并决定逮捕两犯罪嫌疑人，该案经京北市中级人民法院开庭审理，子龙的父亲也提起刑事附带民事诉讼。一审判决被告人曾某死刑立即执行，被告人陈某无期徒刑。判令两被告人赔偿附带民事诉讼原告人经济损失共计20万元。判决宣告后，京北市人民法院分别向被告人曾某、陈某和京北市人民检察院送达了判决书。陈某没有上诉，曾某父亲经过曾某同意后，在上诉期内以曾某没有杀人为由向第二审人民法院提出上诉。京北市人民检察院在判决书送达后第3日电话通知京北市中级人民法院对陈某提出抗诉，但因故于判决书送达后第12日市人民检察院才以对陈某量刑畸轻为由，签发抗诉书，并将抗诉书副本连同案件材料抄送省人民检察院。省人民检察院经审查认为原审判决正确，遂向省高级人民法院撤回抗诉，并通知了京北市人民检察院。

第二审法院开庭审理了该案。曾某父亲以自己是上诉人为由申请参与庭审，合议庭同意了曾某父亲的请求。同案被告人陈某也要求参与法庭审理，但合议庭认为陈某没有提出上诉，也没有被检察院抗诉，没有必要参加庭审，因此拒绝了陈某的请求。经过审理，合议庭认为，一审所认定的作案时间和作案工具都存在疑点，本案事实不清、证据不足，于是裁定撤销一审判决，发回重审。原审人民法院重新组成合议庭开庭审理该案，再次以故意杀人罪判处曾某死刑立即执行，陈某无期徒刑。曾某不服再次上诉。二审人民法院再次以事实不清、证据不足为由发回重审。该案经再次重审，判决曾某无罪，陈某死刑缓期两年执行。

【问题】

1. 该案中，曾某的父亲是否有权提起上诉？能否以上诉人的身份参加庭审？

2. 没有提出上诉的被告人陈某能否参加法庭审理活动？法庭拒绝其参加庭审的做法是否正确？

3. 本案中检察机关提出抗诉和撤回抗诉的行为是否合法有效？

4. 本案因事实不清、证据不足而两次发回重审，根据现行刑事诉讼法的规定，这一做法是否正确？

5. 该案经再次重审，判决曾某无罪，陈某死刑缓期两年执行。这种处理是否合法？

6. 本案一审宣判后，曾某对刑事部分提起上诉，但本案的民事部分没有上诉。如果第二审法院在审理中发现本案民事部分有错误，应该如何处理？

7. 请结合本案，谈谈对落实《中共中央关于全面推进依法治国若干重大问题的决定》中关于"推进以捕诉合一的诉讼制度改革"这一部署的认识。

答题要求：

1. 无本人分析、照抄材料原文不得分；

2. 结论、观点正确，逻辑清晰，说理充分，文字通畅；

3. 请按问题顺序作答，总字数不得少于800字。

【参考解析】

1. 本案中被告人曾某的父亲征得曾某的同意后有权提起上诉。但上诉人依然是被告人曾某，因此，曾某父亲不能以上诉人身份参加庭审。二审法院准许曾某父亲以上诉人身份参加庭审的做法是错误的。

2. 要求出庭参加法庭调查和法庭辩论是被告人的一项基本诉讼权利，没有提出上诉的被告人陈某同样有权参加法庭审理活动。对于没有提出上诉也没有被抗诉的被告人，人民法院可以不再传唤其出庭，但在被告人要求出庭的情况下，人民法院应当准许。本案中法庭拒绝其参加庭审的做法是错误的。

3. 《刑事诉讼法》规定检察机关必须以书面形式提出抗诉，且抗诉必须在抗诉期限内（判决书为10日，裁定为5日）提出。本案中某市检察机关在判决书送达后第3日电话通知某市中级人民法院对陈某提出抗诉，在送达后12日市人民检察院才以对陈某量刑畸轻为由，签发抗诉书。该检察机关以电话方式提出的抗诉是无效的，虽然其后签发了抗诉书，但签发抗诉书时间已经超过法定抗诉期限，因而某市检察机关的抗诉行为只能认定为无效。

基于上下级检察机关之间的领导与被领导的关系，某省人民检察院院撤回某市人民检察院的抗诉的行为是合法的。但该案中，某省人民检察院只是从案件实体方面对某市人民检察院的抗诉进行审查，而没有从程序上对某市人民检察院的抗诉行为进行审查，也存在工作上的疏忽。

4. 根据《刑事诉讼法》的规定，二审人民法院对于原判事实不清、证据不足的案件，发回重审的次数以1次为限。原审人民法院对于发回重新审判的案件作出判决后，被告人提出上诉或者人民检察院提出抗诉的，第二审人民法院应当依法作出判决或者裁定，不得再发回原审人民法院重新审判。本案中二审法院2次以案件事实不清、证据不足为由发回重审的做法是错误的。

5. 这种做法是不合法的，违反了"上诉不加刑"原则。根据《刑诉解释》第401条的规定，同案审理的案件，只有部分被告人上诉的，既不得加重上诉人的刑罚，也不得加重其他同案被告人的刑罚。同时根据《刑事诉讼法》的规定，二审人民法院发回重审的案件，除有新的犯罪事实，人民检察院补充起诉的以外，原审人民法院不得加重被告人的刑罚。本案中，只有被告人曾某提起上诉，发回重审后，也没有发现新的犯罪事实，对曾某和陈某都应当适用"上诉不加刑"原则。该案中人民法院重新审判后虽然判决被告人曾某无罪，但将被告人陈某的原判无期徒刑改判为死刑缓期执行，加重了被告人陈某的刑罚，显然是错误的。

6. 本案一审宣判后，曾某对刑事部分提起上诉，但本案的民事部分没有上诉。如果第二审法院在审理中发现本案民事部分有错误，应当对民事部分按照审判监督程序予以纠正。

7. 我国《宪法》《人民检察院组织法》《刑事诉讼法》都明确规定，批捕权和起诉权由检察机关统一行使。

无论是捕诉合一，还是捕诉分离，都只是检察机关职权内部配置问题，究竟哪一种方式更符合实际需要，应当从办案的公正和效率角度进行利弊权衡、综合评判。没有案件质量，机制再创新，改革再深入，也难以抵消其负面影响。就这点而言，司法责任制改革背景下的错案终身追责制，为案件质量树立了一道坚如磐石的防线，捕诉合一机制下，将批捕权和公诉权交由同一个检察官或检察官办案组行使，有助于办案责任一通到底，更好地落实"谁办案谁负责，谁决定谁负责"，进而形成以责任倒逼检察官注重案件质量效果的良性循环。

从目前各地试点情况来看，实行捕诉合一，一个检察官既负责批准逮捕，也负责审查起诉，这样检察官在审查起诉前就对基本案情有所掌握，在审查起诉时就无需再花大量时间和精力去阅读案卷、熟悉案情、核实材料，进行同质化的重复性工作。

检察官只需对改变的部分案件事实及侦查意向书中要求的材料有无补充进行审核把关即可，从而可以减少退回补充侦查的概率，可以有效提高诉讼效率，降低司法成本，也缩减了犯罪嫌疑人被羁押的时限。

我个人观点，捕诉合一的改革，在人权保障方面，不会出现一些学者认为的，大的滑坡，相反，在公诉引导侦查以及诉讼效率方面，会得到比较大的改善。有观点认为，捕诉合一，对于案件的审查就从两道工序变成了一道工序，案件的质量就下降了，出现冤假错案的可能性大大增加。这种观点显然是沙盘推演，没有具体办案。因为批捕和起诉，是前后两个不同的诉讼阶段，无论是审查标准还是办案期限都不相同。捕诉合一并不是说，把批捕和起诉压缩成一个程序，两个程序合二为一，而是由一个检察官负责批捕程序、起诉程序这两个程序，捕诉合一合的是办案人员，而不是办案工序。由于诉讼程序没有减少，当然就不会出现案件质量下降的问题。同时，由于负责起诉的检察官比负责批捕的检察官，更加熟悉起诉、法庭证据的标准、证据的理解使用，因而实行捕诉合一后，检察官更加关注整个案件的证据收集，检察官会把起诉的证据标准运用到批捕中，以捕后证据标准引领批捕、引领侦查，对侦查工作的引领更加具体精准，这样，就可以把好案件的事实关、证据关和程序关，从而可以有效提高办案质量。

"捕诉合一"模式是新形势下的必然选择，以审判为中心是司法改革的重要内容，在以审判为中心的诉讼制度下，定案主要在控、辩、审大三角架构中的博弈中。侦查和公诉在这个大三角架构中实质上承担的是大控方职能。庭审的公开性、法庭的客观性使得审判具有最全面的审核性，这是诉前程序主要体现在内部的制约与监督所无法比拟的。随着司法改革的不断深入，控方在以审判为中心的大三角架构中所受到的监督将是历史上从没有的。面临巨大的挑战，承担追诉犯罪职能的诉前机关必须形成合力，构建大控方的格局。

第一，是深化检察改革的必然要求。当前，检察机关正在推进以办案责任制改革为核心的检察权运行机制改革，根本目的在于改变那些不适应形势发展和司法办案需要的运行机制，优化检察权配置，提升检察机关法律监督整体效能。"捕诉分离"模式一定程度上导致了检察权在审查批准逮捕和审查起诉环节的运行不畅，影响法律监督整体效能的充分发挥和有效打击犯罪、保护人民目标的实现。在检察机关内设机构改革过程中实行"捕诉合一"模式，正是适应检察权运行机制改革、克服"捕诉分离"模式所导致的一系列问题的必然要求。

第二，是解决"案多人少"问题的必然选择。当前我国正处于发展的重要战略机遇期，又处于社会矛盾凸显期，各种利益诉求引发的矛盾纠纷日益增多，刑事案件高发，随着法律的日益完善，办案程序越来越规范，办案要求越来越高，各地检察机关"案多人少"的矛盾日益突出。实行"捕诉合一"模式，能够有效地减少重复劳动，大大提高办案效率，是解决当前检察机关"案多人少"问题的必然选择。

第三，是新形势下检察机关加强专业化建设的必由之路。随着社会经济不断发展，刑事犯罪日益呈现智能化、专业化趋势，加强专业化建设是检察机关适应形势发展的必然要求。加强专业化建设，由专门的部门或办案组办理某些专业性较强的案件则必然要求实行"捕诉合一"模式。目前，已经成立的未成年人检察、金融犯罪检察、网络犯罪检察、生态环境检察等专业性的办案机构都是实行"捕诉合一"模式，这也说明采用"捕诉合一"模式是新形势下检察机关加强专业化建设的必由之路。

专题十七　死刑复核程序

【主观题考前分析】

年份	曾考过	题型
2009 年	死刑立即执行和死缓的复核程序	问答题

　　在主观题案例考查中，最高人民法院的死刑复核程序特点和结果是重点。其死刑案件复核的报请程序、复核程序，尤其是复核后的处理等方面的内容经常成为案例分析出问答题型的素材。2009 年卷四案例出过死刑复核的案例分析题。

第一部分　主观题法条内容提醒和详解

《刑诉解释》

　　第四百二十三条　报请最高人民法院核准死刑的案件，应当按照下列情形分别处理：

　　（一）中级人民法院判处死刑的第一审案件，被告人未上诉、人民检察院未抗诉的，在上诉、抗诉期满后十日以内报请高级人民法院复核。高级人民法院同意判处死刑的，应当在作出裁定后十日以内报请最高人民法院核准；认为原判认定的某一具体事实或者引用的法律条款等存在瑕疵，但判处被告人死刑并无不当的，可以在纠正后作出核准的判决、裁定；不同意判处死刑的，应当依照第二审程序提审或者发回重新审判；

　　（二）中级人民法院判处死刑的第一审案件，被告人上诉或者人民检察院抗诉，高级人民法院裁定维持的，应当在作出裁定后十日以内报请最高人民法院核准；

　　（三）高级人民法院判处死刑的第一审案件，被告人未上诉、人民检察院未抗诉的，应当在上诉、抗诉期满后十日以内报请最高人民法院核准。

　　高级人民法院复核死刑案件，应当讯问被告人。

　　第四百二十四条　中级人民法院判处死刑缓期执行的第一审案件，被告人未上诉、人民检察院未抗诉的，应当报请高级人民法院核准。

　　高级人民法院复核死刑缓期执行案件，应当讯问被告人。

　　第四百二十八条　高级人民法院复核死刑缓期执行案件，应当按照下列情形分别处理：

　　（一）原判认定事实和适用法律正确、量刑适当、诉讼程序合法的，应当裁定核准；

　　（二）原判认定的某一具体事实或者引用的法律条款等存在瑕疵，但判处被告人死刑缓期执行并无不当的，可以在纠正后作出核准的判决、裁定；

　　（三）原判认定事实正确，但适用法律有错误，或者量刑过重的，应当改判；

　　（四）原判事实不清、证据不足的，可以裁定不予核准，并撤销原判，发回重新审判，或者依法改判；

　　（五）复核期间出现新的影响定罪量刑的事实、证据的，可以裁定不予核准，并撤销原判，发回重新审判，或者依照本解释第二百七十一条的规定审理后依法改判；

（六）原审违反法定诉讼程序，可能影响公正审判的，应当裁定不予核准，并撤销原判，发回重新审判。

复核死刑缓期执行案件，不得加重被告人的刑罚。

第四百二十九条 最高人民法院复核死刑案件，应当按照下列情形分别处理：

（一）原判认定事实和适用法律正确、量刑适当、诉讼程序合法的，应当裁定核准；

（二）原判认定的某一具体事实或者引用的法律条款等存在瑕疵，但判处被告人死刑并无不当的，可以在纠正后作出核准的判决、裁定；

（三）原判事实不清、证据不足的，应当裁定不予核准，并撤销原判，发回重新审判；

（四）复核期间出现新的影响定罪量刑的事实、证据的，应当裁定不予核准，并撤销原判，发回重新审判；

（五）原判认定事实正确、证据充分，但依法不应当判处死刑的，应当裁定不予核准，并撤销原判，发回重新审判；根据案件情况，必要时，也可以依法改判；

（六）原审违反法定诉讼程序，可能影响公正审判的，应当裁定不予核准，并撤销原判，发回重新审判。

第四百三十条 最高人民法院裁定不予核准死刑的，根据案件情况，可以发回第二审人民法院或者第一审人民法院重新审判。

对最高人民法院发回第二审人民法院重新审判的案件，第二审人民法院一般不得发回第一审人民法院重新审判。

第一审人民法院重新审判的，应当开庭审理。第二审人民法院重新审判的，可以直接改判；必须通过开庭查清事实、核实证据或者纠正原审程序违法的，应当开庭审理。

第四百三十一条 高级人民法院依照复核程序审理后报请最高人民法院核准死刑，最高人民法院裁定不予核准，发回高级人民法院重新审判的，高级人民法院可以依照第二审程序提审或者发回重新审判。

第四百三十二条 最高人民法院裁定不予核准死刑，发回重新审判的案件，原审人民法院应当另行组成合议庭审理，但本解释第四百二十九条第四项、第五项规定的案件除外。

第四百三十三条 依照本解释第四百三十条、第四百三十一条发回重新审判的案件，第一审人民法院判处死刑、死刑缓期执行的，上一级人民法院依照第二审程序或者复核程序审理后，应当依法作出判决或者裁定，不得再发回重新审判。但是，第一审人民法院有刑事诉讼法第二百三十八条规定的情形或者违反刑事诉讼法第二百三十九条规定的除外。

第四百三十四条 死刑复核期间，辩护律师要求当面反映意见的，最高人民法院有关合议庭应当在办公场所听取其意见，并制作笔录；辩护律师提出书面意见的，应当附卷。

第四百三十五条 死刑复核期间，最高人民检察院提出意见的，最高人民法院应当审查，并将采纳情况及理由反馈最高人民检察院。

第四百三十六条 最高人民法院应当根据有关规定向最高人民检察院通报死刑案件复核结果。

第二部分 主观题案例模拟演练

【案情简介】杀害6人赵志红被执行死刑

最高人民法院经复核确认，1996年9月至2005年7月间，被告人赵志红在内蒙古自治区呼和浩特市、乌兰察布市等地，连续实施故意杀人、强奸、抢劫、盗窃犯罪共计17起，共杀死6人，强行奸淫幼女2人、妇女10人，还多次抢劫、盗窃，犯罪性质特别恶劣，手段残忍，社会危害极大，后果和罪行极其严重。内蒙古自治区呼和浩特市中级人民法院一审判处赵志红死刑立即执行，赵志红上诉，为内蒙古自治区高级人民法院高级人民法院裁定维持原判。

赵志红因其自认为"呼格吉勒图案"真凶而被公众所熟知，但最高法认为根据现有证据无法认定赵志红是"呼格吉勒图案"真凶的事实，或证据相互间有矛盾，或得出的结论不是唯一的、排他的，而是存在两种或两种以上可能，未予确认赵志红为"呼格案"真凶。2019年7月30日，罪犯赵志红被执行死刑。

【问题】

1. 除最高人民法院有权核准赵志红的死刑判决外，内蒙古自治区高级人民法院是否也有权核准？为什么？

2. 最高人民法院复核赵志红的死刑判决可否由审判员独任审理？是否可以采用书面审理的方式复核赵志红的死刑判决？

3. 若最高人民法院在裁定不核准赵志红死刑判决的同时，将该案发回重审。请问，可以发回哪几个法院重审？若发回内蒙古自治区高级人民法院重审，该院应当如何处理？

4. 如最高人民法院复核后，认为赵志红故意杀人犯罪的死刑判决、裁定事实不清、证据不足的，请问最高人民法院如何处理？如最高人民法院复核后，认为赵志红强奸犯罪的死刑判决、裁定认定事实正确，但依法不应当判处死刑的，请问最高人民法院如何处理？

【解题思路】

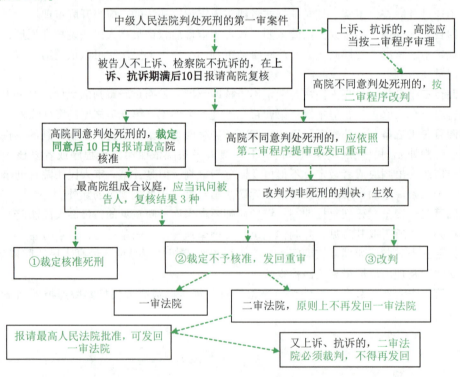

【参考解析】

1. 依据《刑诉解释》第423条第1款第2项规定，中级人民法院判处死刑的第一审案件，被告人上诉或者人民检察院抗诉，高级人民法院裁定维持的，应当在作出裁定后10日内报请最高人民法院核准。即死刑由最高人民法院核准。本案中，内蒙古自治区呼和浩特市中级人民法院一审判处赵志红死刑立即执行，赵志红上诉，内蒙古自治区高级人民法院裁定维持原判，应当报请最高人民法院核准。除了最高人民法院，其他机关包括内蒙古自治区高级人民法院都无权核准对赵志红的死刑立即执行判决。

2. 根据《刑事诉讼法》第 249 条的规定，最高人民法院复核死刑案件应当由审判员三人组成合议庭进行。根据《刑事诉讼法》第 251 条的规定，最高人民法院复核死刑案件，应当讯问被告人，辩护律师提出要求的，应当听取辩护律师的意见。在复核死刑案件过程中，最高人民检察院可以向最高人民法院提出意见。最高人民法院应当将死刑复核结果通报最高人民检察院。即对死刑复核案件，最高人民法院应当由审判员 3 人组成合议庭进行，因此，不能由审判员独任进行审理。最高人民法院复核赵志红的死刑立即执行案件不能采用书面审理方式。因为死刑案件的复核方式不是单纯的书面审理，而是调查讯问式审理。对死刑复核案件，最高人民法院应当讯问被告人赵志红，辩护律师提出要求的，应当听取辩护律师的意见。最高人民检察院可以向最高人民法院提出意见。复核死刑案件应当对原审裁判的事实认定、法律适用和诉讼程序进行全面审查。对证据有疑问的，应当对证据进行调查核实，必要时到案发现场调查。

3. 依据《刑诉解释》第 430 条：最高人民法院裁定不予核准死刑的，根据案件情况，可以发回第二审人民法院或者第一审人民法院重新审判。第一审人民法院重新审判的，应当开庭审理。第二审人民法院重新审判的，可以直接改判；必须通过开庭查清事实、核实证据或者纠正原审程序违法的，应当开庭审理。因此，本案可以将案件发回内蒙古自治区高级人民法院或者内蒙古自治区呼和浩特市中级人民法院重新审判。

依据《刑事诉讼法》相关司法解释规定，高级人民法院依照复核程序审理后报请最高人民法院核准死刑，最高人民法院裁定不予核准，发回高级人民法院重新审判的，高级人民法院可以依照第二审程序提审或发回重新审判。由于最高人民法院是因为事实不清而发回重审的，本案需要看事实不清对定罪量刑的影响程度，若影响重大，内蒙古自治区高级人民法院应以发回内蒙古自治区呼和浩特市中级人民法院重新审判为宜。

4. 根据《刑诉解释》第 429 条，最高人民法院复核死刑案件，应当按照下列情形分别处理：

（一）原判认定事实和适用法律正确、量刑适当、诉讼程序合法的，应当裁定核准；

（二）原判认定的某一具体事实或者引用的法律条款等存在瑕疵，但判处被告人死刑并无不当的，可以在纠正后作出核准的判决、裁定；

（三）原判事实不清、证据不足的，应当裁定不予核准，并撤销原判，发回重新审判；

（四）复核期间出现新的影响定罪量刑的事实、证据的，应当裁定不予核准，并撤销原判，发回重新审判；

（五）原判认定事实正确、证据充分，但依法不应当判处死刑的，应当裁定不予核准，并撤销原判，发回重新审判；根据案件情况，必要时，也可以依法改判；

（六）原审违反法定诉讼程序，可能影响公正审判的，应当裁定不予核准，并撤销原判，发回重新审判。

本题中，赵志红犯故意杀人罪和强奸罪等，如一审均被判处死刑立即执行。如最高人民法院经复核后认为，故意杀人罪的死刑判决事实不清、证据不足，最高人民法院应当对全案裁定不予核准，并撤销原判，发回重新审判。

如最高人民法院经复核后认为，赵志红强奸罪的死刑判决、裁定认定事实正确，但依法不应当判处死刑的，应当裁定不予核准，并撤销原判，发回重新审判；根据案件情况，必要时，也可以依法改判。

专题十八　审判监督程序

【主观题考前分析】

年份	曾考过	题型
2017 年	申诉的提起、审判监督程序的提起和权限、再审后的审判结果	问答题

作为一种特殊的救济程序，刑事审判监督程序，又称再审程序，是指人民法院、人民检察院对于已经发生法律效力的判决和裁定，发现在认定事实上或者在适用法律上确有错误，由人民法院对案件进行重新审判的一种诉讼程序。它对保障当事人、尤其是被告人的合法权益，依法纠正错案，维持当事人之间的利益平衡，提高办案质量和法官的业务素质，起到一定的作用。

这几年，为了适应司法改革，在"纠正冤假错案"精神原则引导下，本章内容成为出题老师的大爱，主观题案例中的审判监督程序的启动、申诉主体、理由和方式以及再审审判结果必须熟练掌握。另外，尤其要注意审判监督程序与第一审程序、第二审程序之间的联系和区别、再审与二审抗诉的区别。

第一部分　主观题重点法条内容提醒和详解

《刑事诉讼法》

第二百五十二条　当事人及其法定代理人、近亲属，对已经发生法律效力的判决、裁定，可以向人民法院或者人民检察院提出申诉，但是不能停止判决、裁定的执行。

第二百五十三条　当事人及其法定代理人、近亲属的申诉符合下列情形之一的，人民法院应当重新审判：

（一）有新的证据证明原判决、裁定认定的事实确有错误，可能影响定罪量刑的；

（二）据以定罪量刑的证据不确实、不充分、依法应当予以排除，或者证明案件事实的主要证据之间存在矛盾的；

（三）原判决、裁定适用法律确有错误的；

（四）违反法律规定的诉讼程序，可能影响公正审判的；

（五）审判人员在审理该案件的时候，有贪污受贿，徇私舞弊，枉法裁判行为的。

第二百五十四条　各级人民法院院长对本院已经发生法律效力的判决和裁定，如果发现在认定事实上或者在适用法律上确有错误，必须提交审判委员会处理。

最高人民法院对各级人民法院已经发生法律效力的判决和裁定，上级人民法院对下级人民法院已经发生法律效力的判决和裁定，如果发现确有错误，有权提审或者指令下级人民法院再审。

最高人民检察院对各级人民法院已经发生法律效力的判决和裁定，上级人民检察院对下级人民法院已经发生法律效力的判决和裁定，如果发现确有错误，有权按照审判监督程序向同级人民法院提出抗诉。

人民检察院抗诉的案件，接受抗诉的人民法院应当组成合议庭重新审理，对于原判决事实不清楚或者证据不足的，可以指令下级人民法院再审。

第二百五十五条　上级人民法院指令下级人民法院再审的，应当指令原审人民法院以外的下级人民法院审理；由原审人民法院审理更为适宜的，也可以指令原审人民法院审理。

第二百五十六条　人民法院按照审判监督程序重新审判的案件，由原审人民法院审理的，应当另行组成合议庭进行。如果原来是第一审案件，应当依照第一审程序进行审判，所作的判决、裁定，可以上诉、抗诉；如果原来是第二审案件，或者是上级人民法院提审的案件，应当依照第二审程序进行审判，所作的判决、裁定，是终审的判决、裁定。

人民法院开庭审理的再审案件，同级人民检察院应当派员出席法庭。

第二百五十七条　人民法院决定再审的案件，需要对被告人采取强制措施的，由人民法院依法决定；人民检察院提出抗诉的再审案件，需要对被告人采取强制措施的，由人民检察院依法决定。

人民法院按照审判监督程序审判的案件，可以决定中止原判决、裁定的执行。

第二百五十八条　人民法院按照审判监督程序重新审判的案件，应当在作出提审、再审决定之日起三个月以内审结，需要延长期限的，不得超过六个月。

接受抗诉的人民法院按照审判监督程序审判抗诉的案件，审理期限适用前款规定；对需要指令下级人民法院再审的，应当自接受抗诉之日起一个月以内作出决定，下级人民法院审理案件的期限适用前款规定。

《刑诉解释》

第四百五十一条　当事人及其法定代理人、近亲属对已经发生法律效力的判决、裁定提出申诉的，人民法院应当审查处理。

案外人认为已经发生法律效力的判决、裁定侵害其合法权益，提出申诉的，人民法院应当审查处理。

申诉可以委托律师代为进行。

第四百五十三条　申诉由终审人民法院审查处理。但是，第二审人民法院裁定准许撤回上诉的案件，申诉人对第一审判决提出申诉的，可以由第一审人民法院审查处理。

上一级人民法院对未经终审人民法院审查处理的申诉，可以告知申诉人向终审人民法院提出申诉，或者直接交终审人民法院审查处理，并告知申诉人；案件疑难、复杂、重大的，也可以直接审查处理。

对未经终审人民法院及其上一级人民法院审查处理，直接向上级人民法院申诉的，上级人民法院应当告知申诉人向下级人民法院提出。

第四百五十四条　最高人民法院或者上级人民法院可以指定终审人民法院以外的人民法院对申诉进行审查。被指定的人民法院审查后，应当制作审查报告，提出处理意见，层报最高人民法院或者上级人民法院审查处理。

第四百五十五条　对死刑案件的申诉，可以由原核准的人民法院直接审查处理，也可以交由原审人民法院审查。原审人民法院应当制作审查报告，提出处理意见，层报原核准的人民法院审查处理。

第四百五十六条　对立案审查的申诉案件，人民法院可以听取当事人和原办案单位的意见，也可以对原判据以定罪量刑的证据和新的证据进行核实。必要时，可以进行听证。

第四百五十九条　申诉人对驳回申诉不服的，可以向上一级人民法院申诉。上一级人民法院经审查认为申诉不符合刑事诉讼法第二百五十三条和本解释第四百五十七条第二款规定的，应当说服申诉人撤回申诉；对仍然坚持申诉的，应当驳回或者通知不予重新审判。

第四百六十条 各级人民法院院长发现本院已经发生法律效力的判决、裁定确有错误的，应当提交审判委员会讨论决定是否再审。

第四百六十一条 上级人民法院发现下级人民法院已经发生法律效力的判决、裁定确有错误的，可以指令下级人民法院再审；原判决、裁定认定事实正确但适用法律错误，或者案件疑难、复杂、重大，或者有不宜由原审人民法院审理情形的，也可以提审。

上级人民法院指令下级人民法院再审的，一般应当指令原审人民法院以外的下级人民法院审理；由原审人民法院审理更有利于查明案件事实、纠正裁判错误的，可以指令原审人民法院审理。

第四百六十四条 对决定依照审判监督程序重新审判的案件，人民法院应当制作再审决定书。再审期间不停止原判决、裁定的执行，但被告人可能经再审改判无罪，或者可能经再审减轻原判刑罚而致刑期届满的，可以决定中止原判决、裁定的执行，必要时，可以对被告人采取取保候审、监视居住措施。

第四百六十五条 依照审判监督程序重新审判的案件，人民法院应当重点针对申诉、抗诉和决定再审的理由进行审理。必要时，应当对原判决、裁定认定的事实、证据和适用法律进行全面审查。

第四百六十九条 除人民检察院抗诉的以外，再审一般不得加重原审被告人的刑罚。再审决定书或者抗诉书只针对部分原审被告人的，不得加重其他同案原审被告人的刑罚。

第四百七十条 人民法院审理人民检察院抗诉的再审案件，人民检察院在开庭审理前撤回抗诉的，应当裁定准许；人民检察院接到出庭通知后不派员出庭，且未说明原因的，可以裁定按撤回抗诉处理，并通知诉讼参与人。

人民法院审理申诉人申诉的再审案件，申诉人在再审期间撤回申诉的，可以裁定准许；但认为原判确有错误的，应当不予准许，继续按照再审案件审理。申诉人经依法通知无正当理由拒不到庭，或者未经法庭许可中途退庭的，可以裁定按撤回申诉处理，但申诉人不是原审当事人的除外。

第四百七十二条 再审案件经过重新审理后，应当按照下列情形分别处理：

（一）原判决、裁定认定事实和适用法律正确、量刑适当的，应当裁定驳回申诉或者抗诉，维持原判决、裁定；

（二）原判决、裁定定罪准确、量刑适当，但在认定事实、适用法律等方面有瑕疵的，应当裁定纠正并维持原判决、裁定；

（三）原判决、裁定认定事实没有错误，但适用法律错误或者量刑不当的，应当撤销原判决、裁定，依法改判；

（四）依照第二审程序审理的案件，原判决、裁定事实不清、证据不足的，可以在查清事实后改判，也可以裁定撤销原判，发回原审人民法院重新审判。

原判决、裁定事实不清或者证据不足，经审理事实已经查清的，应当根据查清的事实依法裁判；事实仍无法查清，证据不足，不能认定被告人有罪的，应当撤销原判决、裁定，判决宣告被告人无罪。

第四百七十三条 原判决、裁定认定被告人姓名等身份信息有误，但认定事实和适用法律正确、量刑适当的，作出生效判决、裁定的人民法院可以通过裁定对有关信息予以更正。

第二部分　主观题案例模拟演练

【案情简介】最高检察院抗诉教师秦某性侵女童案

2011 年夏天到 2012 年 10 月，秦某在担任班主任期间，利用午休、晚自习等机会，多次对女生 A 和 B 实施强奸，多次猥亵 ABCDE 五名女学生，猥亵 F、G 两名女学生各一次。2013 年 9 月，该市中级人民法院认定被告人秦某犯强奸罪，判处死刑，缓期二年执行，剥夺政治权利终身；犯猥亵儿童罪，判处有期徒刑四年六个月，数罪并罚决定执行死刑，缓期二年执行。该市中级人民法院依法报请省高级人民法院复核。

2013 年 12 月，省高级人民法院作出裁定，以部分事实不清为由撤销原判决并发回重审。2014 年 11 月，市中级人民法院重新审理后以同样的罪名判处被告人无期徒刑。被告人秦某提出上诉，要求改判无罪。2016 年 1 月，省高级人民法院以秦某犯强奸罪改判有期徒刑六年，剥夺政治权利一年，与其犯猥亵儿童罪部分数罪并罚，决定执行有期徒刑十年，剥夺政治权利一年。

2017 年 3 月，最高人民检察院向最高人民法院提起抗诉，2018 年 6 月，最高人民法院召开审判委员会审议此案，最高人民检察院张军检察长列席会议并发表了意见。2018 年 7 月 27 日，最高人民法院判决撤销省高级人民法院二审判决，采纳最高人民检察院全部抗诉意见，认定被告人犯强奸罪情节恶劣，改判无期徒刑，认定被告人在公共场所当众猥亵儿童，对猥亵儿童罪改判有期徒刑十年，决定合并执行无期徒刑。

【问题】

1. 本案最高人民检察院向最高人民法院提起抗诉，是否正确？为什么？

2. 本案中最高人民法院判决撤销省高级人民法院二审判决，采纳最高人民检察院全部抗诉意见进行改判是否正确？为什么？

3. 最高人民法院再审时对审判组织有何特殊要求？应当适用何种程序进行再审？

4. 针对本案的判决，请问都有哪些机关有权提起审判监督程序？请简述具体的依据和法律理由。

【参考解析】

1. 正确，根据《刑事诉讼法》第 254 条第 3 款的规定，上级人民检察院对下级法院已经发生法律效力的判决和裁定，如果发现确有错误，有权按照审判监督程序向同级法院提出抗诉。可知，在审判监督程序中，上级人民检察院对下级法院有权监督。本题中，省高级人民法院作出的生效判决，依法应由上级人民检察院即最高检察院对其抗诉，省检察院无权对省高级人民法院的生效判决抗诉。

2. 最高法改判正确，根据《刑事诉讼法》第 254 条第 2 款的规定，最高人民法院对各级法院已经发生法律效力的判决和裁定，如果发现确有错误，有权提审或者指令下级法院再审。可知，最高人民法院有权对高级人民法院已经发生法律效力的判决提审，也有权指令下级法院再审。

3. 人民法院按照审判监督程序重新审判的案件，由原审人民法院审理的，应当另行组成合议庭进行。如果原来是第一审案件，应当依照第一审程序进行审判；如果原来是第二审案件，或者是上级人民法院提审的案件，应当依照第二审程序进行审判。本题中是最高人民法院提审，理应按照第二审程序进行审理。参与过本案第一审、第二审、复核程序审判的合议庭组成人员，不得参与本案的再审程序的审判。

4.《刑事诉讼法》第254条规定了几种审判监督程序的提起主体和方式：（1）各级人民法院院长对本院已经发生法律效力的判决和裁定，如果发现在认定事实上或者在适用法律上确有错误，必须提交审判委员会处理。（2）最高人民法院对各级人民法院已经发生法律效力的判决和裁定，上级人民法院对下级人民法院已经发生法律效力的判决和裁定，如果发现确有错误，有权提审或者指令下级人民法院再审。（3）最高人民检察院对各级人民法院已经发生法律效力的判决和裁定，上级人民检察院对下级人民法院已经发生法律效力的判决和裁定，如果发现确有错误，有权按照审判监督程序向同级人民法院提出抗诉。

本题中一审是市中级人民法院判决执行死刑，缓期二年执行。报请省高级人民法院复核。省高级人民法院作出裁定，以部分事实不清为由撤销原判决并发回重审。2014年11月，市中级人民法院重新审理后以同样的罪名判处被告人无期徒刑。被告人秦某提出上诉，省高级人民法院2016年1月，以秦某犯强奸罪改判有期徒刑六年，剥夺政治权利一年，与其犯猥亵儿童罪部分数罪并罚，决定执行有期徒刑十年，剥夺政治权利一年。针对省高级人民法院的生效判决，省高级人民法院院长、最高人民法院、最高人民检察院都有权提起审判监督程序。

上述主体之所以拥有审判监督程序的提起权，是与其职责相联系的。各级人民法院院长有责任监督本院裁判是否正确；最高人民法院有权监督地方各级人民法院和专门人民法院的审判工作，上级人民法院有权监督下级人民法院的审判工作；人民检察院有法律监督权。

专题十九 执 行

【主观题考前分析】

年份	曾考过	题型
2009 年	死刑执行中停止	问答题
2002 年	交付执行	找错题

对于本章中的死刑停止执行程序、监外执行、减刑、假释程序等可能会在主观题案例出现问答，考生主要注意执行中的变更程序。

主观题重点法条内容提醒和详解

《刑事诉讼法》

第二百六十二条 下级人民法院接到最高人民法院执行死刑的命令后，应当在七日以内交付执行。但是发现有下列情形之一的，应当停止执行，并且立即报告最高人民法院，由最高人民法院作出裁定：

（一）在执行前发现判决可能有错误的；

（二）在执行前罪犯揭发重大犯罪事实或者有其他重大立功表现，可能需要改判的；

（三）罪犯正在怀孕。

前款第一项、第二项停止执行的原因消失后，必须报请最高人民法院院长再签发执行死刑的命令才能执行；由于前款第三项原因停止执行的，应当报请最高人民法院依法改判。

第二百六十四条 罪犯被交付执行刑罚的时候，应当由交付执行的人民法院在判决生效后十日以内将有关的法律文书送达公安机关、监狱或者其他执行机关。

对被判处死刑缓期二年执行、无期徒刑、有期徒刑的罪犯，由公安机关依法将该罪犯送交监狱执行刑罚。对被判处有期徒刑的罪犯，在被交付执行刑罚前，剩余刑期在三个月以下的，由看守所代为执行。对被判处拘役的罪犯，由公安机关执行。

对未成年犯应当在未成年犯管教所执行刑罚。

执行机关应当将罪犯及时收押，并且通知罪犯家属。

判处有期徒刑、拘役的罪犯，执行期满，应当由执行机关发给释放证明书。

第二百六十五条 对被判处有期徒刑或者拘役的罪犯，有下列情形之一的，可以暂予监外执行：

（一）有严重疾病需要保外就医的；

（二）怀孕或者正在哺乳自己婴儿的妇女；

（三）生活不能自理，适用暂予监外执行不致危害社会的。

对被判处无期徒刑的罪犯，有前款第二项规定情形的，可以暂予监外执行。

对适用保外就医可能有社会危险性的罪犯，或者自伤自残的罪犯，不得保外就医。

对罪犯确有严重疾病，必须保外就医的，由省级人民政府指定的医院诊断并开具证明文件。

在交付执行前，暂予监外执行由交付执行的人民法院决定；在交付执行后，暂予监外执行由监狱或者看守所提出书面意见，报省级以上监狱管理机关或者设区的市一级以上公安机关批准。

第二百六十八条 对暂予监外执行的罪犯，有下列情形之一的，应当及时收监：

（一）发现不符合暂予监外执行条件的；

（二）严重违反有关暂予监外执行监督管理规定的；

（三）暂予监外执行的情形消失后，罪犯刑期未满的。

对于人民法院决定暂予监外执行的罪犯应当予以收监的，由人民法院作出决定，将有关的法律文书送达公安机关、监狱或者其他执行机关。

不符合暂予监外执行条件的罪犯通过贿赂等非法手段被暂予监外执行的，在监外执行的期间不计入执行刑期。罪犯在暂予监外执行期间脱逃的，脱逃的期间不计入执行刑期。

罪犯在暂予监外执行期间死亡的，执行机关应当及时通知监狱或者看守所。

第二百六十九条 对被判处管制、宣告缓刑、假释或者暂予监外执行的罪犯，依法实行社区矫正，由社区矫正机构负责执行。

第二百七十四条 人民检察院认为人民法院减刑、假释的裁定不当，应当在收到裁定书副本后二十日以内，向人民法院提出书面纠正意见。人民法院应当在收到纠正意见后一个月以内重新组成合议庭进行审理，作出最终裁定。

《刑诉解释》

第四百九十九条 最高人民法院的执行死刑命令，由高级人民法院交付第一审人民法院执行。第一审人民法院接到执行死刑命令后，应当在七日以内执行。

在死刑缓期执行期间故意犯罪，最高人民法院核准执行死刑的，由罪犯服刑地的中级人民法院执行。

第五百条 下级人民法院在接到执行死刑命令后、执行前，发现有下列情形之一的，应当暂停执行，并立即将请求停止执行死刑的报告和相关材料层报最高人民法院：

（一）罪犯可能有其他犯罪的；

（二）共同犯罪的其他犯罪嫌疑人到案，可能影响罪犯量刑的；

（三）共同犯罪的其他罪犯被暂停或者停止执行死刑，可能影响罪犯量刑的；

（四）罪犯揭发重大犯罪事实或者有其他重大立功表现，可能需要改判的；

（五）罪犯怀孕的；

（六）判决、裁定可能有影响定罪量刑的其他错误的。

最高人民法院经审查，认为可能影响罪犯定罪量刑的，应当裁定停止执行死刑；认为不影响的，应当决定继续执行死刑。

第五百零四条 最高人民法院对停止执行死刑的案件，应当按照下列情形分别处理：

（一）确认罪犯怀孕的，应当改判；

（二）确认罪犯有其他犯罪，依法应当追诉的，应当裁定不予核准死刑，撤销原判，发回重新审判；

（三）确认原判决、裁定有错误或者罪犯有重大立功表现，需要改判的，应当裁定不予核准死刑，撤销原判，发回重新审判；

（四）确认原判决、裁定没有错误，罪犯没有重大立功表现，或者重大立功表现不影响原判决、裁定执行的，应当裁定继续执行死刑，并由院长重新签发执行死刑的命令。

第五百零五条　第一审人民法院在执行死刑前，应当告知罪犯有权会见其近亲属。罪犯申请会见并提供具体联系方式的，人民法院应当通知其近亲属。确实无法与罪犯近亲属取得联系，或者其近亲属拒绝会见的，应当告知罪犯。罪犯申请通过录音录像等方式留下遗言的，人民法院可以准许。

罪犯近亲属申请会见的，人民法院应当准许并及时安排，但罪犯拒绝会见的除外。罪犯拒绝会见的，应当记录在案并及时告知其近亲属；必要时，应当录音录像。

罪犯申请会见近亲属以外的亲友，经人民法院审查，确有正当理由的，在确保安全的情况下可以准许。

罪犯申请会见未成年子女的，应当经未成年子女的监护人同意；会见可能影响未成年人身心健康的，人民法院可以通过视频方式安排会见，会见时监护人应当在场。

会见一般在罪犯羁押场所进行。

会见情况应当记录在案，附卷存档。

第五百一十九条　对被判处管制、宣告缓刑的罪犯，人民法院应当依法确定社区矫正执行地。社区矫正执行地为罪犯的居住地；罪犯在多个地方居住的，可以确定其经常居住地为执行地；罪犯的居住地、经常居住地无法确定或者不适宜执行社区矫正的，应当根据有利于罪犯接受矫正、更好地融入社会的原则，确定执行地。

宣判时，应当告知罪犯自判决、裁定生效之日起十日以内到执行地社区矫正机构报到，以及不按期报到的后果。

人民法院应当自判决、裁定生效之日起五日以内通知执行地社区矫正机构，并在十日以内将判决书、裁定书、执行通知书等法律文书送达执行地社区矫正机构，同时抄送人民检察院和执行地公安机关。人民法院与社区矫正执行地不在同一地方的，由执行地社区矫正机构将法律文书转送所在地的人民检察院和公安机关。

第五百三十四条　对减刑、假释案件，应当按照下列情形分别处理：

（一）对被判处死刑缓期执行的罪犯的减刑，由罪犯服刑地的高级人民法院在收到同级监狱管理机关审核同意的减刑建议书后一个月以内作出裁定；

（二）对被判处无期徒刑的罪犯的减刑、假释，由罪犯服刑地的高级人民法院在收到同级监狱管理机关审核同意的减刑、假释建议书后一个月以内作出裁定，案情复杂或者情况特殊的，可以延长一个月；

（三）对被判处有期徒刑和被减为有期徒刑的罪犯的减刑、假释，由罪犯服刑地的中级人民法院在收到执行机关提出的减刑、假释建议书后一个月以内作出裁定，案情复杂或者情况特殊的，可以延长一个月；

（四）对被判处管制、拘役的罪犯的减刑，由罪犯服刑地的中级人民法院在收到同级执行机关审核同意的减刑建议书后一个月以内作出裁定。

对社区矫正对象的减刑，由社区矫正执行地的中级以上人民法院在收到社区矫正机构减刑建议书后三十日以内作出裁定。

第五百三十八条　审理减刑、假释案件，应当组成合议庭，可以采用书面审理的方式，但下列案件应当开庭审理：

（一）因罪犯有重大立功表现提请减刑的；

（二）提请减刑的起始时间、间隔时间或者减刑幅度不符合一般规定的；

（三）被提请减刑、假释罪犯系职务犯罪罪犯，组织、领导、参加、包庇、纵容黑社会性质组织罪犯，破坏金融管理秩序罪犯或者金融诈骗罪犯的；

（四）社会影响重大或者社会关注度高的；

（五）公示期间收到不同意见的；

（六）人民检察院提出异议的；

（七）有必要开庭审理的其他案件。

第五百三十九条 人民法院作出减刑、假释裁定后，应当在七日以内送达提请减刑、假释的执行机关、同级人民检察院以及罪犯本人。人民检察院认为减刑、假释裁定不当，在法定期限内提出书面纠正意见的，人民法院应当在收到意见后另行组成合议庭审理，并在一个月以内作出裁定。对假释的罪犯，适用本解释第五百一十九条的有关规定，依法实行社区矫正。

第五百四十条 减刑、假释裁定作出前，执行机关书面提请撤回减刑、假释建议的，人民法院可以决定是否准许。

第五百四十一条 人民法院发现本院已经生效的减刑、假释裁定确有错误的，应当另行组成合议庭审理；发现下级人民法院已经生效的减刑、假释裁定确有错误的，可以指令下级人民法院另行组成合议庭审理，也可以自行组成合议庭审理。

第五百四十二条 罪犯在缓刑、假释考验期限内犯新罪或者被发现在判决宣告前还有其他罪没有判决，应当撤销缓刑、假释的，由审判新罪的人民法院撤销原判决、裁定宣告的缓刑、假释，并书面通知原审人民法院和执行机关。

第五百四十三条 人民法院收到社区矫正机构的撤销缓刑建议书后，经审查，确认罪犯在缓刑考验期限内具有下列情形之一的，应当作出撤销缓刑的裁定：

（一）违反禁止令，情节严重的；

（二）无正当理由不按规定时间报到或者接受社区矫正期间脱离监管，超过一个月的；

（三）因违反监督管理规定受到治安管理处罚，仍不改正的；

（四）受到执行机关二次警告，仍不改正的；

（五）违反法律、行政法规和监督管理规定，情节严重的其他情形。

人民法院收到社区矫正机构的撤销假释建议书后，经审查，确认罪犯在假释考验期限内具有前款第二项、第四项规定情形之一，或者有其他违反监督管理规定的行为，尚未构成新的犯罪的，应当作出撤销假释的裁定。

第五百四十四条 被提请撤销缓刑、假释的罪犯可能逃跑或者可能发生社会危险，社区矫正机构在提出撤销缓刑、假释建议的同时，提请人民法院决定对其予以逮捕的，人民法院应当在四十八小时以内作出是否逮捕的决定。决定逮捕的，由公安机关执行。逮捕后的羁押期限不得超过三十日。

第五百四十五条 人民法院应当在收到社区矫正机构的撤销缓刑、假释建议书后三十日以内作出裁定。撤销缓刑、假释的裁定一经作出，立即生效。人民法院应当撤销缓刑、假释裁定书送达社区矫正机构和公安机关，并抄送人民检察院，由公安机关将罪犯送交执行，执行以前被逮捕的，羁押一日折抵刑期一日。

【主观题考点内容提醒和详解】 执行的主体

法律依据	生效后 10 日以内将有关的法律文书送达执行机关
公安机关	余刑在 3 个月以下，拘役、剥夺政治权利，驱逐出境
人民法院	罚金、没收财产、无罪、死刑立即执行、免除刑罚
监狱	死刑缓期、无期徒刑、有期徒刑罪犯
社区矫正	管制、缓刑、假释或者暂予监外执行

专题二十　未成年人刑事案件诉讼程序

【主观题考前分析】

为更好地保障未成年人的诉讼权利和其他合法权益，新法规定了未成年人刑事案件诉讼程序，对办案方针、原则、诉讼环节的特别程序作出规定。在案例考查方面法律援助、社会调查、强制措施、法定代理人到场、附条件不起诉制度、不公开审理、犯罪记录封存以及未成年的讯问和询问特殊规定是重点。

主观题重点法条内容提醒和详解

《刑事诉讼法》

第二百七十七条　对犯罪的未成年人实行教育、感化、挽救的方针，坚持教育为主、惩罚为辅的原则。

人民法院、人民检察院和公安机关办理未成年人刑事案件，应当保障未成年人行使其诉讼权利，保障未成年人得到法律帮助，并由熟悉未成年人身心特点的审判人员、检察人员、侦查人员承办。

第二百八十条　对未成年犯罪嫌疑人、被告人应当严格限制适用逮捕措施。人民检察院审查批准逮捕和人民法院决定逮捕，应当讯问未成年犯罪嫌疑人、被告人，听取辩护律师的意见。

对被拘留、逮捕和执行刑罚的未成年人与成年人应当分别关押、分别管理、分别教育。

第二百八十一条　对于未成年人刑事案件，在讯问和审判的时候，应当通知未成年犯罪嫌疑人、被告人的法定代理人到场。无法通知、法定代理人不能到场或者法定代理人是共犯的，也可以通知未成年犯罪嫌疑人、被告人的其他成年亲属，所在学校、单位、居住地基层组织或者未成年人保护组织的代表到场，并将有关情况记录在案。到场的法定代理人可以代为行使未成年犯罪嫌疑人、被告人的诉讼权利。

到场的法定代理人或者其他人员认为办案人员在讯问、审判中侵犯未成年人合法权益的，可以提出意见。讯问笔录、法庭笔录应当交给到场的法定代理人或者其他人员阅读或者向他宣读。

讯问女性未成年犯罪嫌疑人，应当有女工作人员在场。

审判未成年人刑事案件，未成年被告人最后陈述后，其法定代理人可以进行补充陈述。

询问未成年被害人、证人，适用第一款、第二款、第三款的规定。

第二百八十二条　对于未成年人涉嫌刑法分则第四章、第五章、第六章规定的犯罪，可能判处一年有期徒刑以下刑罚，符合起诉条件，但有悔罪表现的，人民检察院可以作出附条件不起诉的决定。人民检察院在作出附条件不起诉的决定以前，应当听取公安机关、被害人的意见。

对附条件不起诉的决定，公安机关要求复议、提请复核或者被害人申诉的，适用本法第一百七十九条、第一百八十条的规定。

未成年犯罪嫌疑人及其法定代理人对人民检察院决定附条件不起诉有异议的，人民检察院应当作出起诉的决定。

第二百八十三条 在附条件不起诉的考验期内，由人民检察院对被附条件不起诉的未成年犯罪嫌疑人进行监督考察。未成年犯罪嫌疑人的监护人，应当对未成年犯罪嫌疑人加强管教，配合人民检察院做好监督考察工作。

附条件不起诉的考验期为六个月以上一年以下，从人民检察院作出附条件不起诉的决定之日起计算。

被附条件不起诉的未成年犯罪嫌疑人，应当遵守下列规定：

（一）遵守法律法规，服从监督；

（二）按照考察机关的规定报告自己的活动情况；

（三）离开所居住的市、县或者迁居，应当报经考察机关批准；

（四）按照考察机关的要求接受矫治和教育。

第二百八十四条 被附条件不起诉的未成年犯罪嫌疑人，在考验期内有下列情形之一的，人民检察院应当撤销附条件不起诉的决定，提起公诉：

（一）实施新的犯罪或者发现决定附条件不起诉以前还有其他犯罪需要追诉的；

（二）违反治安管理规定或者考察机关有关附条件不起诉的监督管理规定，情节严重的。

被附条件不起诉的未成年犯罪嫌疑人，在考验期内没有上述情形，考验期满的，人民检察院应当作出不起诉的决定。

第二百八十五条 审判的时候被告人不满十八周岁的案件，不公开审理。但是，经未成年被告人及其法定代理人同意，未成年被告人所在学校和未成年人保护组织可以派代表到场。

第二百八十六条 犯罪的时候不满十八周岁，被判处五年有期徒刑以下刑罚的，应当对相关犯罪记录予以封存。

犯罪记录被封存的，不得向任何单位和个人提供，但司法机关为办案需要或者有关单位根据国家规定进行查询的除外。依法进行查询的单位，应当对被封存的犯罪记录的情况予以保密。

《高检规则》

第四百五十九条 人民检察院办理未成年人与成年人共同犯罪案件，一般应当对未成年人与成年人分案办理、分别起诉。不宜分案处理的，应当对未成年人采取隐私保护、快速办理等特殊保护措施。

第四百六十条 人民检察院受理案件后，应当向未成年犯罪嫌疑人及其法定代理人了解其委托辩护人的情况，并告知其有权委托辩护人。

未成年犯罪嫌疑人没有委托辩护人的，人民检察院应当书面通知法律援助机构指派律师为其提供辩护。

对于公安机关未通知法律援助机构指派律师为未成年犯罪嫌疑人提供辩护的，人民检察院应当提出纠正意见。

第四百六十一条 人民检察院根据情况可以对未成年犯罪嫌疑人的成长经历、犯罪原因、监护教育等情况进行调查，并制作社会调查报告，作为办案和教育的参考。

人民检察院开展社会调查，可以委托有关组织和机构进行。开展社会调查应当尊重和保护未成年人隐私，不得向不知情人员泄露未成年犯罪嫌疑人的涉案信息。

人民检察院应当对公安机关移送的社会调查报告进行审查。必要时，可以进行补充调查。

人民检察院制作的社会调查报告应当随案移送人民法院。

第四百六十五条　在审查逮捕、审查起诉中,人民检察院应当讯问未成年犯罪嫌疑人,听取辩护人的意见,并制作笔录附卷。辩护人提出书面意见的,应当附卷。对于辩护人提出犯罪嫌疑人无罪、罪轻或者减轻、免除刑事责任、不适宜羁押或者侦查活动有违法情形等意见的,检察人员应当进行审查,并在相关工作文书中叙明辩护人提出的意见,说明是否采纳的情况和理由。

讯问未成年犯罪嫌疑人,应当通知其法定代理人到场,告知法定代理人依法享有的诉讼权利和应当履行的义务。到场的法定代理人可以代为行使未成年犯罪嫌疑人的诉讼权利,代为行使权利时不得损害未成年犯罪嫌疑人的合法权益。

无法通知、法定代理人不能到场或者法定代理人是共犯的,也可以通知未成年犯罪嫌疑人的其他成年亲属,所在学校、单位或者居住地的村民委员会、居民委员会、未成年人保护组织的代表到场,并将有关情况记录在案。未成年犯罪嫌疑人明确拒绝法定代理人以外的合适成年人到场,且有正当理由的,人民检察院可以准许,但应当在征求其意见后通知其他合适成年人到场。

到场的法定代理人或者其他人员认为检察人员在讯问中侵犯未成年犯罪嫌疑人合法权益提出意见的,人民检察院应当记录在案。对合理意见,应当接受并纠止。讯问笔录应当交出到场的法定代理人或者其他人员阅读或者向其宣读,并由其在笔录上签名或者盖章,并捺指印。

讯问女性未成年犯罪嫌疑人,应当有女性检察人员参加。

询问未成年被害人、证人,适用本条第二款至第五款的规定。询问应当以一次为原则,避免反复询问。

第四百六十八条　未成年犯罪嫌疑人认罪认罚的,应当在法定代理人、辩护人在场的情况下签署认罪认罚具结书。法定代理人、辩护人对认罪认罚有异议的,不需要签署具结书。

因未成年犯罪嫌疑人的法定代理人、辩护人对其认罪认罚有异议而不签署具结书的,人民检察院应当对未成年人认罪认罚情况,法定代理人、辩护人的异议情况如实记录。提起公诉的,应当将该材料与其他案卷材料一并移送人民法院。

未成年犯罪嫌疑人的法定代理人、辩护人对认罪认罚有异议而不签署具结书的,不影响从宽处理。

法定代理人无法到场的,合适成年人可以代为行使到场权、知情权、异议权等。法定代理人未到场的原因以及听取合适成年人意见等情况应当记录在案。

第四百六十九条　对于符合刑事诉讼法第二百八十二条第一款规定条件的未成年人刑事案件,人民检察院可以作出附条件不起诉的决定。

人民检察院在作出附条件不起诉的决定以前,应当听取公安机关、被害人、未成年犯罪嫌疑人及其法定代理人、辩护人的意见,并制作笔录附卷。

第四百七十条　未成年犯罪嫌疑人及其法定代理人对拟作出附条件不起诉决定提出异议的,人民检察院应当提起公诉。但是,未成年犯罪嫌疑人及其法定代理人提出无罪辩解,人民检察院经审查认为无罪辩解理由成立的,应当按照本规则第三百六十五条的规定作出不起诉决定。

未成年犯罪嫌疑人及其法定代理人对案件作附条件不起诉处理没有异议,仅对所附条件及考验期有异议的,人民检察院可以依法采纳其合理的意见,对考察的内容、方式、时间等进行调整;其意见不利于对未成年犯罪嫌疑人帮教,人民检察院不采纳的,应当进行释法说理。

人民检察院作出起诉决定前,未成年犯罪嫌疑人及其法定代理人撤回异议的,人民检察院可以依法作出附条件不起诉决定。

第四百七十一条 人民检察院作出附条件不起诉的决定后，应当制作附条件不起诉决定书，并在三日以内送达公安机关、被害人或者其近亲属及其诉讼代理人、未成年犯罪嫌疑人及其法定代理人、辩护人。

人民检察院应当当面向未成年犯罪嫌疑人及其法定代理人宣布附条件不起诉决定，告知考验期限、在考验期内应当遵守的规定以及违反规定应负的法律责任，并制作笔录附卷。

第四百七十二条 对附条件不起诉的决定，公安机关要求复议、提请复核或者被害人提出申诉的，具体程序参照本规则第三百七十九条至第三百八十三条的规定。被害人不服附条件不起诉决定的，应当告知其不适用刑事诉讼法第一百八十条关于被害人可以向人民法院起诉的规定，并做好释法说理工作。

前款规定的复议、复核、申诉由相应人民检察院负责未成年人检察的部门进行审查。

第四百七十三条 人民检察院作出附条件不起诉决定的，应当确定考验期。考验期为六个月以上一年以下，从人民检察院作出附条件不起诉的决定之日起计算。

第四百七十九条 被附条件不起诉的未成年犯罪嫌疑人，在考验期内具有下列情形之一的，人民检察院应当撤销附条件不起诉的决定，提起公诉：

（一）实施新的犯罪的；

（二）发现决定附条件不起诉以前还有其他犯罪需要追诉的；

（三）违反治安管理规定，造成严重后果，或者多次违反治安管理规定的；

（四）违反有关附条件不起诉的监督管理规定，造成严重后果，或者多次违反有关附条件不起诉的监督管理规定的。

第四百八十五条 未成年人犯罪记录封存后，没有法定事由、未经法定程序不得解封。

对被封存犯罪记录的未成年人，符合下列条件之一的，应当对其犯罪记录解除封存：

（一）实施新的犯罪，且新罪与封存记录之罪数罪并罚后被决定执行五年有期徒刑以上刑罚的；

（二）发现漏罪，且漏罪与封存记录之罪数罪并罚后被决定执行五年有期徒刑以上刑罚的。

《刑诉解释》

第五百四十六条 人民法院审理未成年人刑事案件，应当贯彻教育、感化、挽救的方针，坚持教育为主、惩罚为辅的原则，加强对未成年人的特殊保护。

第五百四十七条 人民法院应当加强同政府有关部门、人民团体、社会组织等的配合，推动未成年人刑事案件人民陪审、情况调查、安置帮教等工作的开展，充分保障未成年人的合法权益，积极参与社会治安综合治理。

第五百五十条 被告人实施被指控的犯罪时不满十八周岁、人民法院立案时不满二十周岁的案件，由未成年人案件审判组织审理。

下列案件可以由未成年人案件审判组织审理：

（一）人民法院立案时不满二十二周岁的在校学生犯罪案件；

（二）强奸、猥亵、虐待、遗弃未成年人等侵害未成年人人身权利的犯罪案件；

（三）由未成年人案件审判组织审理更为适宜的其他案件。

共同犯罪案件有未成年被告人的或者其他涉及未成年人的刑事案件，是否由未成年人案件审判组织审理，由院长根据实际情况决定。

第五百五十一条 对分案起诉至同一人民法院的未成年人与成年人共同犯罪案件，可以由同一个审判组织审理；不宜由同一个审判组织审理的，可以分别审理。

未成年人与成年人共同犯罪案件，由不同人民法院或者不同审判组织分别审理的，有关人民法院或者审判组织应当互相了解共同犯罪被告人的审判情况，注意全案的量刑平衡。

第五百五十三条　对未成年被告人应当严格限制适用逮捕措施。

人民法院决定逮捕，应当讯问未成年被告人，听取辩护律师的意见。

对被逮捕且没有完成义务教育的未成年被告人，人民法院应当与教育行政部门互相配合，保证其接受义务教育。

第五百五十四条　人民法院对无固定住所、无法提供保证人的未成年被告人适用取保候审的，应当指定合适成年人作为保证人，必要时可以安排取保候审的被告人接受社会观护。

第五百五十六条　询问未成年被害人、证人，适用前条规定。

审理未成年人遭受性侵害或者暴力伤害案件，在询问未成年被害人、证人时，应当采取同步录音录像等措施，尽量一次完成；未成年被害人、证人是女性的，应当由女性工作人员进行。

第五百五十七条　开庭审理时被告人不满十八周岁的案件，一律不公开审理。经未成年被告人及其法定代理人同意，未成年被告人所在学校和未成年人保护组织可以派代表到场。到场代表的人数和范围，由法庭决定。经法庭同意，到场代表可以参与对未成年被告人的法庭教育工作。

对依法公开审理，但可能需要封存犯罪记录的案件，不得组织人员旁听；有旁听人员的，应当告知其不得传播案件信息。

第五百六十八条　对人民检察院移送的关于未成年被告人性格特点、家庭情况、社会交往、成长经历、犯罪原因、犯罪前后的表现、监护教育等情况的调查报告，以及辩护人提交的反映未成年被告人上述情况的书面材料，法庭应当接受。

必要时，人民法院可以委托社区矫正机构、共青团、社会组织等对未成年被告人的上述情况进行调查，或者自行调查。

第五百七十七条　未成年被告人最后陈述后，法庭应当询问其法定代理人是否补充陈述。

第五百七十八条　对未成年人刑事案件，宣告判决应当公开进行。

对依法应当封存犯罪记录的案件，宣判时，不得组织人员旁听；有旁听人员的，应当告知其不得传播案件信息。

专题二十一　当事人和解的公诉案件诉讼程序

【主观题考前分析】

公诉案件和解的适用条件、和解主体、和解的对象、和解协议的审查、和解协议的履行、反悔、无效以及刑事和解与附带民事诉讼程序中调解、和解的区别与联系是刑诉主观题命题的重点。

主观题重点法条内容提醒和详解

《刑事诉讼法》

第二百八十八条　下列公诉案件，犯罪嫌疑人、被告人真诚悔罪，通过向被害人赔偿损失、赔礼道歉等方式获得被害人谅解，被害人自愿和解的，双方当事人可以和解：

（一）因民间纠纷引起，涉嫌刑法分则第四章、第五章规定的犯罪案件，可能判处三年有期徒刑以下刑罚的；

（二）除渎职犯罪以外的可能判处七年有期徒刑以下刑罚的过失犯罪案件。

犯罪嫌疑人、被告人在五年以内曾经故意犯罪的，不适用本章规定的程序。

第二百九十条　对于达成和解协议的案件，公安机关可以向人民检察院提出从宽处理的建议。人民检察院可以向人民法院提出从宽处罚的建议；对于犯罪情节轻微，不需要判处刑罚的，可以作出不起诉的决定。人民法院可以依法对被告人从宽处罚。

《高检规则》

第四百九十二条　下列公诉案件，双方当事人可以和解：

（一）因民间纠纷引起，涉嫌刑法分则第四章、第五章规定的犯罪案件，可能判处三年有期徒刑以下刑罚的；

（二）除渎职犯罪以外的可能判处七年有期徒刑以下刑罚的过失犯罪案件。

当事人和解的公诉案件应当同时符合下列条件：

（一）犯罪嫌疑人真诚悔罪，向被害人赔偿损失、赔礼道歉等；

（二）被害人明确表示对犯罪嫌疑人予以谅解；

（三）双方当事人自愿和解，符合有关法律规定；

（四）属于侵害特定被害人的故意犯罪或者有直接被害人的过失犯罪；

（五）案件事实清楚，证据确实、充分。

犯罪嫌疑人在五年以内曾经故意犯罪的，不适用本节规定的程序。

犯罪嫌疑人在犯刑事诉讼法第二百八十八条第一款规定的犯罪前五年内曾经故意犯罪，无论该故意犯罪是否已经追究，均应当认定为前款规定的五年以内曾经故意犯罪。

第四百九十三条　被害人死亡的，其法定代理人、近亲属可以与犯罪嫌疑人和解。

被害人系无行为能力或者限制行为能力人的，其法定代理人可以代为和解。

第四百九十四条　犯罪嫌疑人系限制行为能力人的，其法定代理人可以代为和解。

犯罪嫌疑人在押的，经犯罪嫌疑人同意，其法定代理人、近亲属可以代为和解。

第四百九十五条　双方当事人可以就赔偿损失、赔礼道歉等民事责任事项进行和解，并且可以就被害人及其法定代理人或者近亲属是否要求或者同意公安机关、人民检察院、人民法院对犯罪嫌疑人依法从宽处理进行协商，但不得对案件的事实认定、证据采信、法律适用和定罪量刑等依法属于公安机关、人民检察院、人民法院职权范围的事宜进行协商。

第四百九十九条　和解协议书约定的赔偿损失内容，应当在双方签署协议后立即履行，至迟在人民检察院作出从宽处理决定前履行。确实难以一次性履行的，在提供有效担保并且被害人同意的情况下，也可以分期履行。

第五百条　双方当事人在侦查阶段达成和解协议，公安机关向人民检察院提出从宽处理建议的，人民检察院在审查逮捕和审查起诉时应当充分考虑公安机关的建议。

第五百零一条　人民检察院对于公安机关提请批准逮捕的案件，双方当事人达成和解协议的，可以作为有无社会危险性或者社会危险性大小的因素予以考虑。经审查认为不需要逮捕的，可以作出不批准逮捕的决定；在审查起诉阶段可以依法变更强制措施。

第五百零二条　人民检察院对于公安机关移送起诉的案件，双方当事人达成和解协议的，可以作为是否需要判处刑罚或者免除刑罚的因素予以考虑。符合法律规定的不起诉条件的，可以决定不起诉。

对于依法应当提起公诉的，人民检察院可以向人民法院提出从宽处罚的量刑建议。

第五百零三条　人民检察院拟对当事人达成和解的公诉案件作出不起诉决定的，应当听取双方当事人对和解的意见，并且查明犯罪嫌疑人是否已经切实履行和解协议、不能即时履行的是否已经提供有效担保，将其作为是否决定不起诉的因素予以考虑。

当事人在不起诉决定作出之前反悔的，可以另行达成和解。不能另行达成和解的，人民检察院应当依法作出起诉或者不起诉决定。

当事人在不起诉决定作出之后反悔的，人民检察院不撤销原决定，但有证据证明和解违反自愿、合法原则的除外。

第五百零四条　犯罪嫌疑人或者其亲友等以暴力、威胁、欺骗或者其他非法方法强迫、引诱被害人和解，或者在协议履行完毕之后威胁、报复被害人的，应当认定和解协议无效。已经作出不批准逮捕或者不起诉决定的，人民检察院根据案件情况可以撤销原决定，对犯罪嫌疑人批准逮捕或者提起公诉。

《刑诉解释》

第五百九十条　对公安机关、人民检察院主持制作的和解协议书，当事人提出异议的，人民法院应当审查。经审查，和解自愿、合法的，予以确认，无需重新制作和解协议书；和解违反自愿、合法原则的，应当认定无效。和解协议被认定无效后，双方当事人重新达成和解的，人民法院应当主持制作新的和解协议书。

第五百九十三条　和解协议约定的赔偿损失内容，被告人应当在协议签署后即时履行。

和解协议已经全部履行，当事人反悔的，人民法院不予支持，但有证据证明和解违反自愿、合法原则的除外。

第五百九十四条　双方当事人在侦查、审查起诉期间已经达成和解协议并全部履行，被害人或者其法定代理人、近亲属又提起附带民事诉讼的，人民法院不予受理，但有证据证明和解违反自愿、合法原则的除外。

第五百九十五条　被害人或者其法定代理人、近亲属提起附带民事诉讼后，双方愿意和解，但被告人不能即时履行全部赔偿义务的，人民法院应当制作附带民事调解书。

第五百九十六条 对达成和解协议的案件，人民法院应当对被告人从轻处罚；符合非监禁刑适用条件的，应当适用非监禁刑；判处法定最低刑仍然过重的，可以减轻处罚；综合全案认为犯罪情节轻微不需要判处刑罚的，可以免予刑事处罚。

共同犯罪案件，部分被告人与被害人达成和解协议的，可以依法对该部分被告人从宽处罚，但应当注意全案的量刑平衡。

专题二十二　缺席审判程序

【主观题考前分析】

本章是 2018 年《刑事诉讼法》修改的新增章节，缺席审判程序是打击腐败强有力的法律武器，本章应重点把握缺席审判适用条件、管辖法院、审判组织、送达程序、委托或者指定辩护、救济程序等知识点。尤其要注意三种缺席审判的情况区别。

主观题重点法条内容提醒和详解

《刑事诉讼法》

第二百九十一条　对于贪污贿赂犯罪案件，以及需要及时进行审判，经最高人民检察院核准的严重危害国家安全犯罪、恐怖活动犯罪案件，犯罪嫌疑人、被告人在境外，监察机关、公安机关移送起诉，人民检察院认为犯罪事实已经查清，证据确实、充分，依法应当追究刑事责任的，可以向人民法院提起公诉。人民法院进行审查后，对于起诉书中有明确的指控犯罪事实，符合缺席审判程序适用条件的，应当决定开庭审判。

前款案件，由犯罪地、被告人离境前居住地或者最高人民法院指定的中级人民法院组成合议庭进行审理。

第二百九十二条　人民法院应当通过有关国际条约规定的或者外交途径提出的司法协助方式，或者被告人所在地法律允许的其他方式，将传票和人民检察院的起诉书副本送达被告人。传票和起诉书副本送达后，被告人未按要求到案的，人民法院应当开庭审理，依法作出判决，并对违法所得及其他涉案财产作出处理。

第二百九十三条　人民法院缺席审判案件，被告人有权委托辩护人，被告人的近亲属可以代为委托辩护人。被告人及其近亲属没有委托辩护人的，人民法院应当通知法律援助机构指派律师为其提供辩护。

第二百九十四条　人民法院应当将判决书送达被告人及其近亲属、辩护人。被告人或者其近亲属不服判决的，有权向上一级人民法院上诉。辩护人经被告人或者其近亲属同意，可以提出上诉。

人民检察院认为人民法院的判决确有错误的，应当向上一级人民法院提出抗诉。

第二百九十五条　在审理过程中，被告人自动投案或者被抓获的，人民法院应当重新审理。

罪犯在判决、裁定发生法律效力后到案的，人民法院应当将罪犯交付执行刑罚。交付执行刑罚前，人民法院应当告知罪犯有权对判决、裁定提出异议。罪犯对判决、裁定提出异议的，人民法院应当重新审理。

依照生效判决、裁定对罪犯的财产进行的处理确有错误的，应当予以返还、赔偿。

第二百九十六条　因被告人患有严重疾病无法出庭，中止审理超过六个月，被告人仍无法出庭，被告人及其法定代理人、近亲属申请或者同意恢复审理的，人民法院可以在被告人不出庭的情况下缺席审理，依法作出判决。

第二百九十七条 被告人死亡的，人民法院应当裁定终止审理，但有证据证明被告人无罪，人民法院经缺席审理确认无罪的，应当依法作出判决。

人民法院按照审判监督程序重新审判的案件，被告人死亡的，人民法院可以缺席审理，依法作出判决。

《高检规则》

第五百零五条 对于监察机关移送起诉的贪污贿赂犯罪案件，犯罪嫌疑人、被告人在境外，人民检察院认为犯罪事实已经查清，证据确实、充分，依法应当追究刑事责任的，可以向人民法院提起公诉。

对于公安机关移送起诉的需要及时进行审判的严重危害国家安全犯罪、恐怖活动犯罪案件，犯罪嫌疑人、被告人在境外，人民检察院认为犯罪事实已经查清，证据确实、充分，依法应当追究刑事责任的，经最高人民检察院核准，可以向人民法院提起公诉。

前两款规定的案件，由有管辖权的中级人民法院的同级人民检察院提起公诉。

人民检察院提起公诉的，应当向人民法院提交被告人已出境的证据。

第五百零九条 审查起诉期间，犯罪嫌疑人自动投案或者被抓获的，人民检察院应当重新审查。

对严重危害国家安全犯罪、恐怖活动犯罪案件报请核准期间，犯罪嫌疑人自动投案或者被抓获的，报请核准的人民检察院应当及时撤回报请，重新审查案件。

第五百一十条 提起公诉后被告人到案，人民法院拟重新审理的，人民检察院应当商人民法院将案件撤回并重新审查。

第五百一十一条 因被告人患有严重疾病无法出庭，中止审理超过六个月，被告人仍无法出庭，被告人及其法定代理人、近亲属申请或者同意恢复审理的，人民检察院可以建议人民法院适用缺席审判程序审理。

《刑诉解释》

第六百条 对人民检察院依照刑事诉讼法第二百九十一条第一款的规定提起公诉的案件，人民法院立案后，应当将传票和起诉书副本送达被告人，传票应当载明被告人到案期限以及不按要求到案的法律后果等事项；应当将起诉书副本送达被告人近亲属，告知其有权代为委托辩护人，并通知其敦促被告人归案。

第六百零一条 人民法院审理人民检察院依照刑事诉讼法第二百九十一条第一款的规定提起公诉的案件，被告人有权委托或者由近亲属代为委托一至二名辩护人。委托律师担任辩护人的，应当委托具有中华人民共和国律师资格并依法取得执业证书的律师；在境外委托的，应当依照本解释第四百八十六条的规定对授权委托进行公证、认证。

被告人及其近亲属没有委托辩护人的，人民法院应当通知法律援助机构指派律师为被告人提供辩护。

被告人及其近亲属拒绝法律援助机构指派的律师辩护的，依照本解释第五十条第二款的规定处理。

第六百零二条 人民法院审理人民检察院依照刑事诉讼法第二百九十一条第一款的规定提起公诉的案件，被告人的近亲属申请参加诉讼的，应当在收到起诉书副本后、第一审开庭前提出，并提供与被告人关系的证明材料。有多名近亲属的，应当推选一至二人参加诉讼。

对被告人的近亲属提出申请的，人民法院应当及时审查决定。

第六百零五条 因被告人患有严重疾病导致缺乏受审能力，无法出庭受审，中止审理超过六个月，被告人仍无法出庭，被告人及其法定代理人、近亲属申请或者同意恢复审理的，人民法院可以根据刑事诉讼法第二百九十六条的规定缺席审判。

符合前款规定的情形，被告人无法表达意愿的，其法定代理人、近亲属可以代为申请或者同意恢复审理。

第六百零六条　人民法院受理案件后被告人死亡的，应当裁定终止审理；但有证据证明被告人无罪，经缺席审理确认无罪的，应当判决宣告被告人无罪。

前款所称"有证据证明被告人无罪，经缺席审理确认无罪"，包括案件事实清楚，证据确实、充分，依据法律认定被告人无罪的情形，以及证据不足，不能认定被告人有罪的情形。

第六百零七条　人民法院按照审判监督程序重新审判的案件，被告人死亡的，可以缺席审理。有证据证明被告人无罪，经缺席审理确认被告人无罪的，应当判决宣告被告人无罪；虽然构成犯罪，但原判量刑畸重的，应当依法作出判决。

专题二十三　犯罪嫌疑人、被告人逃匿、死亡案件违法所得的没收程序

【主观题考前分析】

犯罪嫌疑人、被告人逃匿、死亡案件违法所得的没收程序是未经定罪的没收财产程序，其适用条件、检察院对没收程序申请和审查、法院对没收程序的审理裁定具体规定，尤其注意没收程序启动后，犯罪嫌疑人、被告人到案或者自首后在侦查、起诉、审判时的中止或终止的处理方式。以及没收裁定生效后被告人到案或者自首后的处理规定。另要重点学习没收程序与普通程序、缺席审判程序之间切换和衔接的知识点。

主观题重点法条内容提醒和详解

《刑事诉讼法》

第二百九十八条　对于贪污贿赂犯罪、恐怖活动犯罪等重大犯罪案件，犯罪嫌疑人、被告人逃匿，在通缉一年后不能到案，或者犯罪嫌疑人、被告人死亡，依照刑法规定应当追缴其违法所得及其他涉案财产的，人民检察院可以向人民法院提出没收违法所得的申请。

公安机关认为有前款规定情形的，应当写出没收违法所得意见书，移送人民检察院。

没收违法所得的申请应当提供与犯罪事实、违法所得相关的证据材料，并列明财产的种类、数量、所在地及查封、扣押、冻结的情况。

人民法院在必要的时候，可以查封、扣押、冻结申请没收的财产。

第二百九十九条　没收违法所得的申请，由犯罪地或者犯罪嫌疑人、被告人居住地的中级人民法院组成合议庭进行审理。

人民法院受理没收违法所得的申请后，应当发出公告。公告期间为六个月。犯罪嫌疑人、被告人的近亲属和其他利害关系人有权申请参加诉讼，也可以委托诉讼代理人参加诉讼。

人民法院在公告期满后对没收违法所得的申请进行审理。利害关系人参加诉讼的，人民法院应当开庭审理。

第三百条　人民法院经审理，对经查证属于违法所得及其他涉案财产，除依法返还被害人的以外，应当裁定予以没收；对不属于应当追缴的财产的，应当裁定驳回申请，解除查封、扣押、冻结措施。

对于人民法院依照前款规定作出的裁定，犯罪嫌疑人、被告人的近亲属和其他利害关系人或者人民检察院可以提出上诉、抗诉。

第三百零一条　在审理过程中，在逃的犯罪嫌疑人、被告人自动投案或者被抓获的，人民法院应当终止审理。

没收犯罪嫌疑人、被告人财产确有错误的，应当予以返还、赔偿。

《高检规则》

第五百一十五条　犯罪嫌疑人、被告人通过实施犯罪直接或者间接产生、获得的任何财

产，应当认定为"违法所得"。

违法所得已经部分或者全部转变、转化为其他财产的，转变、转化后的财产应当视为前款规定的"违法所得"。

来自违法所得转变、转化后的财产收益，或者来自已经与违法所得相混合财产中违法所得相应部分的收益，也应当视为第一款规定的违法所得。

第五百一十六条　犯罪嫌疑人、被告人非法持有的违禁品、供犯罪所用的本人财物，应当认定为"其他涉案财产"。

第五百一十七条　刑事诉讼法第二百九十九条第三款规定的"利害关系人"包括犯罪嫌疑人、被告人的近亲属和其他对申请没收的财产主张权利的自然人和单位。

刑事诉讼法第二百九十九条第二款、第三百条第二款规定的"其他利害关系人"是指前款规定的"其他对申请没收的财产主张权利的自然人和单位"。

第五百二十六条　在审查监察机关或者公安机关移送的没收违法所得意见书的过程中，在逃的犯罪嫌疑人、被告人自动投案或者被抓获的，人民检察院应当终止审查，并将案卷退回监察机关或者公安机关处理。

第五百二十八条　在人民检察院审查起诉过程中，犯罪嫌疑人死亡，或者贪污贿赂犯罪、恐怖活动犯罪等重大犯罪案件的犯罪嫌疑人逃匿，在通缉一年后不能到案，依照刑法规定应当追缴其违法所得及其他涉案财产的，人民检察院可以直接提出没收违法所得的申请。

在人民法院审理案件过程中，被告人死亡而裁定终止审理，或者被告人脱逃而裁定中止审理，人民检察院可以依法另行向人民法院提出没收违法所得的申请。

第五百二十九条　人民法院对没收违法所得的申请进行审理，人民检察院应当承担举证责任。

人民法院对没收违法所得的申请开庭审理的，人民检察院应当派员出席法庭。

第五百三十二条　在审理案件过程中，在逃的犯罪嫌疑人、被告人自动投案或者被抓获，人民法院按照刑事诉讼法第三百零一条第一款的规定终止审理的，人民检察院应当将案卷退回监察机关或者公安机关处理。

《刑诉解释》

第六百零九条　刑事诉讼法第二百九十八条规定的"贪污贿赂犯罪、恐怖活动犯罪等"犯罪案件，是指下列案件：

（一）贪污贿赂、失职渎职等职务犯罪案件；

（二）刑法分则第二章规定的相关恐怖活动犯罪案件，以及恐怖活动组织、恐怖活动人员实施的杀人、爆炸、绑架等犯罪案件；

（三）危害国家安全、走私、洗钱、金融诈骗、黑社会性质组织、毒品犯罪案件；

（四）电信诈骗、网络诈骗犯罪案件。

第六百一十五条　公告应当在全国公开发行的报纸、信息网络媒体、最高人民法院的官方网站发布，并在人民法院公告栏发布。必要时，公告可以在犯罪地、犯罪嫌疑人、被告人居住地或者被申请没收财产所在地发布。最后发布的公告的日期为公告日期。发布公告的，应当采取拍照、录像等方式记录发布过程。

人民法院已经掌握境内利害关系人联系方式的，应当直接送达含有公告内容的通知；直接送达有困难的，可以委托代为送达、邮寄送达。经受送达人同意的，可以采用传真、电子邮件等能够确认其收悉的方式告知公告内容，并记录在案。

人民法院已经掌握境外犯罪嫌疑人、被告人、利害关系人联系方式，经受送达人同意的，可以采用传真、电子邮件等能够确认其收悉的方式告知公告内容，并记录在案；受送达人未表示同意，或者人民法院未掌握境外犯罪嫌疑人、被告人、利害关系人联系方式，其所在国、地区的主管机关明确提出应当向受送达人送达含有公告内容的通知的，人民法院可以决定是否送达。决定送达的，应当依照本解释第四百九十三条的规定请求所在国、地区提供司法协助。

第六百一十六条 刑事诉讼法第二百九十九条第二款、第三百条第二款规定的"其他利害关系人"，是指除犯罪嫌疑人、被告人的近亲属以外的，对申请没收的财产主张权利的自然人和单位。

第六百一十七条 犯罪嫌疑人、被告人的近亲属和其他利害关系人申请参加诉讼的，应当在公告期间内提出。犯罪嫌疑人、被告人的近亲属应当提供其与犯罪嫌疑人、被告人关系的证明材料，其他利害关系人应当提供证明其对违法所得及其他涉案财产主张权利的证据材料。

利害关系人可以委托诉讼代理人参加诉讼。委托律师担任诉讼代理人的，应当委托具有中华人民共和国律师资格并依法取得执业证书的律师；在境外委托的，应当依照本解释第四百八十六条的规定对授权委托进行公证、认证。

利害关系人在公告期满后申请参加诉讼，能够合理说明理由的，人民法院应当准许。

第六百一十九条 公告期满后，人民法院应当组成合议庭对申请没收违法所得的案件进行审理。

利害关系人申请参加或者委托诉讼代理人参加诉讼的，应当开庭审理。没有利害关系人申请参加诉讼的，或者利害关系人及其诉讼代理人无正当理由拒不到庭的，可以不开庭审理。

人民法院确定开庭日期后，应当将开庭的时间、地点通知人民检察院、利害关系人及其诉讼代理人、证人、鉴定人、翻译人员。通知书应当依照本解释第六百一十五条第二款、第三款规定的方式，至迟在开庭审理三日以前送达；受送达人在境外的，至迟在开庭审理三十日以前送达。

第六百二十三条 对不服第一审没收违法所得或者驳回申请裁定的上诉、抗诉案件，第二审人民法院经审理，应当按照下列情形分别处理：

（一）第一审裁定认定事实清楚和适用法律正确的，应当驳回上诉或者抗诉，维持原裁定；

（二）第一审裁定认定事实清楚，但适用法律有错误的，应当改变原裁定；

（三）第一审裁定认定事实不清的，可以在查清事实后改变原裁定，也可以撤销原裁定，发回原审人民法院重新审判；

（四）第一审裁定违反法定诉讼程序，可能影响公正审判的，应当撤销原裁定，发回原审人民法院重新审判。

第一审人民法院对发回重新审判的案件作出裁定后，第二审人民法院对不服第一审人民法院裁定的上诉、抗诉，应当依法作出裁定，不得再发回原审人民法院重新审判；但是，第一审人民法院在重新审判过程中违反法定诉讼程序，可能影响公正审判的除外。

第六百二十四条 利害关系人非因故意或者重大过失在第一审期间未参加诉讼，在第二审期间申请参加诉讼的，人民法院应当准许，并撤销原裁定，发回原审人民法院重新审判。

第六百二十六条 在审理案件过程中，被告人脱逃或者死亡，符合刑事诉讼法第二百九十八条第一款规定的，人民检察院可以向人民法院提出没收违法所得的申请；符合刑事诉讼法第二百九十一条第一款规定的，人民检察院可以按照缺席审判程序向人民法院提起公诉。

人民检察院向原受理案件的人民法院提出没收违法所得申请的，可以由同一审判组织审理。

第六百二十八条　没收违法所得裁定生效后，犯罪嫌疑人、被告人到案并对没收裁定提出异议，人民检察院向原作出裁定的人民法院提起公诉的，可以由同一审判组织审理。

人民法院经审理，应当按照下列情形分别处理：

（一）原裁定正确的，予以维持，不再对涉案财产作出判决；

（二）原裁定确有错误的，应当撤销原裁定，并在判决中对有关涉案财产一并作出处理。

人民法院生效的没收裁定确有错误的，除第一款规定的情形外，应当依照审判监督程序予以纠正。

专题二十四　依法不负刑事责任的精神病人的强制医疗程序

【主观题考前分析】

年份	曾考过	题型
2014 年	强疗适用的条件、审理程序、救济条件	找错题＋问答题

为保障公众安全，维护社会秩序，新法设置了依法不负刑事责任的精神病人的强制医疗程序。2014 年曾在卷四案例中考查过"强制医疗的适用条件、解除、救济方式以及结合审查起诉、附带民事诉讼"等知识点。

第一部分　主观题重点法条内容提醒和详解

《刑事诉讼法》

第三百零二条　实施暴力行为，危害公共安全或者严重危害公民人身安全，经法定程序鉴定依法不负刑事责任的精神病人，有继续危害社会可能的，可以予以强制医疗。

第三百零三条　根据本章规定对精神病人强制医疗的，由人民法院决定。

公安机关发现精神病人符合强制医疗条件的，应当写出强制医疗意见书，移送人民检察院。对于公安机关移送的或者在审查起诉过程中发现的精神病人符合强制医疗条件的，人民检察院应当向人民法院提出强制医疗的申请。人民法院在审理案件过程中发现被告人符合强制医疗条件的，可以作出强制医疗的决定。

对实施暴力行为的精神病人，在人民法院决定强制医疗前，公安机关可以采取临时的保护性约束措施。

第三百零四条　人民法院受理强制医疗的申请后，应当组成合议庭进行审理。

人民法院审理强制医疗案件，应当通知被申请人或者被告人的法定代理人到场。被申请人或者被告人没有委托诉讼代理人的，人民法院应当通知法律援助机构指派律师为其提供法律帮助。

第三百零五条　人民法院经审理，对于被申请人或者被告人符合强制医疗条件的，应当在一个月以内作出强制医疗的决定。

被决定强制医疗的人、被害人及其法定代理人、近亲属对强制医疗决定不服的，可以向上一级人民法院申请复议。

第三百零六条　强制医疗机构应当定期对被强制医疗的人进行诊断评估。对于已不具有人身危险性，不需要继续强制医疗的，应当及时提出解除意见，报决定强制医疗的人民法院批准。

被强制医疗的人及其近亲属有权申请解除强制医疗。

《高检规则》

第五百三十四条　对于实施暴力行为，危害公共安全或者严重危害公民人身安全，已经达到犯罪程度，经法定程序鉴定依法不负刑事责任的精神病人，有继续危害社会可能的，人民检察院应当向人民法院提出强制医疗的申请。

提出强制医疗的申请以及对强制医疗决定的监督，由负责捕诉的部门办理。

第五百三十九条　人民检察院应当在接到公安机关移送的强制医疗意见书后三十日以内作出是否提出强制医疗申请的决定。

对于公安机关移送的强制医疗案件，经审查认为不符合刑事诉讼法第三百零二条规定条件的，应当作出不提出强制医疗申请的决定，并向公安机关书面说明理由。认为需要补充证据的，应当书面要求公安机关补充证据，必要时也可以自行调查。

公安机关补充证据的时间不计入人民检察院办案期限。

第五百四十八条　人民法院在审理案件过程中发现被告人符合强制医疗条件，适用强制医疗程序对案件进行审理的，人民检察院应当在庭审中发表意见。

人民法院作出宣告被告人无罪或者不负刑事责任的判决和强制医疗决定的，人民检察院应当进行审查。对判决确有错误的，应当依法提出抗诉；对强制医疗决定不当或者未作出强制医疗的决定不当的，应当提出纠正意见。

第五百四十九条　人民法院收到被决定强制医疗的人、被害人及其法定代理人、近亲属复议申请后，未组成合议庭审理，或者未在一个月以内作出复议决定，或者有其他违法行为的，人民检察院应当提出纠正意见。

《刑诉解释》

第六百三十条　实施暴力行为，危害公共安全或者严重危害公民人身安全，社会危害性已经达到犯罪程度，但经法定程序鉴定依法不负刑事责任的精神病人，有继续危害社会可能的，可以予以强制医疗。

第六百三十一条　人民检察院申请对依法不负刑事责任的精神病人强制医疗的案件，由被申请人实施暴力行为所在地的基层人民法院管辖；由被申请人居住地的人民法院审判更为适宜的，可以由被申请人居住地的基层人民法院管辖。

第六百三十四条　审理强制医疗案件，应当通知被申请人或者被告人的法定代理人到场；被申请人或者被告人的法定代理人经通知未到场的，可以通知被申请人或者被告人的其他近亲属到场。

被申请人或者被告人没有委托诉讼代理人的，应当自受理强制医疗申请或者发现被告人符合强制医疗条件之日起三日以内，通知法律援助机构指派律师担任其诉讼代理人，为其提供法律帮助。

第六百三十五条　审理强制医疗案件，应当组成合议庭，开庭审理。但是，被申请人、被告人的法定代理人请求不开庭审理，并经人民法院审查同意的除外。

审理强制医疗案件，应当会见被申请人，听取被害人及其法定代理人的意见。

第六百三十七条　对申请强制医疗的案件，人民法院审理后，应当按照下列情形分别处理：

（一）符合刑事诉讼法第三百零二条规定的强制医疗条件的，应当作出对被申请人强制医疗的决定；

（二）被申请人属于依法不负刑事责任的精神病人，但不符合强制医疗条件的，应当作出驳回强制医疗申请的决定；被申请人已经造成危害结果的，应当同时责令其家属或者监护人严加看管和医疗；

（三）被申请人具有完全或者部分刑事责任能力，依法应当追究刑事责任的，应当作出驳回强制医疗申请的决定，并退回人民检察院依法处理。

第六百三十九条 对前条规定的案件，人民法院审理后，应当按照下列情形分别处理：

（一）被告人符合强制医疗条件的，应当判决宣告被告人不负刑事责任，同时作出对被告人强制医疗的决定；

（二）被告人属于依法不负刑事责任的精神病人，但不符合强制医疗条件的，应当判决宣告被告人无罪或者不负刑事责任；被告人已经造成危害结果的，应当同时责令其家属或者监护人严加看管和医疗；

（三）被告人具有完全或者部分刑事责任能力，依法应当追究刑事责任的，应当依照普通程序继续审理。

第六百四十条 第二审人民法院在审理刑事案件过程中，发现被告人可能符合强制医疗条件的，可以依照强制医疗程序对案件作出处理，也可以裁定发回原审人民法院重新审判。

第六百四十一条 人民法院决定强制医疗的，应当在作出决定后五日以内，向公安机关送达强制医疗决定书和强制医疗执行通知书，由公安机关将被决定强制医疗的人送交强制医疗。

第六百四十二条 被决定强制医疗的人、被害人及其法定代理人、近亲属对强制医疗决定不服的，可以自收到决定书第二日起五日以内向上一级人民法院申请复议。复议期间不停止执行强制医疗的决定。

第六百四十三条 对不服强制医疗决定的复议申请，上一级人民法院应当组成合议庭审理，并在一个月以内，按照下列情形分别作出复议决定：

（一）被决定强制医疗的人符合强制医疗条件的，应当驳回复议申请，维持原决定；

（二）被决定强制医疗的人不符合强制医疗条件的，应当撤销原决定；

（三）原审违反法定诉讼程序，可能影响公正审判的，应当撤销原决定，发回原审人民法院重新审判。

第六百四十四条 对本解释第六百三十九条第一项规定的判决、决定，人民检察院提出抗诉，同时被决定强制医疗的人、被害人及其法定代理人、近亲属申请复议的，上一级人民法院应当依照第二审程序一并处理。

第六百四十五条 被强制医疗的人及其近亲属申请解除强制医疗的，应当向决定强制医疗的人民法院提出。

被强制医疗的人及其近亲属提出的解除强制医疗申请被人民法院驳回，六个月后再次提出申请的，人民法院应当受理。

第六百四十八条 人民检察院认为强制医疗决定或者解除强制医疗决定不当，在收到决定书后二十日以内提出书面纠正意见的，人民法院应当另行组成合议庭审理，并在一个月以内作出决定。

第二部分　主观题案例模拟演练

【案情简介】丹东首例刑事被告人缺席审判案宣判

5月10日，丹东市振兴区人民法院公开开庭审理了孙某涉嫌贪污罪一案。与以往不同的是，本案被告人缺席，只有被告人的辩护律师出庭。该案适用的是缺席审判程序，为丹东市首例刑事被告人缺席审判的案件。

孙某是一起窝案的犯罪嫌疑人之一。2010 年至 2013 年期间，时任北京某研究总院丹东某机械厂副厂长的被告人孙某与该厂厂长孙某某（已判刑）、该厂党委书记刘某某（已判刑）、该厂党委副书记关某某（已判刑）、该厂副厂长刘某（已判刑）、该厂副厂长郑某（已判刑）研究决定：共同将被告人孙某主管的该厂营销部门在销售机械设备过程中形成的账外资金 73 万元侵吞，其中孙某得款 14 万余元。

2016 年 8 月 8 日，孙某主动到检察机关投案，如实供述犯罪事实，并主动退缴全部犯罪所得赃款。之后，除了孙某，其余几人都被判刑，但如何处理孙某却出现了问题。2018 年 1 月 4 日，丹东市振兴区人民检察院以孙某涉嫌犯贪污罪向丹东市振兴区人民法院提起公诉，后因检察人员发现提起公诉的案件需要补充侦查，区人民检察院提出延期审理的建议。补充侦查结束时孙某患有严重疾病，行动不便，振兴区法院对该案中止审理，诉讼程序停滞。法院于 2020 年 5 月 4 日适用缺席审判程序审理此案。

【问题】

1. 本案是否可以缺席审判？为什么？

2. 本案的管辖是否正确？请说明理由。

3. 若孙某见潜逃境外的贪污贿赂犯罪案件被告人，且案件符合缺席审判程序适用条件，法院决定对其缺席审判，应当如何保障其辩护权？对一审判决，谁有权提起上诉？若孙某在判决发生法律效力后到案并对判决提出异议，法院应当如何处理？

4. 本案先后经历了延期审理和中止审理，请问对延期审理和中止审理程序的适用是否符合法律规定？

【解题思路】

1. 刑事缺席审判程序适用的案件范围。根据《刑事诉讼法》第五编第三章的相关规定，缺席审判适用的案件范围包括三种：第一种是《刑事诉讼法》第 291 条规定的，"对于贪污贿赂犯罪案件，以及需要及时进行审判，经最高人民检察院核准的严重危害国家安全犯罪、恐怖活动犯罪案件，犯罪嫌疑人、被告人在境外，监察机关、公安机关移送起诉，人民检察院认为犯罪事实已经查清，证据确实、充分，依法应当追究刑事责任的"。第二种是《刑事诉讼法》第 296 条规定的，"因被告人患有严重疾病无法出庭，中止审理超过六个月，被告人仍无法出庭，被告人及其法定代理人、近亲属申请或者同意恢复审理的，人民法院可以在被告人不出庭的情况下缺席审判，依法作出判决"。第三种是《刑事诉讼法》第 297 条规定的，"被告人死亡的，人民法院应当裁定终止审理，但有证据证明被告人无罪，人民法院经缺席审理确认无罪的，应当依法作出判决。人民法院按照审判监督程序重新审判的案件，被告人死亡的，人民法院可以缺席审理，依法作出判决"。2018 年《刑事诉讼法》修改主要是针对第一种情况。后两种情况的缺席审判，实际上是一种排除审判障碍的方式，即普通审判程序在运作中遭遇被告人患严重疾病、无法出庭或死亡的客观障碍，导致庭审无法正常进行，为排除这种审判障碍，只能选择在被告人不在场的情况下继续审判。本案属于第二种情况。

2. **缺席审判程序中的管辖规定**。《刑事诉讼法》第 291 条第 2 款规定，前款案件，由犯罪地、被告人离境前居住地或者最高人民法院指定的中级人民法院组成合议庭进行审理。该款所规定的管辖仅限于第 291 条第 1 款规定的案件，即贪污贿赂犯罪案件，以及需要及时进行审判，经最高人民检察院核准的严重危害国家安全犯罪、恐怖活动犯罪案件，犯罪嫌疑人、被告人在境外，监察机关、公安机关移送起诉，人民检察院认为犯罪事实已经查清，证据确实、充分，依法应当追究刑事责任，适用缺席审判程序审理的案件。本案虽然也是适用缺席审判程序，但是本案并不属于第 291 条第 1 款规定的案件，因此，不能适用缺席审判特殊的管辖规定。又由于本案不属于专门法院管辖范围，需要考虑普通管辖中的级别管辖和地域管辖。

3. 对潜逃境外的贪污贿赂犯罪案件被告人缺席审判时的权利保障。《刑事诉讼法》对贪污贿赂犯罪案件适用缺席审判规定了一系列的保障措施。《刑事诉讼法》第 293 条规定了对辩护权的保障，被告人有权委托辩护人，被告人的近亲属可以代为委托辩护人。被告人及其近亲属没有委托辩护人的，人民法院应当通知法律援助机构指派律师为其提供辩护。第 294 条第 1 款规定了对上诉权的保障："人民法院应当将判决书送达被告人及其近亲属、辩护人。被告人或者其近亲属不服判决的，有权向上一级人民法院上诉。辩护人经被告人或者其近亲属同意，可以提出上诉。" 第 295 条规定了重新审理的情形，包括因罪犯行使异议权而重新审理的。该条规定："在审理过程中，被告人自动投案或者被抓获的，人民法院应当重新审理。罪犯在判决、裁定发生法律效力后到案的，人民法院应当将罪犯交付执行刑罚。交付执行刑罚前，人民法院应当告知罪犯有权对判决、裁定提出异议。罪犯对判决、裁定提出异议的，人民法院应当重新审理……" 这些制度设计，既考虑到了刑事诉讼的公正审判和程序参与原则，也符合国际上通行的司法准则的要求，有利于充分保障被告人的权利。本题主要考查辩护权、上诉权的保障以及因被告人的异议引起案件的重新审理。

【答题参考解析】

1. 本案可以缺席审判。根据《刑事诉讼法》的规定，三种类型案件可以适用缺席审判，其中，因被告人患有严重疾病无法出庭，中止审理超过 6 个月，被告人仍无法出庭，被告人及其法定代理人、近亲属申请或者同意恢复审理的，人民法院可以在被告人不出庭的情况下缺席审理，依法作出判决。本案中，孙某因患有严重疾病无法出庭；法院于 2018 年 1 月 4 日裁定中止审理，到 2020 年 5 月 4 日恢复审理，中止审理已经 2 年 4 个月，符合《刑事诉讼法》规定的中止审理 6 个月的期限；至恢复审理时孙某因患严重疾病仍然无法出庭；恢复审理是经孙某本人申请。本案满足了第二种类型缺席审判的全部条件，可以进行缺席审判。

2. 本案的管辖正确。首先，本案虽然是缺席审判，但是并不适用《刑事诉讼法》"特别程序编"中对潜逃境外的贪污贿赂等案件由特定的中级人民法院管辖的规定，同时本案也不属于专门法院管辖，因此，本案适用普通管辖规定。其次，中级人民法院管辖危害国家安全犯罪、恐怖活动犯罪案件，可能判处无期徒刑、死刑的案件。孙某的行为不是危害国家安全犯罪、恐怖活动犯罪案件，也没有可能判处无期徒刑或死刑的致人死亡或者其他特别严重的情节，因此，孙某的行为不属于中级人民法院管辖。高级人民法院和最高人民法院分别管辖全省（自治区、直辖市）性和全国性的重大刑事案件，孙某的行为也不属于这类案件。因此，孙某的案件应由基层人民法院管辖。最后，刑事案件由犯罪地的人民法院管辖。如果由被告人居住地的人民法院审判更为适宜的，可以由被告人居住地的人民法院管辖。孙某是居住在振兴区，犯罪地是振兴区。其犯罪地与居住地都是丹东市振兴区，因此，由丹东市振兴区人民法院管辖正确。

3. 根据《刑事诉讼法》第 293 条的规定，缺席审判的贪污贿赂犯罪案件中，被告人有权委托辩护人，被告人的近亲属可以代为委托辩护人。被告人及其近亲属没有委托辩护人的，人民法院应当通知法律援助机构指派律师为其提供辩护。因此，本案孙某有权委托辩护人，其近亲属可以代为委托辩护人。孙某及其近亲属没有委托辩护人的，人民法院应当通知法律援助机构指派律师为其提供辩护。《刑事诉讼法》规定，缺席审判的贪污贿赂犯罪案件中被告人或者其近亲属不服判决的，有权向上一级人民法院上诉。辩护人经被告人或者其近亲属同意，可以提出上诉。本案中，孙某、孙某的近亲属、经孙某或者其近亲属同意的辩护人有权提出上诉。《刑事诉讼法》规定，缺席审判的贪污贿赂犯罪案件，罪犯在判决、裁定发生法律效力后到案的，人民法院应当将罪犯交付执行刑罚。罪犯对判决、裁定提出异议的，人民法院应当重新审理。因此，若孙某在判决发生法律效力后到案并对判决提出异议，法院应当对案件重新审理。

4. **本案适用延期审理与中止审理符合法律规定。**《刑事诉讼法》规定了三种延期审理的情形，其中包括检察人员发现提起公诉的案件需要补充侦查，提出建议的。本案在审判过程中，检察机关发现提起公诉的案件需要补充侦查，提出延期审理建议，足以影响审判进行，符合延期审理条件。《刑事诉讼法》规定了四种中止审理的情形，其中包括被告人患有严重疾病，无法出庭的。本案在审判过程中，被告人孙某患有严重疾病，无法出庭接受庭审，符合中止审理条件。因此，本案适用延期审理与中止审理符合法律规定。